전과자에서 선생님으로

전과자에서 선생님으로

초판 1쇄 인쇄 2024년 12월 16일
초판 1쇄 발행 2024년 12월 20일

지은이 장세진
펴낸이 장길수
펴낸곳 지식과감성#
출판등록 제2012-000081호

디자인 정윤솔
편집 정윤솔
검수 한장희, 이현
마케팅 김윤길, 정은혜

주소 서울시 금천구 벚꽃로298 대륭포스트타워6차 1212호
전화 070-4651-3730~4
팩스 070-4325-7006
이메일 ksbookup@naver.com
홈페이지 www.knsbookup.com

ISBN 979-11-392-2300-2(03810)
값 17,000원

- 이 책의 판권은 지은이에게 있습니다.
- 이 책 내용의 전부 또는 일부를 재사용하려면 반드시 지은이의 서면 동의를 받아야 합니다.
- 잘못된 책은 구입하신 곳에서 바꾸어 드립니다.

지식과감성#
홈페이지 바로가기

장세진 수필집

전과자에서 선생님으로

■ 저자의 말

에세이보다 미셀러니가 대부분

혹 너무 자극적이거나 충격적인 책 제목일 지도 모르겠다. 세상에 내놓는 또 한 권의 책 제목이 '전과자에서 선생님으로'여서다. 애당초 2023년 '드라마 톺아보기'·'흥행영화 톺아보기'·'강추 이 영화'에 이어 '등단40주년 기념문집4'로 펴내려 한 수필집이지만, 그러질 못했다. 사실은 '등단40주년기념문집(전5권)'을 낼 생각도 했지만, 너무 째를 내는 것 같기도 해서 이내 접은 바 있다.

대신 '전과자에서 선생님으로'는 '장세진 고희기념 수필집'으로 세상에 내놓는다. 수필집 '전과자에서 선생님으로'는 문학평론집이나 영화에세이 등 다른 장르들까지 망라하면 총 59권째(편저 5권 포함) 장세진 지음의 책이다. 수필·산문집으로만 국한하면 18번째 장세진 지음의 책이기도 하다. 편저 5권을 빼고 지금까지 펴낸 54권의 책들을 살펴보니 '장세진 수필집'은 단 3권뿐이다. 대부분 '장세진 에세이'이거나 '장세진 산문집'으로 펴낸 걸 알 수 있다.

'전과자에서 선생님으로'와 동시에 펴낸 장세진 수필집 '월드 클래스 손흥민2'조차도 수필인 미셀러니보다 에세이가 대부분인 책이다. 이를테면 그동안 써놓은 글들중에서 딱 집어 수필이라 할 수 있는 것들만 묶어 장세진고희기념 수필집으로 펴내는 셈이다.

수필집 '월드 클래스 손흥민2'가 미셀러니보다 에세이가 대부분이었다면 이 책은 그 반대다. 에세이보다 미셀러니로 채워진 '전과자에서 선생님으로'이어서다. 수필집 '전과자에서 선생님으로'에는 수필 59편과 콩트 1편이 실려 있다. 대부분 편당 원고지 10장 남짓한 짧은 글이지만, 대책없이 그보다 훨씬 긴 글들도 더러 있다.

딱히 의도하거나 작정하고 쓴 건 아니지만, 수필의 일반적인 분량(200자 원고지 12~15장)보다 훨씬 긴 글들은 '장편수필'쯤으로 봐주었으면 한다. 아무튼 총 60편인데도 80편을 수록한 또 다른 수필집 '월드 클래스 손흥민2'와 쪽수가 같은 건 그 때문으로 보인다.

글은 1~4부로 나누어 각 15편씩 실었다. 1부 맨앞 4편의 '소설가 한강의 노벨문학상 수상'을 빼곤 시시콜콜한 개인적 일상 이야기가 대부분이다. 글에 따라서는 수필 형식으로 처음 공개하는 작품도 여러 편 있다. 가령 200자 원고지 45장쯤으로 '무식하게' 긴, 표제작이기도 한 '전과자에서 선생님으로'가 그렇다.

글은 1부 처음과 시리즈, 그리고 제4부 끝에 있는 콩트를 빼곤 발표나 쓴 날짜가 빠른 것이 앞에 오게 실었다. 이런저런 매체에 발표한 것들과 그렇지 않은 작품들이 뒤섞여 있음도 미리 밝혀둔다. 특히 콩트는 묵혀두기 너무 아까워 일종의 부록으로 실은 것이다. 부디 너그럽게 봐줬으면 한다.

흔히 수필속 화자 '나'가 곧잘 작가 자신으로 인식되곤 하지만, 그냥 작품일 뿐으로 봐줬으면 한다. 물론 수필 속 화자가 곧 작가 자신이라고 생각할 수도 있다. 어떻게 보든 그것은 전적으로 독자의 자유다. 다만, 작품속에 등장하는 이름들은, 따로 표시하진 않았지만 모두 가명이라고 생각해주길 바란다.

독자들에게 양해를 구할 게 더 있다. 오랜 세월에 걸쳐 쓴 글들을 한 권의 책으로 묶다보니 내용이 중복되는 글이 더러 있다는 점이다.

책으로 펴내려고 그 동안 썼던 글들을 다시 읽어보니 대략 전과자로부터 벗어나기, 눈썹 휘날리게 내달린 학생 지도 이야기 등에서 내용이 겹친다.

이 책 역시 소설이 아니므로 처음부터 끝까지 꼭 챙겨 읽길 기대하지 않는다. 다만, 에세이보다 미셀러니로 채워진 수필집이라 이전에 펴낸 '뭐 저런 검찰총장이 다 있나'·'뭐 저런 대통령이 다 있나' 같은 책에서 느끼던 어떤 공분(公憤) 대신 궁금증과 함께 매우 흥미롭긴 할 것으로 생각한다.

이제 공은 독자들에게 넘어갔다. 출간의 기쁨은 수필집 '전과자에서 선생님으로'에 실린 글들을 읽고 '까거나 씹는 비판적 에세이를 주로 써온 저자에게 이런 면이 다 있었나' 생각할 독자들과 함께하고 싶다.

2024년 초겨울

지은이 **장 세 진**

차 례

■ 저자의 말 - 에세이보다 미셀러니가 대부분 ······· 4

제1부

소설가 한강의 노벨문학상 수상1 ─────── 12
소설가 한강의 노벨문학상 수상2 ─────── 16
소설가 한강의 노벨문학상 수상3 ─────── 20
소설가 한강의 노벨문학상 수상4 ─────── 24
전과자에서 선생님으로 ──────────── 28
대입 1백일 작전 ───────────────── 40
퇴직해도 행복한 사내 ─────────────── 45
나의 사치 ──────────────────── 50
보이스피싱 막은 휴대폰 ─────────────── 54
뜻밖의 횡재 ─────────────────── 58
안전사회, 아자! ───────────────── 61
진성 회원제의 동인지를 꿈꾸며 ─────────── 67
미애, 나의 첫경험 ───────────────── 70
아버지의 수저 ────────────────── 73
교원문학회원이면 누구나 받는 교원문학상 ······· 77

제2부

나만의 강남 이야기 ················· 82
도시락 담탱이 ····················· 90
인생이 육십부터라고? ·············· 95
물에 대하여 ······················· 99
교원문학신문 창간호를 내며 ········ 105
8명이나 신입회원 새로 들어온 교원문학회 ··· 108
폴더폰이 어때서 ··················· 111
고스톱, 헤어진 지 10년째 ·········· 118
윤리적 운전 ······················· 127
흑산도 수도생활 ··················· 132
'TV가이드'에서 '교원문학'까지 ····· 138
진짜 위염과 가짜 위암 ············· 146
새로운 세상 ······················· 151
쑥스러운 3개의 수상 ··············· 155
퇴직의 힘 ························· 158

제3부

교원문학회 늘 열려 있어 …… 162
어머니의 좌판 …… 165
완주에서의 8년 반 …… 172
동인지 '전북수필' 40년 …… 182
실패한 인생 …… 185
실패한 인생2 …… 188
15명 신입회원을 적극 환영함 …… 191
아주 흐뭇한 교육상 시상 …… 194
교원문학상, 그 어떤 수상보다 뿌듯 …… 197
시의 발견 목포대 백일장 …… 199
은장도 이야기 …… 207
3·1독립만세시위와 유관순 열사 …… 212
조명 아쉬운 의병장 조헌 …… 217
코로나19 속 첫 손녀 처음 생일 …… 221
마음의 오아시스 …… 226

제4부

이조년 백일장의 추억 ·········· 232
어떤 등대 ·········· 237
30살 먹은 우리 집 ·········· 243
104주년 3·1절을 보내며 ·········· 247
라대곤 10주기 추모문집을 펴내며 ·········· 250
새마을금고만 다녔던 어머니 ·········· 256
꿈 깨기 ·········· 260
모범공무원 남선생 ·········· 263
미애의 바다 ·········· 268
역대급 후회 ·········· 276
사라져가는 단관극장들 ·········· 280
KBS만 안하는 드라마 자막 서비스 ·········· 284
잇몸으로 산 1년 ·········· 288
여름 대목 사라진 극장가 ·········· 291
임진각 연가 ·········· 295

제1부

소설가 한강의 노벨문학상 수상1
소설가 한강의 노벨문학상 수상2
소설가 한강의 노벨문학상 수상3
소설가 한강의 노벨문학상 수상4
전과자에서 선생님으로
대입 1백일 작전
퇴직해도 행복한 사내
나의 사치
보이스피싱 막은 휴대폰
뜻밖의 횡재
안전사회, 아자!
진성 회원제의 동인지를 꿈꾸며
미애, 나의 첫경험
아버지의 수저
교원문학회원이면 누구나 받는 교원문학상

소설가 한강의 노벨문학상 수상1

　소설가 한강의 노벨문학상 수상 소식이 전해졌다. 10월 10일 밤 8시 24분 교원문학회 카톡에 어느 회원이 처음 올린 소설가 한강의 노벨문학상 수상 소식을 보고 처음엔 긴가민가 했다. 그때 마침 MBC 뉴스를 보고 있었는데, 끝날 때까지도 '속보'는 뜨지 않았다. 노벨문학상 발표 계절인데 어떤 매체로도 그 예고편을 전혀 접해보지 못했기 때문인 지도 모를 일이다.
　그만큼 소설가 한강의 노벨문학상 수상은 급작스런 쾌거였고, 깜짝 놀랄 경사였다. 우선 축하한다. 그런데 나뿐 아니라 대한민국 전체적으로 소설가 한강의 노벨문학상 수상이 뜻밖이었던 듯하다. 가령 교보문고의 예약 담당 직원은 "수상 예상을 못 해 준비된 재고가 없다"며 "지금 예약해도 다다음 주나 책이 올 듯하다"고 말했다.
　한강 장편소설 '채식주의자'와 '소년이 온다'를 펴낸 출판사 창비의 백지연 부주간(문학평론가)이 "노벨문학상은 쇼트리스트(후보 명단)가 없어 준비가 어렵다"며 "한강은 최근 몇 년 새 세계적 권위의 문학상을 받아와서 늘 (노벨문학상 수상을) 기대는 하고 있었지만 사실 이번에는 저희도 놀랐다"고 말했을 정도다.
　노벨문학상을 주관하는 스웨덴 한림원은 10월 10일 저녁 8시(한국시간) 소설가 한강을 올해 노벨문학상 수상자로 발표했다. "역사적 트라우마에 맞서고 인간 삶의 연약함을 폭로하는 강렬한 시적 산문"의 작가라는 게 한림원의 노벨문학상 수상자 선정 이유다.

이어 한림원은 한강 작가를 두고 "역사적 트라우마와 보이지 않는 규칙에 맞서고, 작품마다 인간 삶의 연약함을 드러낸다"며 "몸과 영혼, 산 자와 죽은 자 사이의 연결에 대한 독특한 인식을 가지고 있으며, 시적이고 실험적인 스타일로 현대 산문의 혁신가가 되었다"고 설명했다.

소설가 한강은 1970년 광주에서 태어나 9살 때 아버지(소설가 한승원)를 따라 서울로 이사해 살았다. 1993년 연세대 국문학과를 졸업하고 같은해 시(계간 '문학과사회')로 먼저 등단했다. 1994년 단편소설 '붉은 닻'이 서울신문신춘문예에 당선돼 소설가로 창작활동을 시작했다. 2005년 이상문학상을 시작으로 동리문학상·만해문학상·황순원문학상·김유정문학상 등 국내 굵직굵직한 상들을 받았다.

소설가 한강의 수상은 국내상에서 그치지 않았다. 2016년 5월 '채식주의자'(2007)로 맨부커상 인터내셔널 부군을 수상하기도 했다. 국제 무대에서도 본격 호명되기 시작한 셈인데, 제주 4·3을 소재로 한 소설 '작별하지 않는다'로 2023년 11월 프랑스의 메디치 외국문학상, 2024년 3월 에밀 기메 아시아문학상을 받았다.

메디치상 심사위원단은 당시 소설가 한강에 대해 "한국에서 가장 위대한 작가로 여겨진다. 작가의 책이 출판되는 것은 한국뿐 아니라 국제적으로 하나의 사건이 된다"(한겨레, 2024.10.11.)고 평가했다. 그러니까 문력(文曆) 31년, 소설가 30년 만에 세계 최고 권위를 자랑하는 노벨문학상 수상 작가로 우뚝 선 것이다.

국내 작가로는 최초의 노벨문학상 수상이다. 아시아 여성 작가로도 사상 최초다. 노벨상 전체로 보면 2000년 노벨평화상을 받은 고 김대중 전 대통령 이후 두 번째 한국인 수상이기도 하다. 그동안 시인 고은과 소설가 황석영이 후보군으로 거명된 적 있으나, 50대의 한강 소설가가 전세계에서 가장 권위 있는 문학상을 거머쥔 것이다.

이는 대단히 파격적인 한림원의 선택이라 할만하다. 왜냐하면 그동안 노벨문학상은 "일생의 작업을 통해 문학적 세계관을 완성한, 나이가 지긋한 작가에게 수여한다"는 인식이 일반적이었기 때문이다. 수상자인 한강 본인조차 수상 소감에서 '놀랐다'는 말을 여러 번 한 것으로 전해졌으니 어찌 파격적이라 하지 않을 수 있으랴!

"1970년대생인 53세 한강의 수상은 노벨문학상이 '과거의 감수성'이 아닌 '미래의 감수성'에 주목했다는 의미"(한국일보, 2024.10.12.)라지만, 계속 그런 기조로 갈 지는 더 두고 지켜볼 일이다. 아무튼 "이제 5·18과 국가폭력을 떠들었던 우리 세대는 가고 한국의 문화와 역사를 세계인의 지평과 반열에 올리는 새 주역이 등장했다"고 한 김동춘 성공회대 명예교수 말은 되새길만하다.

소설가 한강의 노벨문학상 수상은 또 다른 의미가 있다. 소설가 한강의 노벨문학상 수상이 세계 최초란 수식을 달며 그 중심으로 우뚝 선, 이른바 K영화와 K드라마, 그리고 K팝과 달리 변방에 머물러 있던 한국문학의 위상을 한껏 끌어올린 바 되었기 때문이다. 이를테면 K문학의 교두보를 확실히 확보한 소설가 한강의 노벨문학상 수상인 셈이다.

사실 한국문학은 "서양 문학에 밀리고, 일본·중국 문학보다 상대적으로 덜 주목받았다. 한강(53) 작가의 노벨문학상 수상은 한국문학을 세계의 중심으로 단번에 밀어 올렸다. 주류와 거리가 먼 여성·비영어권·비백인 작가의 성취여서 더욱 극적이다"(한국일보, 2024.10.11.)라는 말이 공감으로 와닿는 이유다.

〈2024. 10. 13.〉

소설가 한강의 노벨문학상 수상2

　소설가 한강의 노벨문학상 수상으로 지금 대한민국은 난리가 난 형국이다. 먼저 한강이 펴낸 소설 등 책을 구매하려는 사람들이 그야말로 폭주하고 있다. 수상 전에도 이미 "'채식주의자'(2007)가 110만부, '소년이 온다'(2014)가 60만부, '작별하지 않는다'(2021)가 20만부 가까이 독자와 만났다"(한겨레, 2024.10.12.)고 하는데, 구매 열기가 하늘을 찌른다.
　한겨레(2024.10.14.)에 따르면 소설가 한강의 노벨문학상 수상 소식이 알려진 뒤 도심의 대형 서점부터, 동네 책방, 도서관, 온라인 서점에 이르기까지 한강 작가의 종이책을 원하는 독자들이 전국 곳곳에 넘쳐났다. 한시라도 빨리 책을 손에 넣기 위해 서점 문 열기를 기다리는 '오픈런' 경쟁이 벌어지는가 하면, 대형 서점 누리집들은 한동안 접속장애를 겪기도 했다.
　다음날 치 한겨레를 보면 "노벨 문학상 수상 직후부터 14일 낮 1~2시까지 한강 작가의 작품 판매량이 전국적으로 85만 부가량(전자책 포함)에 이른 것으로 나타났다. 이대로라면 주중 100만 부를 돌파하는 '진기록'이 예상된다"는 보도다. 대신 한강 작품 외 도서의 판매량은 급감했다.
　국내 3대 서점(예스24 · 교보문고 · 알라딘)의 10월 14일 오후 집계를 보면, 예스24 33만 부(오후 2시 기준), 교보문고 31만 3,000

부, 알라딘을 통해 20만 부(이상 오후 1시 기준)가 판매된 것으로 나타났다. 유통 플랫폼인 쿠팡을 통해 판매된 작품까지 합치면 100만 부에 이미 근접했을 것으로 추정된다는 내용이 이어진다.

이런 구매 열기와 별개로 '소년이 온다'와 '작별하지 않는다'가 각각 광주 5·18 민중항쟁과 제주 4·3 사건을 소재로 하고 있는 만큼 그 유족들과 시민단체도 박수를 보냈다. 가령 '소년이 온다'의 실제 주인공인 문재학(당시 16세)군의 어머니, 아들의 죽음을 알리려 평생을 싸운 김길자씨에게 한강의 노벨상 수상 소식은 더 각별하고, 감격스러웠다.

김씨는 한국일보(2024.1012.)와의 인터뷰에서 "작가님 덕에 5·18이 세계적으로 알려지게 될 텐데, 제가 백 번 투쟁한 것보다 더 큰 힘이죠"라며 눈물과 함께 고마움을 표한 것으로 전해졌다. 박강배 5·18 기념재단 상임이사는 "그간 우리를 포함한 수많은 단체나 기관이 5·18을 알리려고 노력했는데 그런 수십 년 활동보다도 한 권의 소설, 한 명의 작가가 더 뜻깊은 일을 멋지게 해냈다. '문학의 힘이 이런 거구나'라고 느꼈다"는 소감을 전했다.

전남대학교 5·18 연구소장을 맡고 있는 민병로 전남대 법학전문대학원 교수는 "국내나 전 세계적으로나 5·18에 대해서 더 관심을 갖게 되는 하나의 커다란 '사건'이다"라고 의미를 부여했다. 오 전 회장 역시 "세계인들이 한강의 작품을 통해 인간 존엄성이나 평화의 중요성에 대해 공감할 수 있는 계기가 됐을 것"이라고 설명했다.

시인이기도 한 허영선 전 제주 4·3 연구소장은 "한강의 소설은 그 자체로 거대한 애도"라고 말했다. 허 전 소장은 10년 전 제주 4·3 당사자들의 이야기를 엮은 책('제주 4·3을 묻는 너에게')을 썼다.

"제주의 아름다움 이면엔 어두운 역사가 있고 지금도 그걸 기억하는 이들이 살고 있는 곳"이라고 운을 뗀 그는 "이분들을 애도해준 한강의 서사가 전 세계인의 가슴을 울렸다는 점이 정말 큰 위로가 된다"고 말했다.

오임종 전 제주 4·3 유족회장은 1994년 노벨문학상을 탄 '행동하는 일본의 양심' 고(故) 오에 겐자부로를 떠올렸다고 한다. 전후(戰後) 문학의 대가인 그 역시 일본이라는 국가의 폭력성을 치열하게 고민한 작가였기 때문이다. 오 전 회장은 "대한민국의 아픔을 치유하는 노벨상 수상 작가가 나왔다니 정말 기쁜 일"이라고 기뻐했다.

한편 앞의 한국일보에 따르면 한강 작가 아버지가 살고 있는 전남 장흥군 거리에서 만난 주민들은 한강의 노벨문학상 수상 소감을 물으면 '영광', '전율', '기적', '쾌거' 등 주로 단답형으로 기쁨을 표현했다. 특히 주민들 사이에선 노벨문학상 수상의 감동과 그 여운을 이어 나가기 위해선 '한승원 가족문학관'을 조성해야 한다는 목소리도 나왔다.

한강의 오빠(한동림)는 소설가이고, 남동생(한강인)은 만화작가, 남편(홍용희, 이혼한 것으로 전해짐)은 문학평론가다. 장흥읍의 한 식당에서 만난 최민성(58)씨는 "이 정도면 장흥문학을 대표하는 문인(文人) 대가족 아니냐"며 "생존 문인이란 이유로 문학관 건립 추진을 망설일 필요는 없다고 생각한다"고 말했다.

김성 장흥군수도 "한강 작가의 노벨문학상 수상은 어머니 품 장흥의 문화·예술·관광의 르네상스를 꽃피우는 데 빛나는 보석이 될 것"이라며 "세계에서도, 대한민국에서도 하나밖에 없는 부녀 작가 기념관을 건립하도록 하겠다"고 약속했다. 이게 조만간 실현되면 고

홍에 있는 조정래 가족문학관과 함께 또 다른 전남, 나아가 대한민국의 명소가 될 것으로 보인다.

한강 소설가의 모교인 연세대가 작가에게 명예박사 학위를 수여하고 관련 문학관도 건립하는 방안 등을 검토하고 있는 것도 알려졌다. 10월 11일 연세대에 따르면 이날 국어국문학과 교수회의에서 작가가 동의한다면 명예박사 학위를 수여하거나 그를 교수로 임용하기로 결정했다. '한강문학관'을 만드는 방안도 검토할 계획이란다.

〈2024. 10. 15.〉

소설가 한강의 노벨문학상 수상3

 소설가 한강의 노벨문학상 수상은, 개인적으론 나를 번쩍 정신 들게 했다. 2016년 한강이 세계 3대문학상중 하나라는 맨부커상을 받았을 때 수상작 '채식주의자'를 구해 놓고도 여지껏 읽어보질 못해서다. 사실은 쓸 계획이 서야 비로소 읽기에 들어가는 나의 집필 플랜과 무관치 않지만, 소설가 한강의 노벨문학상 수상을 접하니 '진짜 써야지' 하는 정신이 번쩍 난 것이다.
 소설가 한강의 노벨문학상 수상은, 개인적으론 부끄러움을 갖게 하기도 했다. 명색 문학평론가이면서도 한강의 소설을 아직 읽어본 적이 없어서다. 애써 변명하자면 이것 역시 쓸 계획이 서야 비로소 읽기에 들어가는 나의 집필 플랜과 무관치 않고, 영화와 드라마 등 다른 장르 비평활동 때문이지만, 그야 어쨌든 문학평론가로서 부끄러움을 피할 수 없게 됐다.
 참고로 지금까지 내가 읽고 쓴 수필가를 뺀 여류소설가는 박경리·박완서·최정희·강경애·강신재·김지연·최명희·양귀자·공지영·신경숙·윤정모·김애란·조남주·정유정·김려령·권비영 등이다. '채식주의자' 등에 대한 작품론은 차차 쓰기로 하고, 소설가 한강의 노벨문학상 수상이 한국인으로서 뿌듯함을 갖게 해주었음을 말하지 않을 수 없다.
 나는 싸이가 '강남스타일' 열풍에도 아쉽게 놓친 빌보드 정상 정복을 방탄소년단(BTS)이 해냈을 때 한국인으로서 뿌듯했다. 2018년 앨범 차트(빌보드200)에 이어 2020년엔 메인 싱글 차트(핫100)까지 석권했던 방탄소년단에 대해 '장하다 방탄소년단1~3'(장세진에 세이 '뭐 저런 검찰총장이 다 있나' 수록)이란 제목의 글을 3편이나 쓴 것도 그래서다.

 축구선수 손흥민이 아시아 선수 최초로 잉글랜드 프리미어리그 득점왕 차지 등 월드 클래스로서 아낌없이 펼치는 활약을 보면서도 한국인으로서 갖는 뿌듯함이 한가득이었다. 오죽했으면 '월드 클래스 손흥민'이란 제목의 책까지 냈을까. 그뿐이 아니다. '월드 클래스 손흥민2'의 원고를 이미 탈고해놓은 상태다.

 젊은이들 활약에서만 한국인으로서의 뿌듯함을 느낀 게 아니다. 2019년 봉준호 감독이 '기생충'으로 칸국제영화제 황금사자상 수상에 이어 2020년 아카데미시상식에서 4관왕을 차지했을 때도 나는 한국인으로서 뿌듯했다. 2021년 75세 노배우 윤여정이 아카데미 여우조연상을 수상했을 때도 마찬가지였다.

 2022년 제75회 칸국제영화제에서 '브로커'의 송강호가 최우수남자배우상, '헤어질 결심'을 연출한 박찬욱 감독이 최우수감독상을 각각 수상했을 때도 그랬다. 칸국제영화제에서 2명의 수상자가 동시에 나온 게 처음이라서다. 특히 송강호의 경우 한국 남자 배우가 세계 3대 영화제(칸·베를린·베니스영화제)에서 연기상을 받은 게 처음이어서 너무 자랑스러웠고 너무 뿌듯해 한 기억도 갖고 있다.

 그뿐이 아니다. 넷플릭스 드라마 '오징어 게임'은 글로벌 신드롬을 낳으며 2022년 에미상(남우주연상·감독상)을 정복했다. 1949년 출범한 에미상은 'TV분야의 아카데미'로 불릴 만큼 미국 방송계 최고 권위를 자랑하는 시상식이다. 한국은 물론 아시아, 나아가 비영어권 배우나 감독이 에미상 시상식에서 감독상과 남우주연상을 수상한 건 황동혁과 이정재가 처음이다.

이렇게 대한민국을 넘어 세계의 중심으로 우뚝 선 K콘텐츠 주역들을 보며 한국인으로서 마냥 뿌듯해 하는데, 그들은 박근혜 정부 시절 문화예술계 블랙리스트란 공통점이 있다. 소설가 한강의 노벨문학상 수상으로 온통 난리가 난 대한민국에 찬물을 끼얹는 흑역사다. 오죽했으면 '블랙리스트 봉준호 감독의 세계 제패'(장세진영화에세이 '한국영화 톺아보기' 수록)란 글을 다 썼을까.

소설가 한강도 예외가 아니다. 가령 5·18 광주민중항쟁을 다룬 한강의 소설 '소년이 온다'가 2014년 문화체육관광부가 주최하고 한국출판문화산업진흥원(진흥원)이 주관하는 세종도서(옛 문화부 우수도서) 선정·보급 사업 심사에서 배제된 걸 예로 들 수 있다. 한겨레(2024.10.12)에 따르면 '소년이 온다'는 세종도서 문학 나눔 3차 심사까지 올랐으나 최종 탈락했다.

'소년이 온다'를 포함해 탈락한 도서 다수가 근현대사의 굵직한 사건들을 다룬 소설들이었는데, 실제로 정부가 탐탁지 않아 하는 열쇠말들을 골라 책들을 솎아냈다는 취지의 내부 증언이 나오기까지 했다. 당시 진흥원 관계자는 한겨레 인터뷰에서 "'소년이 온다'는 책에 줄을 쳐가며 문제가 될 만한 내용을 검사해, 사실상 사전 검열이 이뤄지는 것으로 보였다"고 말했다.

맨부커상 수상으로 대한민국을 놀라게 한 한강 소설 '채식주의자'는 또 다른 내침을 당해야 했다. 문체부가 소설 '채식주의자'로 맨부커상 인터내셔날상 부문을 수상한 한강 작가에게 대통령 명의 축전을 보낼 것을 건의했지만, 박근혜 전 대통령이 이를 거절했다는 사실이 당시 특검팀 수사에서 확인됐기 때문이다.

그뿐이 아니다. '채식주의자'는 유해도서가 되기도 했다. 지난해 강민정 더불어민주당 의원실이 경기도교육청으로부터 받은 '학교도서관 성교육 도서 폐기 현황'을 보면, 지난 2022년 3월~2023년 2월까지 경기도 내 학교 도서관에서 성교육 도서 2500여 권이 폐기처분됐는데, 여기에 한강 작가의 '채식주의자'도 포함된 것이다. 환호 속 씁쓸함이 아닐 수 없다.

〈2024. 10. 15.〉

소설가 한강의 노벨문학상 수상4

'소설가 한강의 노벨문학상 수상2'에서 장흥군과 연세대학교의 '한강문학관' 건립 이야길 했는데, 광주광역시도 그런 의사를 밝힌 것으로 전해졌다. 국민일보(2024.10.14.)에 따르면 강기정 광주시장은 "전남 장흥군 안양면 한강 작가 아버지 한승원 작가의 '해산 토굴'에 유정아 문화도시조성과장을 보내 세계적 문학가 반열에 오른 딸의 노벨문학상 수상 기념사업을 논의했다"고 밝혔다.

해산토굴은 아버지 한 작가의 집필 공간이다. 강 시장은 유 과장 파견에 앞서 한강 작가 노벨문학상 수상을 기념하기 위한 가칭 한강문학관 건립 추진을 전제로 유인촌 문화체육부 장관과 예산지원 문제 등을 상의한 결과 긍정적 반응을 얻었다고 밝히기도 했다.

하지만 정작 한강 작가 본인이 아버지를 통해 부정적 의견을 내놓아 이를 보류했다고 설명했다. 한강 작가의 부친인 한승원 작가가 "전쟁으로 주검들이 실려 나가는 데 무슨 잔치를 여느냐? 큰 기념관이나 화려한 축하 잔치, 명칭에 한강이라는 이름 들어가는 건축물을 원하지 않는다"는 딸의 입장을 유 과장에게 직접 전달했다는 것이다.

한승원 작가는 유 과장에게 "한강은 내 딸이 아니라 이미 독립적인 개체가 됐다. 장흥군에서도 (한승원·한강) 부녀 문학관 건립을 거론했는데, 딸은 모든 건물 등에 자신의 이름이 들어가는 것을 원치 않는다"는 의사를 표명한 것으로 전해졌다. 한승원 작가는 광주시가 청사에 내건 '한강! 고맙다! 기쁘다! 오월, 이제는 세계정신!'이라는 플래카드에는 화려하거나 소란스럽지 않고 간결해서 좋다는 의견도 제시한 것으로 전해졌다.

그러나 소설가 한강은 이미 일 개인이 아니다. 국내뿐 아니라 세계적으로 공인(公人)이 되었음을 인식해야 한다. 나는 오래 전 '박완서문학마을, 크게 멀리 봐야'(전북매일신문, 2011.9.29.)라는 글을 통해 유족들의, "고인은 보통 사람으로 살고 책으로만 기억되고 싶어"라는 뜻에 따라 경기도 구리시가 추진을 중단한 '박완서문학마을'에 대해 쓴 바 있다.

박완서문학마을 중단은, 그러나 바람직해 보이지 않는다. 장녀이자 수필가인 호원숙은 "어머니가 살아 계실 때도 원하지 않은 일"이라고 밝혔지만, 일단 그것은 맞는 얘기다. 살아서 문학관 따위를 갖는 건 구설에 오르내리기 십상이어서다.

하지만 사후라면 사정이 다르다. 평범한 개인이라면 말할 필요조차 없지만, 박완서는 '한국문학의 큰 별'로 평가된다. 그에 대한 추모와, 자라나는 청소년들에게 한국문학 속 박완서를 알리는 일은 우리 살아있는 자들 몫이요 의무다. 박완서문학마을은 박완서의 한국문학 속 위상만큼 세계적으로 우리의 소중한 문화유산을 알리는 첫걸음이기도 하다.

기본적으로 전국에 산재한 많은 문학관들의 존재가치가 거기에 있지 않은가? '가문의 영광'을 위해서가 아니라 빛나는 한국문학, 나아가 문화유산을 보존하고 전수하는 일에 고인이 지녔던 '생전의 겸손함'만 내세워선 안 될 것이다. 대략 그런 내용인데, 한강문학관도 마찬가지다. 한국문학의 큰 별 박완서 못지않은 문학적 성취를 이뤄낸 노벨문학상 수상을 '욕되게' 해선 안된다.

  그것은 좀 심하게 말하면 개인주의, 문학으로 많은 사람들을 울리고 웃긴 공인(公人)으로 가져선 안될 개인주의이거나 '나만 생각하는' 이기주의일 수 있다. 유족들이 협조하기로 했다는 고인의 집에 찾아오는 교육프로그램과, 구리시 인창도서관의 '박완서자료실' 운영만으로는 부족하다. 크게 멀리 봐야 한다.

  한편 외신들도 소설가 한강의 노벨문학상 수상 소식을 속보로 긴급히 전했다. 한국일보(2024.10.11.)에 따르면 중국에선 '중국의 카프카'로 불리는 소설가 찬쉐(71)가 유력한 수상자로 거론된 터라 "놀랍다"는 반응이 터져 나왔다. 한국인으로는 한강과 함께 고은(91)·김혜순(69) 시인이 후보군으로 꼽혔지만, 수상 가능성은 크지 않다는 게 중론이었다.

  미국 공영 라디오 방송 NPR은 "한강이 어니스트 헤밍웨이·윌리엄 포크너·토니 모리슨·가브리엘 가르시아 마르케스의 반열에 합류했다"고 평했다. NPR은 2000년에서 2023년 사이 노벨문학상을 수상한 비백인 작가는 7명뿐이었다며 이같이 전했다. 역대 수상자 중 여성은 17명에 불과하다. 노벨문학상 121번째 수상자가 된 한강이 젊은 나이와 함께 대단한 또 다른 이유다.

  CNN 방송은 무엇보다 한강이 "역사적 트라우마에 맞서고 인간 삶의 연약함을 폭로하는 강렬한 시적 산문"을 썼다는 점을 극찬했다. 1993년 시 5편을 출간하며 등단했다는 점을 거론하면서다. CNN은 "한강을 잘 모르는 독자는 2014년 소설 '소년이 온다(Human Acts)'부터 읽어야 한다"고 노벨문학위원회 안나-카린 팜 위원의 말을 인용해 권하기도 했다.

뉴욕타임스는 한강이 1970년 광주에서 태어났고, 1980년 5·18 광주민주항쟁이 있기 몇 달 전 서울로 이사 갔다는 사실을 언급하며 "이 사건(광주민주항쟁)이 인간의 폭력성에 대한 한강의 견해를 형성했고, 그 유령이 그의 글을 괴롭혔다"고 2016년 한강과의 인터뷰를 재인용해 보도했다. 그야말로 세계가 놀란 소설가 한강의 노벨문학상 수상이다.

〈2024. 10. 15.〉

전과자에서 선생님으로

중학교까지만 해도 그냥 평범한 학생이었던 나는, 그러나 1971년 3월 전주상업고등학교에 들어간 후 무서운 속도로 변해 갔다. 세칭 문제아가 되어갔던 것이다. 나는 암적인 존재였고, 철판이었고, '개새끼'였고, 반항아였고, 골동품이었다. 함박눈이 펑펑 내리던 1학년 어느 국어시간. 담임이기도 한 국어선생님은 내리는 눈을 보며 생각에 잠긴 나더러 '암적인 존재'라며 교실 밖으로 나갈 것을 명했다.

2학년때는 일명 텍사스반이었다. 한 학급 정도는 아예 버리기로 작정했는지 열등생만 몰아넣은 특수반이 텍사스반이었다. 학교에서 공부를 안시키는데, 이미 그것과 시멘트담을 쌓은 내가 어땠는지는 속된 말로 뻔할 뻔자다. 그 전통은 3학년으로 이어져 가일층 심화되었다. 수업종료 10분 전, 만화방에서 까치담배를 피우고 교실로 들어가려니 수학선생님이 말을 내부쳤다.

"야, 개새끼야! 니가 인간이냐?"

욕설과 함께 날아오는 칠판 지우개에 화들짝 놀라 달아난 나는 한 마디로 미꾸라지였다. 말간 물을 흐리게 만드는 미꾸라지, 뭇 물고기들에게 버림받으면서도 밑바닥을 살살 기는 미꾸라지! 그 덕분에 나의 성적은 학급 정원 59명중 59등이었다. 낙제제도가 없기도 했지만, 내가 빛나는 고등학교 졸업장을 딴 것은 순전 나와 두 살 차이밖에 안나는 형 덕분이다.

형은 내가 말썽을 일으켜 잘릴 뻔했을 때나 학교 다니기 싫어 자퇴하려 할 때도 어머니 대신 빌었다. 담임에게 빌었고, 학생주임·교감·교장에게도 '내 동생 좀 살려달라'고 빌었다. 그렇게 고등학교를 졸업하고 보니 나는 백수였다. 대학 진학을 위한 예비고사(지금의 수학능력시험)도 보지 않았고, 나를 오라는 직장 역시 없었다.

그런 생활은 혹독한 대가(代價)를 예비한 것이었다. 12월 예비고사 합격자 발표일에 폭력써클의 똘마니들과 백주대로에서 패싸움이 붙었다. 처음엔 3대 3이었지만, 녀석의 패거리들이 몰려와 영화의 한 장면처럼 '다구리'를 탔다. 결국 처음처럼 내게 시비해온 놈이 휘두른 짱돌에 머리가 찍히고 한동안 병원신세를 지기도 했다.

알고 보니 패싸움은 내가 한 번 '따먹고' 버린 여자 때문 벌어진 일이었다. 당구장과 술집을 다람쥐 쳇바퀴 돌 듯 전전하며 세월을 죽이고 있었지만, 자각(自覺)이 전혀 없는 것도 아니었다. 공부만이 나의 길임을 깨닫고 6살 위인 누나가 사는 흑산도로 들어갔다.

독서와 영어 공부, 조카들 가르치기 등 나름대로 정적(靜的)인 3개월 수도생활을 마치고 9월초 대입학원 종합반에 다니기 위해 전주로 왔다. 대학입학이 코 앞에 있었지만, 그러나 결혼하게 되어 이모(나의 어머니)에게 인사차 들른 사촌누나에 대한 사랑의 감정으로 인해 다시 미망(迷妄)과 무지의 깊은 수렁에 빠져들고 만다. 결국 나는 예비고사도 보지 못한 채 그냥 1년의 세월을 다시 죽였을 뿐이다.

취직하겠다며 서울로 올라가 사는 약 1년 동안 관광호텔 종업원·할부책 세일·룸살롱 웨이터·신문보급소 총무 등을 전전하다 아아! 나는 서대문 형무소에 갇히는 전과자가 되고 만다. 잠실에 아파트단지가 우후죽순격으로 들어서고 있었다. 급증하는 교통량과 쇄도하는 주민들.

　무엇보다도 공사현장의 노무자들을 주요 고객으로 포장마차를 한다는 것이 새 일에 대한 복안이었다. 왜 그렇듯 같잖은 일만 하려 했던가는 묻지 말아야 한다. 상고를 졸업했어도 주산·부기·타자 따위 자격증 하나 없고, 아직 군대도 갔다오지 않은 미필남자를 오라는 직장은 거의 없었으니까. 우성이의 동업하기가 큰 힘이 되기도 했다.
　나는 고향에서 올라온 우성이와 함께 이른바 시장조사차 을지로쪽으로 나갔다. 포장마차 짜는데 10만 원, 음식 재료 등이 10만 원. 합쳐 20만 원의 견적이 나왔다. 우리는 마치 내일 개업식이라도 할 듯 의기양양하여 건배를 했다. 중국집에서 배갈로 건배를 한 술은 그걸로 그치지 않았다.
　배갈은 최소 단위가 도꾸리이고, 그것 두 개가 한 병이다. 그 배갈을 2, 3병씩 마시고도 취하지 않는 무적의 주당(酒黨)이 우리였다. 제법 취기가 오르자 필연 '냄비' 생각으로 이어졌다. 듣자하니 장충단공원에 나홀로 냄비가 많았다. 설사 여자 둘쯤 왔다 해도 다 뜻이 있는 산보라는 것이 여기저기서 들은 정보였다. 소주 2병을 나눠 마시고 거기서 나왔지만, 직방 장충단공원으로 진출하기 위한 용기가 나기엔 아무래도 좀 부족한 듯싶었다.
　털보집에서 나온 우리는 근처의 포장마차로 들어갔다. 술은 소주였지만 여느때같지 않게 고기 안주를 시켰다. 어쩌면 오늘 밤 몸을 풀지도 모르는데다가 장차 벌일 사업에 대한 사전 지식이 필요했던 것이다. 내가 우성에게 한 병째 마지막 술을 따르고 났을 때였다.
　"햐, 누구는 고기 안주에 술 먹고, 어떤 놈은 고작 김치쪽이냐!"
　분명 우리를 향한, 다분히 시비조의 불만이 귓가를 따갑게 때렸다.

소리나는 쪽을 바라보니 장발에 오동통한 몸집을 한, 고생이 한몸에 배어나는 사내였다.

"시방 시비여, 뭐여!"

그때부터는 말이 필요치 않았다. 취하기 위해 마셔댄 술이 어느덧 그 목적을 달성했는지 대화를 할 만큼 이미 여유가 없어진 상태였던 것이다. 포장마차는 순식간에 싸움터로 변했고, 온갖 욕설과 함께 주먹과 발길질이 난무했다. 그러고 보니 싸움다운 싸움을 한 것은 2년 만이었다.

나는 안경을 벗었고, 잘 보이지 않는 만큼 고개를 수그린 채 마치 성질난 소처럼 사내 얼굴을 향해 덤벼들었다. 얼마쯤 2대 1의 난타전이 계속된 것일까. 사내가 외마디 비명소리와 함께 쓰러지는가 싶더니 어느새 나와 우성의 손에는 수정(수갑)이 채워졌다. 짭새들이 현장에 번개처럼 뜬 경위는 알 수가 없었지만, 우리는 그 즉시 파출소로 개끌리듯 끌려갔다.

"그 자식이 먼저 시빌 걸어왔는데, 왜 우리만 잡아오는 거냐고!"

내가 술이 덜 깬 채 그렇게 씹어대는 사이에 사내는 전치 3주의 진단서를 끊어왔다. 코뼈가 주저 앉았다는 것이었다. 마침내 우린 새벽 닭장차에 실려 형사와 수정을 나눠찬 채로 중부경찰서로 넘겨졌다. 이상한 일이었다. 경험상 형사사건의 경우 경범죄처럼 그렇게 새벽에 본서로 넘겨지는 것은 아니었다.

조서를 꾸미고 피해자와 합의 볼 시간도 주는 것으로 알고 있었는데 그게 아니었기 때문이다. 분명한 것은 성질난 소처럼 머리를 숙인 채 덤벼들긴 했지만, 그것으로 인해 코뼈가 녀려 앉을 수 없다는 점이었다. 날이 밝자 나와 우성인 조서를 받고 경찰서 유치장에 갇히는 신세가 되었다.

모든 게 엿장수 마음대로였다. 담당 형사는 원하는 대답이 안나오면 책상을 쾅쾅 쳐대면서 핏발을 세웠다. 그리고 나를 언제 봤다고 숫제 반말짓거리였다. 나는 왜 반말하냐고 씹다가 우성이보다 더 끕끕수를 당했지만, 때리지도 않은 걸 때렸다고 할 수는 없었다. 아무리 취중이라지만 나는 사내의 콧잔등쪽에 주먹을 날린 기억이 없었다.

누님과 매부가 중부경찰서로 온 것은 저녁때였다. 그들은 매우 놀라는 기색이었지만 나는 쪽팔렸다. 형은 군대에 있으니 그렇다치고 전주의 어머니가 알면 더 큰일이었다. 돈 벌러 간다며, 돈 많이 벌어온다며 큰 소리 뻥뻥 쳐대고 올라온 서울인데 그러긴커녕 경찰서 유치장이라니! 나는 앞으로 징역살이 하게될지도 모르는 걱정보다 누님에게 어머니가 알지 못하도록 해달라고 단단히 당부를 했다.

"아니, 어쩌다가! 조금만 참어, 인생 공부하는 셈치고 말여."

그들은 나에게 위로의 말을 건네곤 제한된 면회시간에 쫓겨 이내 돌아갔다. 사식을 넣고, 빨리 검찰로 넘어가게 하겠다는 매부가 고마웠다. 그들과 두 차례 더 만난 후 서대문 구치소로 넘겨졌다. 경찰서 유치장의 수감기간 만료 1주일 전의 일이었다.

입대를 위한 신체검사도 아직 받아보지 않은 나로선 '똥구멍 뒤집어까기'에 치가 떨렸지만 도리 없었다. 시력이 나쁜 내게 눈이나 다름없는 안경마저 빼앗기는 지경이니 혹 흉기를 감추지 않았는지 해보는 항문 검사는 오히려 양반인 셈이었다. 마침내 기본 조사가 끝나고 수감된 곳은 폭력, 사기, 강간 등 온갖 잡범들이 수감되어 있는 방이었다.

방이라고 했지만 따뜻한 아랫목이 있는 것은 아니었다. 1.75평 크기의 마루방에 입실 정원은 자그마치 11명이었다. 이른바 칼잠이라야 겨우 누울 수 있는, 그것도 화장실 냄새가 코를 찌르는 감방, 영화와 소설에서나 볼 수 있었던 그 감방에 지금 와있는 것이었다.

사람의 입이란 그렇게 간사한 것일까. 구치소로 넘겨진 첫 날, 똥구멍을 까벌리기까지 했던 곳에서 비위가 상해 입에 대지도 못했던 밥이 그렇게 맛있을 수가 없었다. 썰어놓은 뜨같이 네모꼴을 한, 그래서 밥이라기보다는 차라리 떡인 가닥밥이 글쎄 입맛을 돋우는 것이었다. 추석 등 특별한 날에는 오뎅이나 기름만 뜬 것일망정 소고기국도 나왔지만, 가닥밥에 짜디짠 단무지 따위가 고작인 식사가 그렇게 꿀맛일 수가 없었다.

비교적 규칙적인 생활이 이어졌다. 새벽 6시 기상하여 가벼운 아침체조로 감옥의 일과가 시작되었다. 배식이 되기 무섭게 게걸스럽게 식사를 마치면 독서·수양·운동시간 등이 마치 신문사의 고속윤전기 돌아가듯 했다. 낮엔 빨대구멍 같은 쇠창살 사이로 비쳐드는 초가을 햇살 아래 이를 잡는 자유시간이 있었다.

비록 번갯불에 콩 볶아 먹는 듯한 것이었지만 샤워도 할 수 있었다. 저녁식사가 끝나고 취침에 들 때까지 밤은 그야말로 자유시간이었다. 이때야말로 수감자들이 자신의 범죄행위로부터 자유로워질 수 있는 시간이었다. 대개는 소위 Y담을 지껄이고 듣는 것이었다.

"부대장의 젊은 부인을 모시고 차를 모는데, 아 글쎄 가운뎃 다리가 나도 모르게 벌떡 서더란 말야. 에라이, 삼수갑산에 갈망정 생각하며 호젓한 곳에서 차를 세웠지~."

대개 이런 음담패설이 끊임없이 이어졌다. 그것도 질리면 간수들 눈치를 살펴가며 비밀댄스가 진행되었다. 43세라 밝힌 춤선생 김씨는 주특기를 잘못 사용하여 달려들어온 사람이었다. 약간 이마가 벗겨지고 똥배마저 살짝 나온 그는 정장만 하면 영락없는 사장님이었다. 물찬 제비는 못될망정 왕년에 한 가락 해본 흔적이 역력해 보였다. 일제침략기나 자유당때처럼 감옥에서 폭력이나 구타는 없었다. 신고식이 없는 건 아니었지만, 이곳에 오게 된 범행의 종류와 동기, 고향과 나이 등을 묻는 정도였다.

"짜식, 배아지가 따땃했구만! 쌈질이나 한 것이."

신고식을 마치고 제일 고참격인 이씨로부터 그런 핀잔을 듣는 게 전부였다. 그도 그럴 것이 절도·강도·사기 등은 배가 고파하는 짓이라 판·검사도 정상참작을 한다는 것이었다. 전치 3주에 '초자'면 합의없이 비싸게 받아도 집행유예로 풀려나겠다는 귀띔 역시 육군대장이 아니면서도 별 4개짜리인 이씨가 인정하듯 내린 판결이었다.

기쁜 것은 출정과 면회였다. 검사나 판사에게 불려 나가는 외출이 출정이다. 구치소에서 죄수호송용 버스를 타고 검찰청에 도착하면 길다란 지하통로를 통해 검사 방으로 갔다. 처음 검사 방에 갔을 때 내게 맞았다고 주장하는 피해자가 와 있었다. 이른바 대질 신문이다. 나는 때린 적이 없지만, 피해자는 막무가내였다. 결국은 범행을 부인한 셈이 되었다. 그것은 검사의 소위 '괘씸죄' 사유이기도 했다.

면회는 주로 누님 내외가 다녀갔다. 형은 군대에 있었고, 어머니는 딱 한 번 면회를 왔다. 창살 너머로 안경까지 벗고 수염이 까칠하게 돋아난 나를 보자마자 어머니는 통곡부터 하기 시작했다. 나는 입이 열 개라도 할 말이 없었다. 서른 일곱에 청상과부가 되어 자식들 키우느라 아등바등 살아온 어머니를 뵐 낯이 없었다. 가벼운 나들이의 서울 구경이 아니고 구치소에 수감된 아들을 면회하러온 것이니 무슨 염치가 있으랴!

언제였던가 면회온 매부가 간수의 눈치를 살피며 내게 말했다. 손가락으로 1을 그려보이며 한 장(10만 원)만 쓰면 아무 일도 없었던 것처럼 할 수 있겠다고. 나는 일언지하에 거절했다. 나로선 잘못한 것 없이 옥살이하는 것도 억울한데 고래심줄 같은 돈을 10만 원씩이나 쓸 수는 없었다. 그러나 사실은 뼈빠지게 고생하는 어머니에게 차마 못할 일을 시키는 것 같아서였다. 틈만 나면 어머니는 나 들으라고 입버릇처럼 되뇌이곤 했다.

"성은 대학 다님시롱 돈 한 푼 들이지 않았는디, 너는 대학도 댕기지 않음서 무신 돈을 그렇코럼 잡아 먹는 것이라냐!"

출정은 바깥공기를 쐰다는 정신적 즐거움을 안겨주었다. 반면 면회는 면회온 가족이 영치금과 사식, 건빵과 사과 등을 넣어줘 입을 즐겁게 해주었다. 하루 세 끼니 개밥보다 조금 나은 식사외에 커피랄까 술 같은 것은 그런 것이 진짜로 있는지 의심스러울 정도로 멀어져 있었으니까. 그렇게 건빵이 맛있는 것인 줄 미처 몰랐었다. 그래서였을 것이다. 가족의 면회를 본인보다 한 방 식구들이 더 반가워했던 것은.

가장 고통스러웠던 것은 역시 금연이었다. "식사후 불연이면 3초 후 현장즉사"라는 금언(金言)이 애연가들 사이에 널리 퍼져 있을 때였다. 고 2때부터 피우기 시작한 담배는 나의 생활에 깊이 스며 있었다. 심지어 재떨이나 길거리에 버려진 '장초'를 주워 피운 적도 한두 번이 아니었다.

본의 아닌 금연보다도 더 괴로웠던 것은 진실의 은폐였다. 너무 술이 취해 그만 필름이 끊어진 상태였다면 혹 모를 일이지만, 내가 피해자의 얼굴에 주먹질을 한 적은 없었다. 도대체 내가 왜 이곳에 와 있는지, 아무리 정의는 외롭고 진실이 은폐되는 세상이라 하더라도 나로선 납득할 수 없었다.

다음 날 조서를 꾸밀 때 숙취가 전혀 없었던 걸로 봐서 과음이긴 했지만 취했던 것은 아니었다. 그리고 나는 가히 말술의 주량을 자랑하고 있는 주당이었다. 그런데도 그 진단서라는 것이 어떻게 나왔을까?

하긴 돈 뜯어 내려고 없는 상처도 있는 것처럼 꾸며 진단서를 발급받아 오는 사람이 부지기수라고 했다. 검사는 그런 사기꾼들을 잡아넣을 생각은 하지 않았다. 억울하다는 내 말은 들어보지도 않고 무조건 일축이었다. 아무리 범죄에 대한 기소가 직분일지라도 이미 술이 깼고, 감옥살이까지 하며 일관되게 범행을 부인하면 보다 면밀히 조사에 임해야 공명정대한 법집행이 되는 게 아닐까.

오히려 그런 나를 괘씸죄로 모는 처사가 과연 검사로서 할 짓이냐는 생각이 골을 쑤셨지만 그냥 그뿐이었다. 어느 시대에서나 누구 말처럼 돈없고 힘없고 빽없는 서민들이야 항상 그렇게 당하기 마련 아닌가! 귀에 걸면 귀걸이 코에 걸면 코걸이가 법임을 직접 체험으로 생생히 알 수 있었다. 동시에 나는 무조건 법망에 걸려들지 않아야 한다고 되뇌이곤 했다.

그러나 세월은 가고 또 오는 것. 40일간의 구금 일수를 뺀 징역 8월의 집행을 2년간 유예받은 나는 그 날 오후 역사의 현장인 서대문 구치소를 나왔다. 어쩌면 그렇게 정확히 맞출 수 있는지 육군 대장도 아니면서 별 4개짜리인 이씨가 이미 예견한 대로 나는 집행유예 판결을 받았다. 마침내 별을 달게된 것이다.

이유야 어찌 되었든 별을 하나 달게 된 나는 징역 8월에 집행유예

2년의 위력에 눌려 그야말로 화려한 변신을 하게 된다. 전과자가 되어 금의환향 아닌 쓸쓸한 귀향을 하게 된 것은, 그러나 방위소집 때문이었다. 차마 어머니 볼 면목이 없었지만, 국가의 부름을 거역할 수는 없었다.

훈련소에서 훈련을 마친 후 동사무소 예비군중대본부로 배치된 나는 광범위한 독서와 함께 다시 대학진학의 길을 열어 나갔다. 방위소집해제(제대) 후 여자편력이 도지긴 했지만, 잠깐이었다. 나는 대학진학 '1백일 작전'에 돌입, 그야말로 눈썹이 휘날리게 정진했다.

마침내 나는 예비고사에 이어 본고사도 합격했다. 개천에서 용이 난 셈이었다. 6년 만에 찾은 나의 길이었다. 1979년 3월 대망의 대학생이 된 나는 국문과로 정해진 2학년부터 학교와 집만 오가는 생활을 계속했다. '살인마 전두환을 처단하라'는 데모 대열에도 끼어들곤 했지만, 6년 만에 찾은 나의 길을 정치나 역사와 바꿀 수는 없는 일이었다.

드디어 4학년 가을 전라남도 순위고사(지금의 교원임용고사)에 합격했다. 그리고 그놈의 전과 때문 합격동기생보다 한 1년쯤 늦게 발령을 받았다. 1984년 4월 20일의 일이다. 전주를 떠나 4시간 만에 전남 강진에 도착했고, 교육청으로 가서 발령장을 받았다. 임지는 도암중학교. 진짜로 선생님이 된 것이었다. 기뻤다. 떨렸다.

그것은 생활 반경이 옮겨지고 의식 패턴이 바뀌는 내 인생의 일대 전환이랄 수 있었다. 과연 그렇듯 많은 죄업을 쌓았는데 성직(聖職)이라는 선생님을 제대로 할 수 있을지 걱정이었다. 그 동안 찌든 모든 때를 벗어던지고 새롭게 태어나자. 나는 그렇게 결심했다.

선생님이 되었다는 것, 집을 떠나 객지에 나와 있다는 것은 지금까지 펼쳐진 내 인생에서 분명 새로운 경험이었다. 비록 조무래기들 일망정 혼나고도 금방 누런 잇속을 드러내며 씩 웃는 학생들 속에서 나의 왕창 고장났던 청춘시절의 과거는 묻혀져 갔다.

이제 만 스물 아홉. 사실 그 동안 내 인생은 얼마나 힘들고 어려웠던가? 얼마나 타락된 것이었던가? 누구의 인생인들 시련과 절망이 없을까만 이제 선생님이 된 나였기에 그 경험들은 희귀한 것이었고, 그래서 그만큼 소중했다. 당연히 담임을 맡은 나는 왕창 고장났던 고교시절의 나를 생각하며 세칭 문제아들에 깊은 관심을 갖는 선생님이었다. 그리고 점차 학생들의 꿈과 끼를 살리는 선생님이 되어갔다.

그렇다. 지난 2월말 퇴직할 때까지 그 동안 수많은 학생들이 나의 글쓰기 지도로 백일장이며 공모전에서 상을 받았다. 우선 교내백일장대회 개최를 통해 자질이 있되 열심히 하려는 학생들을 발굴, 지도했다. 먼저 원고지 사용법이며 띄어쓰기 등 기초적인 것부터 지도했다. 아무리 좋은 내용이라도 형식미가 결여되면 좋은 작품 취급을 받지 못하니까! 문단 나누기라든가 정확한 문장쓰기 등도 그 범주에 속하는 내용임은 더 말할 나위 없다.

그리고 시와 수필이 무엇인지, 어떻게 해야 잘 쓸 수 있는지 등에 대해 지도했다. 대략의 이론 공부를 마친 후엔 바로 실습에 들어갔다. 시와 수필을 매주 써오게 하여 그것들을 개인적으로 일일이 첨삭 지도해 주었다. 문학은 소질보다 노력이고, 그중 으뜸이 바로 습작이다. 부지런히 써보는 것이야말로 최고의 문학 공부임은 더 말할 나위 없다.

나는 32년째 '별 하나 선생님'이었지만, 고교 3년 동안 21차례나 상을 받은 어느 제자는 대통령상인 '대한민국인재상' 수상자로 뽑혀

내가 열정적으로 해온 글쓰기 지도의 절정을 이루기도 했다. 내가 3년간 지도하고 추천하여 일군 쾌거라 할 수 있다. 참고로 대한민국인재상은 대통령 상장과 메달, 장학금 300만 원이 주어진 큰 상이다.

 또한 나는 학교신문과 교지제작을 열정적으로 지도하여 대학교총장을 비롯 교육부장관 표창도 여러 번 받았다. 마침내 2015년 3월 나는 제25회남강교육상 수상자로 선정, 시상식이 열린 서울 오산고등학교 강당 식장에 서게 되었다. 학생들 글쓰기며 학교신문과 교지제작 지도를 30여 년 열정적으로 해온 공적을 인정받은 감격의 남강교육상 수상이었다.

〈2016. 11. 9.〉

대입 1백일 작전

 다시 한 번 서울 생활에 실패하고, 장기간 입원한 매부의 간병을 끝낸 후 나는 드디어 대입 1백일 작전에 들어갔다. 1978년 7월 초순의 일로 대학진학을 위한 공부를 시작한 것이다. 1974년 1월 고등학교 졸업하면서부터 해마다 떠벌여온 것이라 '다시'라고 말해야 맞다. 다시 한다고 해서였을까. 어머니의 반응은 차가웠다.
 "공부는 무슨 공부! 다만 10만 원 벌이라도 혀."
 어머니는 단순히 말만 그런 것이 아니었다. 글쎄, 제대하여 복학한 큰아들이 곁에 있어서 그랬는지 자세히 알 수 없지만, 학원비는 물론이고 책 살 돈도 절대 줄 수 없다는 것이었다. 콩으로 메주를 쑨다고 해도 내 말이라면 믿지 않겠다는 어머니였기에 나는 난감했다.
 그때 구세주로 나타난 건 형이다. 정확히 말하면 형의 애인 영애씨(지금의 형수)였다. 형이 나를 다시 한 번 믿어주었고, 중학교 국어선생이었던 영애씨의 협찬으로 교재 일체를 구입할 수 있었다. 애당초 학원가는 것은 스스로 포기해버렸다. 학원 가봐야 뭐 하나 제대로 아는 것도 없었을 뿐더러 남이 있는 데선, 특히 쪼그리고 앉아선 공부를 못하는 체질 때문이었다. 그리고 무엇보다도 쪽팔렸다. 현역때부터 셈하면, 맙소사 '6수생'이었던 것이다.
 나는 우선 '4금'부터 시작했다. 담배를 끊었고, 술을 끊었고, 여자를 끊었고, 당구도 끊었다. 이미 밑바닥 인생을 살아온 나로서는 그것이 결코 쉬운 일은 아니었다. 특히 담배는 한 번도 나를 떠난 적이 없던, 그래서 가히 인생 그 자체라고 의미를 부여해도 무방한 담배는 진짜 끊기 어려웠다. 길거리에 버려진 '장초'를 주워 피우기까지 했던 질기고 끈끈한 나의 끽연 의지였으므로.

 그러나 나는 그 담배마저 끊었다. 나의 의지에 의해 담배를 끊은 것은 처음이다. 그리고 아마 마지막이 될 것이다. 몇 년 덜 살고 말지 담배를 끊을 생각은 전혀 없었다. 술은 휴가나온 친구들 만나게 되면 어쩔 수 없이 마시긴 했지만, 일삼아 하는 것이 아니었기에 크게 문제되지는 않았다. 여자는 얼마전에도 만난 명옥 등이 간혹 생각나긴 했지만 사실상 '여인부재시대'였다. 당구도 200쯤 되고 보니 처음 막 배울 때 같지 않았고 그럭저럭 참을만했다.

 하지만 모든 적들을 물리쳤다 해서 일사천리로 공부가 되었던 것은 아니다. 고교 졸업하고 5년 만에 시작한 것이라 완전히 처음부터였고, 상고다닐 때 전혀 배우지 않았던 과목도 여러 개였다. 수학·과학은 엄두도 못냈고, 우선 취미가 있는 국어·국사·세계사 등의 공부를 그저 독서하는 마음으로 하기 시작했다.

 그러나 역시 책상에 오래 앉아 있기가 어려웠다. 엉덩이는 근질거렸고 허리가 아팠다. 그때마다 나는 만사만물(萬事萬物)이 불외어오심(不外於吾心)을 외쳤다. 세상의 모든 일이 내 마음 먹기에 달려 있다고 곱씹었다. 만약 이번에도 실패한다면 나는 영원한 낙오자로 전락하고 말 것이라는 위기의식을 되새겼다.

 이제까지 살아오면서 뚜렷이 본 것은 무엇이며, 느낀 것은 또 무엇이었던가! 온갖 방종으로 육신이 썩어가는 밑바닥 인생을 체험하면서 실끝 같은 의식 속으로 파고 들어오는 것이 무엇이었던가! 나는 참선에 정진하는 스님처럼 모든 유혹을 물리친 채 공부를 했다. 저 이집트 사막에서 금욕(禁慾)을 일삼으며 수도(修道)에 매진했던 파흐뉴스(아나톨 프랑스의 장편소설 '무희 타이스'의 남자 주인공)를 흉내냈다.

그런데 위기가 닥쳐 왔다. 우리집에 세든 할아버지가 세상을 뜬 것이다. 그것이 무슨 위기냐고? 그렇게 묻는다면 그것은 모르는 말씀이다. 우리집 마당에 천막이 세워졌고 온갖 사람들이 북적대는 상가(喪家)가 되어버렸는데, 어찌 위기가 아니란 말인가! 어머닌 장사 나가고 형은 학교에 가서 텅 비어버린 집에서 조용하게 공부를 하던 나로서는 정말 치명적인 방해가 아닐 수 없었다.

그렇다고 마지막 가는 길인데, 노골적으로 짜증을 낼 수도 없었다. 고인(故人)이 된 할아버지 며느리가 그 와중에서도 내게 미안해 하며 양해를 구하긴 했다. 나는 괜찮다며 머리도 식힐 겸 고스톱판에 끼어들었다. 패가 풀리지 않자 참고 참고 또 참다가 끝내 담배를 피워 물고 말았다. 금연한 지 22일 만의 일이었다.

장례식은 3일 만에 끝났지만 나의 흡연은 끝나지 않았다. 나는 '3금'만 하기로 쉽게 작정해버렸다. 새삼스럽게 금연한다는 것이 쉽지 않았다. 다른 적들과는 달리 기억력 감퇴 따위, 다소 허무맹랑한 폐해 외에 흡연이 공부에 크게 방해될 것 같지는 않았기 때문이었다. 역시 담배는 사색을 안겨 주었다. 물론 전환기를 맞이하기 위한 건설적인 사색이었다.

사색은 공부를 하다 짜증이 나거나 당장이라도 때려치우고 싶은 충동이 생길 때면 하나의 약이 되었다. 지금까지 잘못 산 청춘을 반성하고 새로운 인생을 개척하기 위한 채찍질이었다. 10월 초순경 거처를 김제로 옮긴 것도 그 채찍질의 하나였다 예비고사(지금의 수능) 한 달을 남겨두고, 말하자면 총정리를 하기 위한 공부길이었던 것이다.

그런 내게 자극을 받은 것일까. 고등학교 1학년 모악산 산행때부터 나와 거의 동고동락을 해온 친구 우성이도 공부를 하고 있었다. 김제로 간 것은 우성의 제안이었다. 누나네가 살고 있었는데, 은행원인 매부가 여수로 발령 났고, 당장 이사할 형편이 못되어 짐은 놔둔 채 누님만 따라가게 된 것이었다. 그러니까 빈집이었다. 집도 봐주고 공부도 하는, 그야말로 누이좋고 매부좋은 일이었다.

타락을 같이해온 우성이와 함께였으니 무슨 공부가 되었겠느냐고? 그것은 천만의, 만만의 말씀이다. 오히려 그랬기 때문 진짜로 열심히 공부할 수 있었다. 서로 교대로 식사 당번을 했고, 밤늦게까지 문제집을 풀었다. 졸리면 잤고, 졸리지 않으면 꼬박 날을 새기도 했다.

마침내 11월 8일. 예비고사 날이 밝았다. 나는 최선을 다했다. 모르는 문제는 찍었고, 아는 문항은 다시 확인하여 최소한 아는 것을 틀리는 어리석음은 범하지 않으려 했다. 그 동안 내가 할 수 있는 최선을 다했으므로 이제 결과를 기다릴 뿐이었다. 1979년 1월 25일 발표한 본시험 합격자 명단에는 내 이름도 들어 있었다.

"개천에서 용난 거야!"

누님이 전화에서 그렇게 말하고 있었다. 누님 축하처럼 그럴 지도 모른다. 신문이나 방송에 나지는 않았지만, 나의 대학교 본고사 합격은 주변사람들을 놀라게 하기에 충분했다. 택시와 정면으로 충돌한 교통사고에서도 말짱했던 것처럼 기적이 일어난 셈이었다. 6년 만에 찾은 나의 길이었다.

1979년 3월 대망의 대학생이 된 나는 한동안 학교와 집만 오가는 생활을 계속했다. 남들보다 늦게 시작해서인지 공부만 하는 대학 생활이었다. 마침내 4학년때 가을 전라남도 순위고사(지금의 교원임용고사)에 '가볍게' 합격했다. 1984년 4월 중학교 국어교사 발령을 받았고, 주로 고교에서 32년쯤 재직하다 2016년 2월말 명예퇴직했다.

〈2022. 8. 31.〉

퇴직해도 행복한 사내

　나처럼 왕창 고장난 청춘을 살고도 교사가 된 사람이 있을까? 1979년 3월 그렇게 대망(待望)하던 대학생에 이어 선생님이 된 것이다. 1984년 4월 20일의 일이다. 벌써 30년째 나는 '별 하나 선생님'이다.

　하지만 나는 학생들 글쓰기 지도에 헌신적으로 매진하고 있다. 교지라든가 학교신문 제작지도 역시 내가 자청하여 맡는 나의 일이다. 다른 국어교사들은 버거워하는 듯하지만, 그래서 그런지 서로 맡지 않으려고 경쟁이 치열하지만, 나로선 그것처럼 신나고 보람된 일이 더 이상 없다.

　감히 나는 남다른 희생정신과 헌신적인 봉사로 학교신문, 글쓰기 지도 등을 통해 나름대로 진로지도에 열성을 다하는 교사라 자부한다. 특히 기본적 열패감에 빠져있는 후기 일반계고와 특성화고 학생들이 나의 지도로 상을 받고 좋아할 때면 교사라는 사실이 너무 뿌듯하고 기쁘다. 특성화고 학생들에게 '나도 할 수 있다'는 자부심을 안겨주는 일이 일반고 학생 서울대 들어가게 지도하는 것과 어찌 다르겠는가!

　글쓰기의 특기·적성교육에선 먼저 원고지 사용법이며 띄어쓰기 등 기초적인 것부터 지도했다. 아무리 좋은 내용이라도 형식미가 결여되면 좋은 작품 취급을 받지 못하니까 말이다. 문단 나누기라든가 정확한 문장쓰기 등도 그 범주에 속하는 내용임은 더 말할 나위 없다.

그리고 시와 수필이 무엇인지, 어떻게 해야 잘 쓸 수 있는지 등에 대해 지도했다. 대략의 이론 공부를 마친 후엔 바로 실습에 들어갔다. 시와 수필을 매주 써오게 하여 그것들을 개인적으로 일일이 첨삭 지도해 주었다. 문학은 소질보다 노력이고, 그중 으뜸이 바로 습작이다. 부지런히 써보는 것이야말로 최고의 문학 공부이다.

"어머, 쟤 좀 봐. 작년엔 안그랬는데, 얼굴이 활짝 펴졌잖아!"

옆자리는 물론 보는 동료들이 3학년 수빈을 두고 한 말이다. 사실 학교신문 '녹원소식' 기자이기도 했던 수빈인 2009년 한 해에만 이런저런 백일장과 공모전에서 11회나 상을 받았다. 부모의 이혼으로 할머니와 함께 살고 있던 수빈의 2학년까지의 학교생활이 어땠을지 짐작이 간다.

지식경제부 우정사업본부가 주최한 제9회보은의 달 전국편지쓰기 대회에서 2만 5천여 편중 1등 대상을 수상한 2학년 혜진이도 비슷한 가정환경이다. 아빠의 실직으로 인해 고생이 심한 엄마에게 쓴 편지가 심금을 울린 것이라고나 할까. 혜진의 대상 소식은 신문과 방송 등 언론에 소개되기도 했다. 특히 방송의 경우 제작진이 직접 학교로 와 촬영하는 등 개인의 영광뿐 아니라 학교 명예를 드높이기도 한 바 되었다.

지난 8월엔 소녀가장 3학년 아림의 여고생 시집 '고백'을 발간했다. 86편의 시가 수록된 '고백'은 정홍원 국무총리가 100권을 구입, 지인들에게 선물해 화제가 되기도 했다. 내가 지도교사로서 여고생 시집을 기획, 출판한 것은 특성화고(옛 실업계고) 학생으로서 싫어도 맛보게 되는 기본적 열패감을 분쇄하거나 만회시켜주기 위해서였다.

특목고나 일반고 학생 누구도 감히 할 수 없는 '여고생 시집'을 펴냄으로써 자부심과 성취감을 심어주려 한 것이다.

여고생 시집을 기획한 또 하나의 중요한 이유가 있다. 취업이 대세인 여상에서 대학의 문예창작학과로 진로를 정한 학생의 결단과 용기 때문이다. 그 외 17호부터 제호를 바꾼 '녹원신문'을 19호까지 펴냈다. 작년에 학생수상작품만으로 문집을 창간했던 '녹원문예' 제2호도 이미 발행, 배포까지 마쳤다.

학교신문 제작지도 역시 마찬가지다. 기자를 뽑고, 특별활동(C·A) 부서로 고정 편성하여 이론 수업후 실제활동에 들어갔다. 취재 및 신문기사 작성요령, 기사의 종류 등 꼭 알아둬야 할 기본적 필수사항을 주지시켰다. 편집회의를 상설화하여 학생기자들이 맘껏 토론하고 기획이며 아이디어 제출 등 보다 열린 체제를 구축하기도 했다.

말할 나위 없이 취재한 내용은 즉시 기사로 작성하는 것이 좋다. 기사문이라 하면 흔히 보도에 관계되는 글만을 가리키는 것이 보통이다. 따라서 다른 글에 비해 간결하고 정확한 표현이 되도록 지도했다. 또한 독자들의 쉽고 빠른 이해를 위해 평범한 단어의 문장으로 쓰도록 했다.

기사문이 간결해야 하는 것은 장황한 설명이나 현란한 수식이 필요없기 때문이다. 지면이 제한되어 있어서이기도 하지만, 신문기사는 사실을 사실 그대로 알리는 것이 목적인 글이어서다. 또한 기사문은 사실을 전하는 글이므로 일체의 감정이나 느낌, 주장이나 의견없이 객관적으로 쓰도록 지도했다.

그러나 역시 한계는 있었다. 일반고나 특성화고를 막론하고 의욕을 앞세운 기자들조차 맡은 일들을 매끄럽게 해내지 못하곤 했다. 원고(기사)에 대한 여러 차례 첨삭지도라든가 인터뷰 등 각종 취재의 대부분 기자활동에서 그랬다. 학교신문으로 인한 이런저런 수상이 더욱 값지게 느껴지는 것은 그래서다.

SK글로벌·문화일보 주최·교육부 후원 제6회전국학교신문·교지콘테스트 금상('한별고신문',2001), 전주일보사 주최 제2회전북학교미디어공모전 가작상('전주공고신문', 2008), 전주일보사 주최 제4회전북학교미디어공모전 은상('녹원소식', 2010), 제4회전북일보 NIE대회 우수상('녹원소식', 2011) 등이다.

"장선생님은 지금 퇴직해도 아무 문제 없겠네요!"

옆자리 후배 교사가 그렇듯 눈썹 휘날리게 열심인 나의 글쓰기, 학교신문 제작지도를 부러워하며 수시로 하는 말이다. 그래, 학생들 글쓰기며 교지라든가 학교신문 제작지도 그것은 국어교사로서 나의 일이다. 아직도 한 4년 남았으니 벌써 정년퇴직을 말할 때는 분명 아니다.

하지만 세월은 가고 오는 것. 언제까지 현역일 수는 없다. 그래도 나는 정년퇴직이 두렵지 않다. 퇴직 후에도 학교신문이나 교지제작지도는 하고 싶다. 유급(有給)이 아니어도 좋다. 나의 노하우가 필요한 학교들을 방문, 무료 봉사하는 것이다. 특히 글쓰기 지도만큼은 정년퇴직 후에도 내가 할 수 있는 영원한 나의 일이다.

일단 학교를 찾아다니며 '글쓰기 특강'을 할 수도 있을 것이다. 퇴직금에 아내 모르는 비자금까지 노후를 여유있게 지낼 만큼은 모아 놓은 셈이니 그 일이 무보수여도 크게 상관할 바는 아니다. '장세진 글쓰기교실' 등 사무실을 낼 수도 있다. 글을 잘 쓰는 특기를 갖고 싶은 학생, 일반인들까지를 '제자'로 받아들여 가르칠 것이다.

가르치는 것과 직접 쓰는 일은 다르지만 정년퇴직하고 나면 꼭 실천하고 싶은, 오랫동안 간직해온 꿈도 있다. 바로 소설쓰기다. 명작이 아니어도 좋다. 베스트셀러가 되지 않아도 상관없다. 남은 인생을 낭비하는 일이 아닌, 기꺼이 매달릴 수 있는 소설쓰기만으로도 만족할 수 있다.

　그리고 아내가 들으면 크게 반길 것이 분명한 또 하나의 계획이 있다. 지금까지 가까운 일본이나 중국조차 한 번 가보지 못했는데, 정년퇴직 후에는 세계 여러 나라를 가볼 참이다. 떡본김에 제사지낸다고, 당연히 세계여행은 기행문 집필을 염두에 둔 나의 원대한 프로젝트이기도 하다.

　내가 정년퇴직을 두려워하지 않는 이유가 거기에 있다. 아, 나는 주위의 동료들이 부러워하는 것처럼 정년퇴직을 해도 의욕적으로 할 일이 있는 행복한 사내임이 틀림없다. 한때 무지와 미망의 늪에 빠져 암적인 존재였고, 별까지 달았을망정 이만하면 누가 뭐라 해도 성공한 인생임이 분명하지 않은가?

〈2013. 11. 4.〉

나의 사치

 어느 일반계 고등학교 교사가 지각하는 자기 반 학생들에게 아침밥을 먹는 건 사치라고 말했단다. 학생들 건강 걱정이라곤 전혀 없는 그 말에서 0교시 수업 등 이 땅의 입시지옥 현실이 어느 정도인지 알게 된다. 최소한 짐작하게 한다.
 그런데 특성화고등학교 교사인 나의 사치는 끓며 넘치는 제자 사랑이다. 경력 31년째인 나는 60줄에 접어든 이른바 원로교사다. 글쓰기며 교지, 학교신문 따위 업무를 맡지 않아도 모종의 압력이 가해지거나 교장이나 교감 등 누구 눈치 볼 '군번'은 아닌 위치인 셈이다.
 그런 내가 글쓰기며 교지와 학교신문 제작 지도를 눈썹 휘날리게 하고 있다. 우선 국어과 후배들이 서로 안하려고 하는 탓이 크다. 그것은, 그러나 내가 좋아서 스스로 하는 일이다. 특히 일취월장하는 제자들 글솜씨와 이런저런 수상을 지켜보는 일은 나만의 은밀한 즐거움이기도 하다.
 억지로 맡아 하는 일이 아니라 그럴까. 나의 글쓰기 지도는 제법 치밀하고 체계적이다. 우선 교내백일장을 개최, '흙속의 진주'를 발견해낸다. 기본적 소질이 있고, 하려는 의지가 충만한 학생이라면 곧장 '내가 키워준다'며 맹렬해진다. 바야흐로 제자 사랑이 시작된 것이다.
 공고였던 전임지에서 지도한 은미가 그랬다. 은미는 3학년 한 해에만 무려 열 차례 넘게 백일장이며 공모전에서 상을 받았다. 강이나 갯벌 등을 주제로 한 공모전에 응모할 좋은 글을 쓰게 하기 위해 현지 답사, 현장체험학습은 기본이었다.

　섬진강 구담마을에 갔을 때 난생 처음이라며 강에 윙크하는 은미는 들판 위에서 햇빛받아 반짝이는 백설 그 자체였다. 은미의 그런 모습을 보는 일이 마냥 즐겁고 신났다. 나는 그런 여행들이 좋은 글쓰기를 위해 필수라고 믿었다.

　"벌써 다 왔어요? 바다 또 가고 싶다!"

　격포 채석강에 다녀온 은미는 승용차 문을 열며 마치 꿈결처럼 말했다. 연한 쌍커플, 우수에 젖은 듯한 동그란 두 눈, 나란히 서면 173cm인 나와 맞먹는 큰 키의 은미는 그렇게 나의 문을 세차게 두드려댔다. 오랫동안 닫혀 있던 제자 사랑의 문을.

　그런데 알고보니 은미의 백일장, 공모전 참가는 생활비를 벌기 위한 일종의 몸부림이었다. 아르바이트에 쫓겨 제대로 글 못쓰는 걸 알게됐을 때 마침내 나는 선언했다. 시 1편당 1만 원, 산문은 2만 원씩 줄테니 글쓰기에만 전념하라고! 은미는 한참 주저하더니 이윽고 새 아르바이트를 시작했다.

　나는 어느 날 컴퓨터가 고장났다며 편집실에 와서 워드 치는 은미를 보고 다시 결행했다. 은미에게 1백만 원 상당의 컴퓨터와 복합기를 사준 것이다. 행정실의 앨범비 독촉이 심한 걸 우연히 알게되자 그것도 바로 납부해주었다.

　맙소사! 은미는 한겨울인데도 보일러 기름이 떨어져 그냥 냉방에서 여동생과 함께 잤다. 그렇게 자는 바람에 지독한 몸살 감기가 온 걸 알게 되었다. 다음 날 은미에게 기름부터 넣으라며 돈을 쥐어주기까지 했다. 그뿐이 아니다. 급하다고 하면 몇 십만 원씩 그냥 본능처럼 빌려주기도 했다.

　그러나 겨울방학은 물론 졸업식 날조차 은미를 볼 수 없었다. 나는 비교적 깊은 생각의 늪으로 빠져들어갔다. 결국 그것은 사치였던가? 제자 사랑이라는 사치! 다시 사치를 부리지 않을 것이라는 생각도 물 흐르듯 차올랐다.

　하지만 누가 알았으랴. 은미를 그렇게 떠나보내고, 정기인사에 의해 옮겨간 학교에서 다시 사치에 빠져들게 되었으니 말이다. 희옥은 1학년때 교내백일장에서 발견한 재원(才媛)이었다. 교외 백일장에 나가 한 차례 상을 받은 후 본격적 지도로 들어가려는데, 희옥은 엄마가 못하게 한다며 아무 망설임도 없이 날 떠나갔다.

　하긴 나도 소질이 있을망정 학생이 원하지 않으면 '버리는' 것을 원칙으로 하고 있다. 글쓰기는, 초등학생도 아니고 고등학생쯤 되면 스스로의 의지에 따라 해야 될 일이라는 게 변함없는 나의 오래된 소신이다. 그런 의지가 있다 해도 항상 좋은 글이 써지지 않게 되어 있다. 글쓰기가 억지춘향식이어선 안 되는 이유이다.

　그렇게 1년쯤 지나갔다. 마침 학교신문을 제작할 학생기자 충원이 필요했다. 복도에서 우연히 만난 희옥을 불러 말했다. 희옥은 기다렸다는 듯 학생기자를 한다고 했다. 나는 내친김에 글도 계속 써보겠느냐 물었다. 희옥인 역시 기다렸다는 듯 주저없이 대답했다.

　그렇게 재개된 글쓰기 지도였다. 1년 동안 희옥은 여덟 차례 상을 받았다. 나는 3학년이 된 희옥이 반 수업을 자청하기까지 했다. 학생기자도 그렇고 글쓰기 지도 역시 직접 수업을 맡으면 여러 가지 좋은 점이 있어서였다. 희옥은 1년쯤 쉰 것을 만회라도 하듯 열심이었다.

　간혹 은미 생각이 스쳤지만, 언제 그랬냐싶게 사치를 한껏 부리고 있는 나를 발견할 수 있었다. 가령 경북 영천에서 열린 시상식에 가는데, 희옥의 부모 의사는 물을 것도 없었다. 내 차에 태워 그 먼 길을 다녀왔으니까! 왕복 8시간도 더 되는 초행길 운전이었지만, 놀랍게도 나는 전혀 피곤함을 느낄 수 없었다.

"선생님, 저 글쓰기 그만두고 기자만 할래요."

그렇게 사치가 무르익을 때였다. 불쑥 희옥이 선언하듯 말했다. 그러면 절반만 이뻐할 것이라 말해도 막무가내였다. 국민연금을 주제로 한 수필과, '사기열전' 독후감 쓰기가 주어졌을 때였다. 어인 일인지 희옥이 졸업한 지 2년째인 지금까지도 그때 당한 '배신감'의 상처는 가시지 않고 있다.

주제가 어려워 못쓰겠다는 것도 아니었다. 희옥이 글쓰기를 그만둔다고 한 건 "선생님 지도교사상 한 번 받게 잘 좀 써봐!" 하는 말 때문이었다. 독려차 농담으로 한 말에 그런 결정을 했다니, 나는 이 나이에 무슨 짓을 하고 있나? 마음이 스산했다. 아무리 반문해보지만, 나 스스로도 모를 일이었다.

게다가 30년 만에 처음으로 안아주고 싶을 만큼 너무 예쁜 2학년 다혜는 '전라도 사투리'를 주제로 쓰던 글을 방학이 되자 중단해버렸다. 전화와 문자, 메일까지 보내도 가타부타 대답이 없었다. 결국 마감일이 지나버려 응모조차 하지 못하고 말았다.

곰곰 생각해본다. 제자 사랑이라는 사치를 부리지 않았다면 이렇듯 부아가 치밀고, 배신감 같은 요상한 감정에 휘말려들 일이 없을 것이라고. 애들을 너무 예뻐한 것이 탈이라면 탈인가? 그러면서도 그 사치를 정년퇴직의 그 날까지 훌훌 털어낼 수 있을지, 왈칵 자신이 생기지 않으니 참으로 알다가도 모를 일이다. 〈2014. 4. 3.〉

보이스피싱 막은 휴대폰

　초·중·고 학생들이 학교에서 휴대폰을 사용할 수 없도록 하는 규제가 잇따르고 있다. 내가 알기로 휴대폰 사용금지의 원조격인 학교는 전주의 전라고등학교다. 지금도 그런지 모르겠지만, 2004년 2월말 정년 퇴직한 교장이 주도한 휴대폰 규제가 2002년에 이미 정착단계였으니까!
　그들이 내세우는 규제 이유는 한결같다. 한 마디로 면학 분위기를 해친다는 것이다. 심지어 과소비를 부추기기 때문이라는 이유도 내세우고 있다. 모르긴 해도 외견상 그런 이유로 전국의 많은 학교들이 덩달아 따라 할 소지가 커 보인다. 실제로 늘어나고 있는 추세다.
　그러나 그것은 명백히 잘못된 발상이다. 나는 최근 7~8년 동안 수업중에 학생의 휴대폰 울리는 소리를 딱 두 번 들은 적이 있다. 한 번은 여고에 근무할 때 벨소리였다. 다른 한 번은 남자고등학교에서 진동음 들리는 소리였다.
　그 학생들은 남녀를 불문하고 큰 잘못이라도 저지른 듯 얼굴이 빨개졌다. 재빨리 벨소리를 멈추게 하고, 아주 무안한 표정으로 주위를 살폈다. 학교나 교육청의 주장처럼 학생들이 휴대폰 예절이 없는 것은 아닌 단적인 사례라 할만하다. 2004년 수능부정 사례가 적발되면서 휴대폰 사용규제가 심해진 양상이지만, 그것은 구데기 무서워 장 못담그는 격의 졸렬한 발상이라 할 수 있다.

무엇보다도 가장 큰 문제는 휴대폰사용 규제에 전체주의적 사고방식이 깔려 있다는 점이다. 일례로 2학년 현장체험학습에서 극히 일부 여학생이 화장하고 야한 옷차림이라해서 전체 학생을 교복 입게 하는 전체주의적 사고방식과 같은 규제인 것이다.

그것은 학교의 직무유기이기도 하다. 만에 하나 휴대폰 사용이 면학 분위기를 해친다면 그에 따른 생활지도를 철저히 하고 또 각별하게 해야 교육적일 것이다. 말할 나위 없이 규제 일변도로 나가는 것은 반교육적이다. 학교의 편의주의를 내세운 학생 희생 강요하기에 다름아니다.

부인하고 싶지만, 휴대폰사용 규제가 학교의 '닫힌' 세계를 외부로 새나가게 하지않기 위한 조치라는 의구심도 생긴다. 얼마 전 교사의 여학생 폭행사건이라든가 무지막지한 체벌 장면이 언론에 노출된 것도 학생이 찍은 휴대폰에 의한 것이었으니까-.

0교시 수업에 심야자습까지의 입시지옥 등 우리 학생들에게 뭐 하나 제대로 청소년시절이 되도록 하지 못하는 기성세대들이 그들만의 유일한 의사소통 수단이자 험한 세상의 보호막 구실도 하고 있는 휴대폰마저 규제한다니, 그 '죄짓기'를 언제 끝낼지 답답할 뿐이다.

학교에서 해야할 일은 막고 품기식 규제가 아니다. 어느덧 하나의 문화로 자리잡은 휴대폰에 대한 긍정 및 부정적 기능을 수시로 주지시켜 문명의 이기(利器)임을 깨우치게 하는 교육이 절실한 시점이다. 휴대폰이 문명의 이기임은 얼마 전 실제 겪은 일로 더 확실해졌다.

그 날은 마침 개교기념일이어서 집에 있었다. 운동하고 샤워 후 머리를 말리고 있는데 전화벨이 울렸다. 웬 전화인가 의아해하며 수화기를 드니 '그놈 목소리'가 들렸다. 딸 이름(고1 학생이다.)을 대며 내가 데리고 있으니 많이도 필요 없고 일천만 원만 보내라는 것이었다.
"유괴라니, 당신 애들 유괴범은 100% 잡힌다는 것 몰라서 하는 짓이야, 시방?"

나는 기세좋게 오히려 반격을 가하고 있었다. 사태의 심각성을 온몸으로 느낀 것은 "아빠, 살려주세요"라는 딸아이인 듯한 여자애의 우는 음성이 수화기를 통해 들리면서부터였다.

그 소릴 들은 나는 '그놈'이 하라는 대로 하고 있었다. 휴대폰으로도 전화받는 한편 계좌번호·비밀번호 등을 초등학교 학생처럼 불러주었다. 어제까지 조회했던 예금잔액 번호는 웬일인지 자꾸 틀렸다. '그놈'이 버럭 짜증을 냈다.

잔액이 40만 원도 안된다고 하니 '그놈'은 10분 줄테니 돈을 입금시키라며 인심쓰듯 말했다. 다시 내가 2백만 원은 30분 사이에 해볼 수 있을 것 같다고 하자 '그놈'은 "아이 살리려거든 어떻게 해야 하는지 알지?" 하며 전화를 끊었다.

양말을 신는데 평소처럼 잘 되지 않았다. 외출복으로 갈아 입고 문을 열려는 순간 그제서야 신고가 떠올랐다. 그러나 '딸을 무사하게 하려면 경찰에 신고해선 안되는데….' 고민이 계속되었다. 그때 잘 아는 아무개 경찰서장이 떠올랐다.

"보이스피싱 같은데 우선 딸에게 전화부터 해보세요. 그리고 다시 전화주세요."

내 전화를 받은 아무개 서장이 말했다. 그렇지, 전화! 그제서야 왜 딸아이한테 전화해볼 생각을 못했는지, 아차 싶었다. 벨이 여러 번 울렸는데도 딸아인 전화를 받지 않았다.

'영락없이 잘못되었구나….'

가늠하기조차 힘든 어떤 깊은 체념의 늪에 빠져드는 순간 그야말로 죽은 자식 살아온 듯한 딸 아이 목소리가 들려왔다.

"예, 아빠 저 검진 끝내고 시내 나와 친구들하고 밥 먹고 있어요!"

딸아인 생글거리는 평소의 전화 음성대로 말하고 있었다. 아무개 경찰서장의 말처럼 보이스피싱(전화금융사기)에 걸려든 것이었다. 신문이나 방송 등 언론을 통해 그런 범죄를 알고 있었지만, 솔직히 내가 겪으리라는 생각을 해본 적은 없었다.

아무개 경찰서장에게 즉시 전화를 했다. 곰곰 생각해보니 괘씸하기 이를데 없는 일이었다. 즉시 휴대전화에 찍힌 '그놈'의 번호를 눌러댔다. 분명 발신음으로 찍힌 번호인데, 없는 번호라는 멘트가 흘러나왔다. 또 오겠지 생각하며 은행에 지급중지 요청의 전화를 한 후에도 '그놈 목소리'는 다시 들려오지 않았다.

우리 사회가 왜 이렇게 되었는가 답답하고 한심스러워 견딜 길이 없지만, 분명한 사실이 있다. 지금도 보이스피싱 범죄가 저질러지고 있다는 점이다. 특히 자녀납치 운운 사기건은 꼼짝없이 당할 수밖에 없는 범죄란 점이 문제다.

보이스피싱 범죄가 얼마나 자심한지 학교 "수업중이나 시험 보는 시간 휴대폰 켜야 하나 꺼야 하나" 같은 제목의 신문기사가 있을 정도이니 할 말을 잃는다. 그런데도 일부 학교들은 등교시 휴대폰 소지 자체를 금지하고 있다. 그 배짱과 강심장이 놀라울 따름이다. 보이스피싱 일보 직전까지 갔던 나로선 휴대폰 없는 아이들은 생각할 수조차 없다.

〈2014. 8. 26.〉

뜻밖의 횡재

　잔인한 달 4월이 가고, 계절의 여왕이라는 5월이다. 다른 이들은 어떤지 몰라도 내가 '잔인한 달 4월'이라고 말한 것은 날씨 때문이다. 꽃피는 4월 강원도 일부 지방에 폭설이 내렸으니 잔인한 달이 아니고 무엇이랴!
　그렇듯 극적인 기후변화의 주범이 지구온난화다. 또 지구온난화 현상은 이산화탄소가 원인이다. 자연스럽게 '환경'이 떠오른다. 환경에 대해 깊이있게 생각해보는 것은, 그러나 이번이 처음이다. 고교에서 환경 주제의 글쓰기 지도로 많은 학생들이 장원을 비롯 상을 받게 한 국어교사인데도 그렇다.
　고교에서 글쓰기 지도를 오랫동안 하다보니 환경단체 주최 백일장이나 공모전이 유독 많은 걸 알 수 있다. 그렇듯 환경단체가 많은 것은 의미있는 일이다. 그만큼 생태환경이 파괴되고 있다는 얘기다. 그것과 정비례하여 문제점도 노출된다. 응당 적절한 대책이 필요하다는 뜻일 것이다.
　얼마 전 '영산강·섬진강사랑 환경작품공모전'에서 산문으로 은상을 수상한 제자가 있었다. 제자는 '녹색성장, 우리를 위해서'라는 글에서 "저탄소 녹색성장은 우리가 살아가는데 있어서 꼭 필요한 정책"임을 강조하며 다음과 같은 엄중 경고도 잊지 않았다.
　"이대로 탄소 배출량을 규제하지 못한다면 오존층 파괴와 더불어 지구온난화의 온실효과로 인해 지구는 생물이 살 수 없는 불모의 땅이 될 수도 있다"가 그것이다. 수상 당시 2학년이던 제자의 환경에 대한 인식이 그 정도인데, 정작 지도교사였던 나는 나몰라라했으니….

또 다른 학교 3학년 제자는 시 '강의 추억'으로 같은 공모전 동상을 수상하기도 했다. 그때 나는 제자들의 좋은 시 쓰기를 돕기 위해 사제동행으로 섬진강 나들이에 나섰다. 섬진강 하면 떠오르는 어느 시인만큼은 못되어도 제자의 동상 수상에서 보듯 현장체험학습의 효과는 컸다.

그렇다고 나의 환경에 대한 무지와 부끄러움이 다 상쇄되지는 않을 것 같다. 백일장과 공모전에서 수상한 제자들의 글을 다시 읽다 보니 쌀쌀한 봄날 난로 옆도 아니건만 슬며시 얼굴이 화끈거려와서다.

관련 글들을 문단 나누기와 문장 호응, 시적 언어 구사와 상징의 함축적 의미 등 여러 기본적 요소들을 지도해 많은 제자들이 상을 받게 했으면서도 그들만큼 환경에 대해 아는 게 없는 교사라는 생각이 쉽게 떠나지 않는다.

우리는 공기나 물처럼 환경의 소중함을 잊고 산다. 알았던 사실을 까맣게 잊은 것이 아니다. 아예 환경의 소중함을, 사소한 것이라도 실천은커녕 의식조차 하지 않고 산다 해도 과언이 아니다.

"앗, 차가워!"

지난 해 나는 또 다른 제자와 함께 다시 섬진강에 갔다. 나로선 영산강을 가보고 싶었지만, 여의치 않아 차선책으로 나선 길이었다. 미소로 날 반긴 강물을 손에 한 움큼 쥔 제자는 강원도 찰진 옥수수 같은 잇속을 햇살에 날 것 그대로 내맡긴 채 강에게 인사를 건넸다. 마치 구면인 걸 알기라도 하듯 강이 내게 말했다.

"왜 또 왔어?"

구담마을 아랫녘 정자에서 동네주민들 아닌 듯한 사람들이 술판을 벌이고 있었다. 제자는 작은 가슴으로 나무를 품고, 산들을 안는다. 심호흡까지 하고 있다. '역시 오길 잘했어.'

나는 우리 세대보다 더 많이 저탄소 녹색성장을 해나가게 될 10대 고교생들의 글쓰기를 지도하고 있다. 그저 맡겨진 일을 억지로 하는 게 아니다. 31년 교사 경력에서 한두 해만 빼놓고 중학교든 고등학교든, 남녀 학교를 가리지 않고 내가 좋아 스스로 해오고 있는 일이다. 그것만큼 소중한 환경 살리기가 어디에 또 있겠는가?

우리 어른들이 자꾸 일깨우고 청소년들이 하나 둘씩 저탄소 녹색성장을 향해 나아간다면 지구온난화 따위는 두렵지 않을 것이다. 그러고 보면 제자들 글에서 환경의 소중함을 새삼 깨달은 것은 뜻밖의 횡재라 할 수 있다. 나는 우리 전라도 사투리로 힘껏 외쳐본다.

"그려, 환경은 소중한 것이여!"

〈2015. 2. 18.〉

안전사회, 아자!

참 세월이 빠르다. 세월호가 침몰한 지 벌써 1년이 넘어섰다. 세월호 참사는 내각이 총사퇴해야 할 만큼 인재(人災)로 얼룩진 대형사고였다. 아직도 바다에서 나오지 못한 9명까지 304명이 생목숨을 잃었다. 1995년 6월 발생한 삼풍백화점 붕괴사고의 502명, 1970년 12월 남영호 침몰시 321명 사망에 이은 세 번째 대형참사로 기록되었다. 수학여행 학생 희생 규모로는 역대 최다 기록이다.

세월호 침몰사고에서 가장 억장이 무너지는 것은 승객들을 버려둔 채 선원들과 함께 맨먼저 도망친 선장 때문이다. '승객 먼저 구조'라는 선장으로서의 책무를 다했더라면 침몰 참사에도 불구하고 그렇듯 온 국민을 공분으로 들끓게 하지는 않았을 것이다.

결국 선장을 비롯한 15명 선원은 살인죄와 유기치사죄 등의 혐의로 구속·기소되었다. 2012년 승객을 버리고 달아났던 이탈리아 호화 유람선 선장의 2697년형 구형 사실이 상기되는 것 역시 그런 분위기와 무관치 않아 보인다. 최근 선장 36년형 등의 재판 소식이 전해졌다.

하지만 총체적 부실이니 비리와는 별도로 수백 명 애먼 생목숨을 앗아간 주범이라는 점에서 그것도 썩 납득되지 않는 형량이라는 게 국민적 정서다. 1993년 10월 292명의 사망자를 낸 서해 훼리호 침몰사고에서 승객 구조에 최선을 다하다 끝내 돌아오지 못한 선장과 대조되는, 참 나쁜 '놈' 모습이다.

반면 그런 선장과 달리 인명구조에 최선을 다하다 순직한 이들도 있어 눈시울을 뜨겁게 한다. 책임을 다한 사무장이나 승무원이 그렇다. 3월 부임, 2학년 담임을 맡은 새내기교사가 그렇다. 담임도 아니면서 동행한 학생부 인솔교사 역시 마찬가지다.

특히 단원고등학교 교감(강민규)의 자살 소식은 숙연함을 더해준다. 언론에 보도된 단원고 교감의 구조는 세월호 선장과 너무 다르다. 자기만 살려고 학생들을 내팽개친 것이 아니다. 절체절명 위기 속에서 나름 동분서주, 여러 명의 학생들을 구한 후 자신도 구조되었다.

강 교감은 유서에서 "200명의 생사를 알 수 없는데 혼자 살기에는 힘에 벅차다. 나에게 모든 책임을 지워달라. 내 몸뚱이를 불살라 침몰지역에 뿌려달라"고 말했다. 강 교감이 수학여행 인솔 책임자인 건 맞지만, 그러나 세월호 침몰이 그의 잘못은 아니다.

"누구도 선생님 잘못이라 생각하지 않습니다."

강 교감 발인 소식을 전한 어느 신문기사 제목이다. 그가 죽어서 위로하기 위해 하는 말이 아니다. 강 교감이 살아 있더라도 세월호 침몰은 그의 잘못이 아니다. 세월호 침몰은 1차적으론 승객들을 나 몰라라하며 먼저 도망친 선장을 비롯한 선원들의 잘못이다.

나아가 그런 위험천만한 배가 수백 명을 싣고 운항하는데도 그걸 새까맣게 모르고 있던 자들, 안전불감증이란 병이 창궐하는 나라의 잘못이다. 검찰수사에서 속속 드러났듯 검은 돈으로 얼룩진, 그러고도 그것을 하나의 관행처럼 당연시하는 비리와 부정에 찌든 사회의 잘못이다.

"인간은 만물의 영장이다."

안전불감증과 관련, 불현듯 고대 그리스 철학자 아리스토텔레스가 한 말이 떠오른다. 이미 수천 년 전에 한 말인데도 나는 그것을 어떤 진리보다 더 확신하면서 살고 있다. 가령 설악산에 갔을 때 자연과 어우러진 천혜의 비경(祕境)보다도 내가 더 감탄하는 것은 따로 있다. 흔들바위를 거쳐 울산바위에 오르도록 설치한 철재 계단이 바로 그것이다.

정확히 말해 그것은 과학의 발달이 가져온 둔명의 이기(利器)라 할 수 있다. 암벽과 암벽 사이 단애(斷崖)의 낭떠러지를 철재 사다리로 연결시켜 놓았는데, 그것이 무려 808개란다. 가공할 인지(人智)의 발달이요, '위대한 인간'의 모습이다. 그것이 만물의 영장 인간의 작품이라는 사실에 절로 고개가 숙여진다.

아마 두 발로 걷고, 손으로 도구를 사용하고, 불을 발견하고, 생각하는 힘과 언어까지 갖고 있는 인간이기에 만물의 영장(靈長)이 되었을 것이다. 자연을 이용하고, 나아가 정복하려는 몸짓이 꾸준히 이어져 온 것도 그 때문이지 싶다. 세월호 참사는, 이를테면 만물의 영장인 그런 인간의 모습과 동떨어진 재난인 셈이다. 어이가 없고, 당혹스럽기까지 한 인재(人災)이지만, 내 생각으로는 자연재해도 예외가 아니다.

사실 인간은 자연 앞에서 얼마나 나약한 존재이던가? 단적인 예로 태풍이다. 연전에 3개의 태풍이 몰아닥친 필리핀은 수도인 마닐라까지 물에 잠기는 참상을 겪었다. 폭우·폭설·지진 등 섬나라 일본의 자연재해는 일일이 열거할 수조차 없을 정도이다. 그렇듯 대자연은 인간에게 곧잘 재해로 다가온다.

하긴 남의 나라 일만을 이야기할 것이 아니다. 삼천리 금수강산에

다가 사계절이 뚜렷한 우리나라의 자연재해도 만만치 않다. 지구온난화 현상으로 기상이변이 속출한다지만, 그것은 변명에 불과하다. 물론 불가항력적 측면도 있긴 하지만, 인재(人災)냐 천재(天災)냐 하는 문제는 뜨거운 감자의 논란거리로 계속되고 있다.

예컨대 2011년 서울의 우면산 산사태와 물에 잠긴 강남을 떠올려 보자. 1차 원인이 폭우라는데 이의를 달 사람은 없다. 그야말로 하늘에 구멍이라도 뚫린 듯 쏟아지는 '비폭탄'이기에 자연재해를 감당해야지 어쩔 수 없다는 것이다.

과연 그럴까? 그렇지만은 않다는 데에 문제의 심각성이 있다. 자고로 치산치수(治山治水)는 나라 통치의 근간이었다. 산과 물을 잘 다스릴 줄 알아야 비로소 백성도 잘 다스리게 되어 있다는 것이다. '관자, 탁지편'에 보면 제(齊)나라 환공이 재상 관중에게 도성을 건설하려는데, 어떻게 해야 하냐고 묻는다.

관중이 답한다. 나라의 도읍은 반드시 지세(地勢)가 안전, 견실해야 한다. 땅이 기름져야 한다. 산을 등지고, 좌우로 강이 흐르거나 호수가 있어야 한다. 성안에 건설된 배수로를 따라 물이 강으로 잘 빠지는 곳이어야 한다. 이쯤되고 보면 물에 잠긴 강남 일대와 무너진 우면산이 자연재해만은 결코 아닌 이유로 족하지 않은가?

그는 또 군주가 5해(害)를 제거하여 백성을 재해로부터 보호할 것을 역설하기도 한다. 다섯 가지 해악은 홍수, 가뭄, 바람·안개·서리, 전염병, 해충 등이다. 그 중 홍수·가뭄·바람(태풍) 등에 대한 경고는 오늘날까지도 유효한 대표적 재해라 할 수 있다.

홍수·가뭄·바람 따위가 인류의 생존을 위협하는 자연재해인 건 맞다. 그렇다고 그냥 당하기만 해야 하는가? 물론 아니다. 만약 그렇다면 인간에게 훈장처럼 주어진 '만물의 영장'도 반납해야 할 것이다. 실제 104년 만의 가뭄에도 물 걱정 없이 농사를 짓고 있는 곳이 화제로 등장한 바 있다.

아시아뉴스통신 인터넷판(2012.6.29)에 따르면 경기도 옹진군 백령면인 백령도는 104년 만의 가뭄에도 아무 문제가 없다. 비결은 '배수로 위주의 농업용수 이용'이다. 지하수 관정 개발을 억제하고, 자연산 빗물을 최대한 이용하여 극심한 가뭄에도 물 걱정 없이 농사를 짓게 된 것이다.

백령면은 농업용수의 용이한 관리를 위해 '수문 전동화시스템 설치', '문비교체 및 가수문 설치', '배수로 물을 퍼 올리는 양수시설 및 관로 설치', '수중모터펌프 사전 확보' 등 가뭄 대책을 철저히 마련했다. 치수가 잘 되면 자연재해쯤은 거뜬히 이겨낼 수 있음을 산뜻하게 보여주는 사례라 할만하다.

2012년 8월 13일 전북 군산과 충남 태안 일대에 기록적인 폭우가 내렸다. 우면산 산사태로 사방댐 건설 등 대책이 마련되었지만, 특히 군산의 경우 폭우로 인한 피해는 상상이 안될 정도이다. 모르고 당하는 것이 천재지변이다. 알면서도 당하는 것은 어리석은 짓이다. 응당 인재(人災)가 안 되게 해야 하는 이유이다.

그렇다면 불은 어떤가. 군산에 상상도 못할 폭우가 퍼부은 날, 한반도의 또 다른 쪽인 서울의 국립현대 미술관 공사현장에선 4명 사망 등 29명의 사상자를 낸 화재가 발생했다. 불이 잘 붙는 우레탄으로 단열공사를 하면서 용접이 동시에 이루어진 것이 화재 원인이라면 너무 어처구니없는 안전불감증이다. 27명의 부상자를 낸 강원도 삼척에서 일어난 LP가스 폭발사고는 또 어떤가?

어찌 보면 불은 물에 비해 아무 것도 아니다. 홍수나 가뭄이 치산치수가 필요한 자연재해라면 불은 개인이 조금만 주의를 기울여도 얼마든지 막아낼 수 있는 인재(人災)일 뿐이다. 따라서 불은 국가적이기보다 개인적인 재해에 가깝다.

그런 뉴스를 대하면서 무엇보다도 안타까운 것이 있다. 존귀한, 그러면서도 질기고도 질긴 사람 목숨이 사소한 부주의나 안전수칙 불이행 따위로 너무 어이없거나 허망하게 끝장나버린다는 사실이다. 만물의 영장은커녕 이 얼마나 속절없고 미련한 인간의 모습인가?

불을 발견하여 만물의 영장이 된 인간이 그로 인해 졸지에 생을 마감해버리는 건 씁쓸한 아이러니가 아닐 수 없다. 홍수·가뭄·태풍 등이 국가적, 장기적 프로젝트로 최소화해야 할 자연재해라면 불은 주의만으로도 충분히 극복할 수 있는 인재(人災)이다. 불현듯 '꺼진 불도 다시 보자'는 옛날 표어가 떠오른다.

불가피한 자연재해란 없다는 것이 나의 생각이다. 인간은 만물의 영장이니까! 모든 재난은 안전사회를 만들려는 우리의 노력이 부족하고, 준비가 미흡하여 생기는 부산물이다. 적어도 그런 마음가짐으로 대비하고 또 대비한다면 '안전사회'가 되지 않을까? 안전사회, 아자!

〈2015. 4. 24.〉

진성 회원제의 동인지를 꿈꾸며

  2003년 2월까지 4년 동안 근무했던 학교에 다시 부임했지만 1년 만에 그만뒀다. 학생들 가르치는 것외 그 동안 해오던 일들을 할 수 없게 되어서다. 명예퇴직 이유치곤 좀 배부른 소리일 것 같지만, 사실이 그렇다. 내가 학교에서 해오던 일들은 백일장·학교신문·교지 제작 지도 등이다. 학교를 떠난 지금 학생들 글쓰기 지도만 빼고 두 가지 일은 하게 되었다. 그 내용이 문단 일로 바뀌었을 뿐이다.
  시방 도대체 무슨 소리냐고? 지난 해 그야말로 '엉겁결에' 반년간 종합문예지 '표현'의 주간을 맡게 되었지만 이제 본격적으로 매달릴 수 있게 되었음을 말하고자 함이다. 마치 기다리고 있었다는 듯 즉각 원고 청탁에 들어갔다. 전국 문인 84명에게 청탁했는데, 30명이 작품을 보내왔다. 먼저 경향 각지에서 기꺼이 원고를 주신 문인들께 고마움과 함께 경의를 표한다.
  그러나 좀 쓸쓸한 생각을 어찌 할 수 없다. 지난 호에 비해 청탁이 크게 늘어난 것은 '라대곤3주기추모' 특집 때문이다. 42명에게 청탁했는데, 10명만이 원고를 보내왔다. 그나마 2명은 특집 취지와 맞지 않는 일반 원고를 보내와 싣지 못하는 '불상사'까지 생기고 말았다. '그야말로 나 죽으면 다 소용없는 일인가' 하는 자탄이 생겨난다.
  '라대곤3주기추모' 특집을 마련하면서 나름 내세운 기준이 있다. 별세 직후 월간 '수필과비평'이 마련한 특집이나 추모1주기문집 '라대곤 문학론'에 참여하지 못한 문인들을 대상으로 한다는 점이 그것이다. 전북 나아가 전국을 망라한 그의 활동이었지만, 특히 군산지역 문인들에게 생전 라대곤 소설가의 광휘(光輝)가 각별할 것 같았지만, 그러지 않은 듯하여 유감이다. 물론 마음이나 생각은 굴뚝이어도 막상 한 편의 시나 수필로 빚어내기가 말처럼 쉽지 않을 수도 있긴 하겠다.

지난 62호는 35년 넘게 사용해온 제호「表現」을 한글 표기 '표현'으로 바꾸는 혁신을 단행했다. 응당 새롭게 출발하기 위해서라고 밝힌 바 있는데, 마침내 이뤄낸 일이 있다. "모악문학상·백양촌문학상과 함께 사라진 도내 3대 문학상이란 '오명'에서 하루속히 벗어날 출구를 힘껏 찾아보려 한다"고 밝힌 대로 '표현문학상 부활'이 그것이다. 전주공업고등학교 근무할 때 알게된, 지금은 수필가로 활동하고 있는 박용덕 동문이 사업가 이금용·이동근 고교 후배와 뜻을 모아 상금을 쾌척해온 것이다.

어렵게 부활시킨 표현문학상 수상자로 선정되어 상을 받는 것이 좀 계면쩍게 되었지만, 후원자들의 상금 쾌척의 뜻이 거기에 있었음을 밝히지 않을 수 없다. 마침 2014, 2015년 연달아 문학평론집을 펴내는 등 어디에 내놓아도 상받을 '깜'이 된다는 사실도 그런 결정을 도왔다 할까. 어느 누가 보아도 그 업적과 활동이 부활된 표현문학상 수상자로 손색없을 것이란 생각을 해본다.

지난 62호에서 말했다. "지금 '표현'은 원고료 주고 글을 모아 잡지로 내다 파는 형태가 아니다. 회원의 동인지 성격도 아니다. 좀 애매하다는 생각이 드는 게 지금의 '표현'이라 해도 지나치지 않다. 바야흐로 반년간 종합문예지 '표현'의 진로를 심도있게 고민할 때가 아닌가 싶다"고.

이제 '진성(盡誠) 회원'의 동인지 '표현'을 모색해보고자 한다. "지금도 동인지 천지인데, 누가 기만 원 회비를 내가며 참여하려 하겠느냐"는 부정적 시각이 있지만, 두 번을 맡아 발행해보니 그런 생각이 절로 든다. 지금처럼 판매용 유가지도 아니고 동인지도 아닌 어정쩡한 '표현'에서 하루속히 벗어나야 한다는 것이 본지 주간의 판단이다.

판매용 유가지가 되기 위해서는 재력가가 나서야 한다. 진성회원제의 동인지로 거듭나기 위해서는 도내는 물론 전국 문인들의 적극적 참여가 있어야 한다. 과연 어느 것이 그나마 실현 가능한 일이겠는가? 그런 속사정을 알 리 없는 일반의 광고나 문인의 저서 소개 협찬이 큰 힘이 되고 있음을 밝혀둔다. 응당 고맙고 감사한 일이다.

〈'**표현**' 63호 발간사로 쓴 글인데, 잡지는 발행되지 않았다. 2016. 3. 29.〉

미애, 나의 첫경험

 솔직히 말하자면 '살다 보니 참 별 일이 다 있구나' 싶었다. 너를 지도하면서도 정작 모르고 있었던 네 마음을 숨김없이 드러낸 편지를 받게 되었으니 말이다. 너의 밝은 표정과 환한 미소만 보아도 까닭 모르게 좋았던 기분을 떠올려보면 그래, 그것은 차라리 감동이라 해야 옳다.
 사실은 32년 국어선생을 하면서 제자로부터 받은 편지가 나의 추억함에는 수북하단다. 그런데도 너의 편지가 유독 감동으로 다가온 것은 응당 그만한 까닭이 있어서다. 뭐니뭐니해도 가장 큰 감동은 네가 부쩍 성숙한 모습으로 돌아와 준 점이다.
 네가 기자 그만둔다고 했을 때 선생님이 보인 화난 모습 기억나니? 그래 한 마디로 그것은 충격이었다. 배신감이었다. 다시는 제자들 예뻐하지 않을 것이란 다짐도 했었지. 그래도 왜 그런건지 이유는 알아야 목구멍까지 차오른 분이 풀릴 것 같았단다.
 그런데 선생님에게 불려온 너의 태도는 뜻밖에도 온화한 것이었다. 사람이란 역시 대화의 동물일까? 이런저런 이야기를 나누게 되면서 '오해'를 풀게 되었지. 네 편지를 보니 인터뷰 펑크내고, 기자까지 그만두겠다고 말한 것에 스스로를 미워했다니, 너의 그 자책이 또 다른 감동의 물결을 일으키더구나.
 이제야 하는 말이다만 너를 처음 보았을 때 난 깜짝 놀랐다. 왜냐고? 너는 너무 빼어난 미인이었거든. 게다가 나로선 미인박명(美人薄命)이란 말은 들은 적 있어도 미인이 글 잘 쓰는 건 별로 본 바가 없거든. 교내백일장 이후 벚꽃예술제 전북학생백일장에서 차하상을 받은 '바다'가 그런 느낌을 확실히 했달까.

그러나 그뿐이었지. 너는 글쓰기에 대한 소질이나 가치보다 이런저런 핑계를 대기 바빴어. 엄마의 반대, 알바, 보컬활동 따위 이유를 들며 한사코 글쓰기에 무심한 태도로 일관했어. 결국 나는 너를 버릴 수밖에 없었지. 그리고 그런 날이 한 1년 화살처럼 지나가버렸어.

나의 지도방식대로 하자면 너는 그렇게 버림받은 제자로 나의 기억 속에서 사라졌어야 맞는데, 참 이상도 하지! 나는 너에 대한 미련을 버리지 못하고 있었거든. 30여 년 동안 수많은 제자들을 지도하면서 경험해보지 못했던 감정이었어. 이를테면 나의 첫경험인 셈이지.

아니나다를까 네가 글쓰기와 함께 기자활동까지 한다고 다소곳이 내게 알려왔던 2학년 2학기 초 난 두 개의 바위틈을 지나 청춘을 다시 찾은 뱀 같은 기분이랄까, 아무튼 되게 기뻤단다. 글쓰기와 학생기자 지도를 통해 너와 수시로 만난다는 것이 되게 즐거웠어.

나의 기분이 옆구리 터지도록 낄낄거릴 만큼 좋은 것은 "선생님의 제자 사랑이 정말 대단하다고 감탄도 했어요"라는 너의 느낌 때문이란다. 그것은 이 '썩은' 나이에도 열정적으로 선생님을 할 수 있는 원동력이기도 한 거야. 맡은 수업외의 시간을 지루하지 않게, 심심하지 않게 지낼 수 있는 원동력!

그러나 3학년 2학기 시작과 함께 현장실습을 떠난 너는 기말고사 무렵 편집실에 경우지게도 박카스 한 박스까지 들고 왔었지만 그뿐이었어. 졸업 후 너는 아무런 연락이 없었지. 나도 연락할 수 없었지만 너에 대한 생각은 내 주위를 빙빙 맴돌곤 했어.

  거의 1년 반 만에 너의 연락을 받은 나는 뛸 듯이 기뻤단다. 게다가 너는 나를 만나러 오기까지 했어. 그리고 한 달쯤 후 너는 내게 "생각나는 게 선생님밖에 없었다"며 돈 얘기를 했지. 간 이식까지 내비친 아빠의 입원비를 일부나마 내드리고 싶다며.

  돈 거래할 사이가 아님을 잘 알고 있었지만, 나는 어쩔 수 없었어. 그렇게 해주지 않으면 네가 금방 허물어져버릴 것 같은 뭐 그런 느낌이 나를 괴롭혔다할까. 그런데 아니나다를까 돈을 갚기는커녕 너는 1년 반이 넘도록 연락조차 끊어버렸지. 내가 전화해도 받지 않고, 메일을 보내도 읽지 않고….

  그랬을망정 나는 지금도 처음 너에게 받았던 감동 그대로란다. 너는 돈을 못갚아 연락조차 못하는지 모르지만, 내게 간절한 것은 소식이야, 소식! 나는 그깟 돈 몇 푼 때문에 빛나야 할 청춘을 너 스스로 옥죄고 있는 것이 너무 싫어.

  나는 정녕 제자도 잃고, 돈도 잃고, 셰익스피어의 금언을 잠시 망각했던 바보일까?

〈'전북수필' 제82호, 2016.6.25.〉

아버지의 수저

 지난 2월 고교 교사로 명예퇴직한 나는 진갑 나이의 인생을 살고 있다. 결혼을 늦게 하여 이제 겨우 갓 서른인 큰애를 둔 데다가 '딸딸이' 아빠이지만, 뭐 하나 남부러울 게 없는, 그리고 하등 꿇릴 것 없는 인생이라 해도 과히 틀리지 않을 얘기일 성싶다.
 누구라고 인생에 시련이나 절망스러운 때가 없을까만, 유독 미망(迷妄)의 늪에서 헤맨 시절이 길고 큰 것이었기에 나로선 스스로 그러한 자족감에 빠져 드는 지도 모를 일이다. 부부교사로 '걸어다니는 중소기업'이란 소릴 들을 정도이니 경제적 측면에서도 근심이나 걱정 따위로부터 비교적 자유롭지 않나 생각된다
 그러나 지금으로부터 45년 전인 고교시절 나는 문제아였고 '암적인 존재'였다. 그것은 물론 그때의 선생님들이 내게 붙여준 별명이었다. 그만큼 나는 학교생활에 적응을 하지 못했다. 제임스 딘이 주연한 영화 '이유없는 반항'의 유행도 한물간 때였지만, 굳이 이유를 달자면 아버님 때문이었다.
 산림공무원(영림서 남원관리소장)이었던 아버님은 내가 초등학교 5학년때 그만 세상을 달리 하고 말았다. 기일이 음력 3월 2일(양력 3월 25일)이니 봄이 한창 무르익을 때였다. 나는 조문 온 부하직원들에게 "아빠가 죽은 거야?"라고 묻던 꼬마일 뿐이었다.
 아버님은 심장마비로 돌아가신 것이었다. 아홉 수가 사납다는 미

신 따위를 극복하지 못하고 서른 아홉의 젊은 나이로 서른 일곱의 청상과부나 다름없는 어머니와 어린 우리 3남매를 남겨둔 채였다. 어머니와 여고생이었던 누나의 통곡소리는 죽음의 의미가 뭔지 잘 모르던 어린 내게도 큰 충격이었다.

특히 막내인 내게 아버님의 요절(夭折)은 큰 충격이었던 것 같다. 살아계실 때 아버지의 편애에 익숙해있던 내게 그 빈자리는 너무 컸다. 어린 나로선 슬픔의 진짜 의미를 알 길이 없었지만, 나는 홀어머니 밑에서 자꾸만 비뚤어져 갔다. 초등학교 5학년 봄 이미 가출을 시도할 정도였으니까!

전주역으로 가니 금세 서울 가는 열차는 없었다. 대합실에 쪼그리고 앉아 있던 나는 이내 뒤따라 온 형에게 붙들리고 말았다. 나이는 두 살, 학년으로는 3살(형은 7세, 나는 8세 때 초등학교에 입학했다.) 터울인 형에게 잡혀 끌려감으로써 나의 가출은 싱겁게 끝나버렸다.

도시락 2개씩 싸갖고 다니며 밤 10시까지 공부해야 중학교에 들어갈 수 있었던 시절이었다. 소위 일류라는 전주북중학교는 떨어질 것 같아 전주남중으로 진학했다. 집에서 가깝다는 이유도 한몫했는데 이때까지만 해도 나는 그냥 평범한 중학생일 뿐이었다.

3학년 때 신문 배달은 남들에게 나를 착하고 효자인 고학생으로 보이게 했다. 신문 배달은 고생하시는 어머니를 돕기 위해서가 아니었다. 늘 쪼들리는 용돈을 벌어 쓰기 위함이었다. 담임은 속도 모르고 나를 이 세상 둘도 없는 효자쯤으로 생각했는지 청소를 하지 않고 가는 것도 허락해주었다. 아, 그 징한 놈의 가난, 똥구멍이 째지도록 지독한 없음!

한 울타리 안에 있던 전주상업고등학교 교감의 선전이 없었다하더라도 나는 그 학교로 진학했을 것이다. 인문계 진학할 실력도 못되었지만, 되었다 해도 나는 빨리 돈을 벌고 싶었다. 일류인 전주고등학교에 다니는 형의 꿈이 사법고시 패스였고, 나는 그걸 도와야 했다. 집안 형편이 공부도 잘하지 못하는 나까지 대학 갈 것을 허용하지 않았다.

어찌어찌 다니게 된 고교에서 3학년때 나의 성적은 맙소사, 학급 기준 59명중 59등이었다. 선생님들이 이미 말했듯 문제아였고, 암적인 존재였던 그대로였던 셈이라 할까. 알탕갈탕 졸업장은 받았지만, 주산·부기 자격증 하나 없는 실업고 졸업생인 나를 오라는 직장은 없었다. 말할 나위 없이 방황과 타락의 세월이 이어졌다.

방황과 타락이라는 미망의 비싼 대가를 치르고 6수 끝에 대학생이 된 건 1979년 3월이었다. 개천에서 용난 격으로 대학에 들어간 나는 그 동안 못해본 공부를 그야말로 눈썹이 휘날리게 했다. 그리고 순위고사(지금의 교원임용고사)에 합격, 마침내 교사가 되었다. 아마 아버지의 수저를 챙기기 시작한 것도 미망의 늪에서 가까스로 빠져나온 대학 입학때부터였지 싶다.

그것은 이를테면 아버지의 편애를 핑계삼아 벌인 내 잘못, 방황과 타락에 대한 일종의 씻김굿인 셈이다. 아버님이 남원관리소장으로 재직할 때 장관으로부터 표창과 함께 받은 부상인 수저는 사실 유일한 유품이기도 하니까. 아, 하나 더 있다. 나는 "목에 칼이 들어와도 할 말은 하라"는 아버님의 유훈을 방황과 타락의 시절에도 잊어본 적이 없다.

결혼하고 분가하면서도 아버지의 수저만큼은 꼭 챙겼다. 2001년 1월 신곡문학상을 받게 되었을 때 소정의 상금과 함께 은수저 세트를 부상으로 받은 후에도 마찬가지였다. 상 제정자(신곡 라대곤, 2013년 작고.)에게 미안하여 그 말을 했더니 "장선생, 늦게 터진 효도가 내 가슴을 찌른다"며 전혀 개의치 말라고 회답해왔다.

지금도 나는 아버지의 수저로 밥을 먹는다. 수저는 재질이 좋아서인지 40년이 훨씬 지난 지금까지도 전혀 녹슬거나 손상되지 않았다. 그 수저를 들 때면 유독 나만 예뻐하시던 사랑, 너무 일찍 돌아가신 것에 대한 원망, 한때나마 왕창 타락했던 청춘 참회 등 이런저런 감회가 새록새록 생겨나곤 한다.

"니 아버지가 지하에서 얼매나 좋아 하겠어?"

어머니는 대학생이 되면서부터 꼭 아버지의 수저로만 밥 먹는 나를 보고 그렇게 말했다. 그 말이 불현듯 스쳐가는데, 그런 어머니도 오래 전 아버님을 만나러 가셨다. 생전에 그랬던 것처럼 두 분 백년해로하시리라 믿는다. 이래저래 아버지의 수저는 내 부모님의 유일한 '살아 생전 모습'으로 이렇게 불쑥 다가온다.

〈'향촌문학' 제27집, 2016.10.8.〉

교원문학회원이면 누구나 받는 교원문학상

 교원문학회가 출범한 지 벌써 1년이 지났다. 2016년 6월 15일 20명의 전·현직 교원문인의 동인지 '교원문학' 창간호 발행과 함께 출범한 교원문학회였다. 동인지들이 넘쳐나는데도 교원만의 문학지가 없어서 '교원문학'의 필요성을 절실히 느껴 출발한 것이었다. 여러 신문에서 소개가 이어지고, 한국교육신문에선 고맙게도 회장의 인터뷰 기사를 실어주었다.
 창간호 원고청탁서가 도착된 날 즉각 여러 문인이 꼭 필요한 일이라며, 반갑고 환영한다며 격려성 전화부터 해왔지만, 그것이 대박으로 이어지지는 않았다. 우리 도내는 물론 서울·광주·경북 등 잡지를 받아본 여러 분이 경향 각지 불문하고 축하 문자나 편지들을 보내주셨다. 후원금을 보내오고, 신입회원이 된 분도 있다. 신입회원 박종은·이재천 시인을 적극 환영한다.
 그러나 모든 것이 녹록지 않았다. 만만치 않았다. 무슨 문학회 회장이라곤 처음 해보는 초보라 그런가. 회비 납부는 차치하고 원고제출까지 제대로 이루어지지 않으니 그 기다림과 애태움이 자못 치열하다. 그럴망정 회비와 함께 글을 보내 강한 의지를 보여준 진성(盡誠) 회원들이 있어 즐겁다. 소정의 입회비를 선뜻 내면서 기꺼이 진성 회원 되기를 주저하지 않는 교원문인들이 있어 행복하다.
 창간호에서 약속했던 대로 회원들의 창작의욕을 고취하고, 문학활동에 정진케 하기 위해 제정한 '교원문학상' 제1회 수상자로 김계식 시인을 선정했다. 교원문학회원이라면 누구나 수상 대상이지만 모두를 한꺼번에 시상할 수 없는 일이기에 김계식 시인이 첫 번째 수상자가 되었다. 그런 사정을 모든 회원들이 알아주셨으면 한다.

내친김에 교원문학상과 관련 덧붙이고 싶은 말이 있다. 교원문학회원은 그 시기의 문제가 있을 뿐 누구나 수상 대상이다. 뭐, 속된 말로 나눠먹기라 해도 좋다. 내가 알기로 회원 전부가 언제든 수상할 수 있는 것은 우리 교원문학회가 유일하지 않나 싶다. 개인사정을 들며 탈회를 감행한 일부 회원들은 그것을 알고 그랬는지 의문이다. 이를테면 제 발로 수상의 기회를 날려버린 셈이다.

창간호에서 예고했던 또 하나 상인 고등학생 대상의 '제1회전북고교생문학대전' 수상자도 발표한다. 생각이나 기대보다 응모작이 적어 실망스럽고 아쉬웠지만, '첫술에 배부르랴'라는 말로 위안삼으려 한다. 신문광고 등을 낼 수 없는 홍보의 한계성을 극복하는 차원에서 제2회부터는 전국 고등학생으로 자격을 확대하려는 생각도 가져본다.

창간호에서 소박하게 교원문학의 닻을 올리는데 축하 성격의 글을 주신 '초대석' 대신 이번에는 '라대곤 4주기 추모특집'을 꾸몄다. 그가 교원 출신은 아니지만 우리 지역을 비롯 전국적으로 고인이 미친 문학적 아우라는 별도로 추모의 장이 필요함을 깨닫게 한다. 원고 주신 필자들에게 감사한 마음이다.

이번에 동참하지 못한 교원문인들에게는 제3호부터라도 교원문학상 수상 대상자가 되어주십사 부탁 드린다. 특히 현직에 있는 교원들이 그저 널려있는 동인회의 하나라는 고정적 관념을 버리고 동참해 줬으면 하는 마음 간절하다. 이제 공은 무릇 독자에게 넘어갔다. 우리 '교원문학'이 제몫을 다해 이 문화융성과 교권추락이라는 아이러니한 시대에 빛과 소금이 되길 회원들과 함께 기대해본다.

〈'교원문학' 제2호, 2017.5.15.〉

제2부

나만의 강남 이야기
도시락 담탱이
인생이 육십부터라고?
물에 대하여
교원문학신문 창간호를 내며
8명이나 신입회원 새로 들어온 교원문학회
폴더폰이 어때서
고스톱, 헤어진 지 10년째
윤리적 운전
흑산도 수도생활
'TV가이드'에서 '교원문학'까지
진짜 위염과 가짜 위암
새로운 세상
쑥스러운 3개의 수상
퇴직의 힘

나만의 강남 이야기

프랑스의 사상가이자 교육가인 장 자끄 루소는 말했다. 인간은 두 번 태어난다고. 한 번은 엄마로부터 생존을 위해 태어난다. 또 한 번은 심리적 이유기(離乳期)를 거치며 스스로 생활을 위해 태어난다. 쉬운 말로 철이 든다는 얘기다. 이른바 '제2의 탄생'이다.

대한민국의 수도 서울, 그중에서도 강남구는 내게 제2의 탄생의 기쁨을 안겨준 곳이다. 얼마 전 개봉한 영화 '강남 1970'을 보며 절로 그 시절이 스쳐가기도 했다. 1976년 그때 많은 이들이 그랬듯 나도 '서울드림'에 빠져 있었다. 서울은 왕창 고장났던 청춘의 짐을 저 시지프스처럼 짊어진 날 너그럽게 받아줄 것 같았다. 서울은 막연하게나마 떼돈도 벌게 해줄 것 같은 도시였다.

그도 그럴 것이 나의 서울행은 관광호텔종사원 양성학원을 다니기 위해서였다. 2~3개월 수료기간을 거쳐 특급호텔에 취직하면 돈 벌기는 식은 죽 먹기라는 얘기에 어머니도 다시 학원비 등 일체의 비용을 대주었다. '오살놈'이라면서도 대입 학원이 아닌 것만으로도 만족해하는 눈치였다.

하긴 그런 이야길 누군가로부터 듣지 않았다 해도 나의 서울드림에는 변함이 없을 터였다. 애시당초 공부와는 시멘트담(3학년 학급 성적이 59명중 59등이었다.)이었던 나였다. 그런 상고를 졸업하고 명색만 재수생으로 다시 1년을 탕진한 후였다. 나에겐 광우리 행상을 하는 홀어머니에게 더 이상 손 벌릴 수 있는 배짱도 체면도 없었다. 그만큼 절박했다.

마침 나보다 6살 위인 누나네가 잠실(1976년 당시는 강남구였다.) 주공아파트에 살고 있어 숙식은 '가볍게' 해결할 수 있었다. 옆 동엔 유독 날 예뻐한 아버지 여동생인 고모도 살고 있었다. 사실 전남 흑산도에서 살던 누나네가 조카들 교육 문제로 서울 집을 마련한 것도 고모 영향이 컸다. 서울로 이사오되 고모네 동네인 잠실 아파트였으니 말이다.

어쨌든 그리도 바라던 대망(待望)의 서울살이가 개발이 눈썹 휘날리게 진행중이던 잠실에서 시작되었다. 2개월의 수료를 마치고 정식으로 처음 취직한 무궁화 5개짜리 조선호텔 식당 보이는, 그러나 '3일천하'로 끝나고 말았다. 3일째 되는 날 커피숍 앞을 지나던 나는 어느 젊은 여자 손님에게 나도 모르게 그만 '뚜껑'이 열려버렸다.

글쎄 새파랗게 젊은 여자가 다리 꼰 채 손을 까닥이며 나더러 담뱃 사오라고 하는 것이었다. 그 동안 들어간 돈이 너무 아까웠다. 이어 어머니의 '오살놈' 소리가 귓전을 맴돌았지만, 기분이 나쁜 건 별개였다. 어머니에게 돈벌어 올 거라며 큰소리 탕탕치던 일이 다시 떠올랐다. 그래도 아무 잘못 없이, 그나마 같은 또래의 여자에게 사과라니 있을 수 없는 일이었다.

호텔을 그만둔 걸 알게된 누나가 무슨 눈치를 주는 건 아니었다. 낯짝이 있는 인간이라면 고향으로 내려갈 수도 없는 일이었다. 결국 누나네 집에 빌붙어 지내다 생각해낸 것이 책 세일이었다. 광화문통 어느 골목에 있는 사무실, 일명 센터에서는 여러 출판사의 전집류를 취급하고 있었다. 본봉은 없고 정가의 20%가 수당으로 지급되었다.

그러니까 돈을 벌고 못벌고는 자기 하기나름이었던 것이다.

이제까지 동창회라는 것을 참석해보지 않은 나는 재경(在京) 은행원 명단부터 구했다. 반에서 꼴등이었을망정 나는 '명문' 상고 졸업생이었다. 내 모교의 입행률 또한 만만치 않았다. 무엇보다도 재학시절 나의 악명이 호재가 되었다. 무슨 말인가 하면 2년 후배들까지는 어버이날 행사에서 성춘향으로 분장해 연기를 펼치는 등 전교적으로 활동했던 나를 기억해주었던 것이다.

책 세일은 할만한 일이었다. 월급처럼 따박따박 목돈을 한 번에 받지 않아서 그렇지 귀빠지고 처음으로 돈을 번다는 사실이 뭐랄까 야릇한 기분을 안겨주었다. 하지만 그것도 서너 달이었다. 생판 모르는 사무실이나 가정집 등지를 찾아가 파는, 이른바 저돌판매에 돌입했을 때 나는 다시 한계를 드러내고 말았다.

"어딜 가쇼, 여긴 당신 같은 사람이 드나드는 곳이 아니라니까!"

아니 "당신 같은 사람이라니!", 빌딩이다 싶은 곳에선 어김없이 당하는 일이었다. 대거릴 해보았지만 나로선 그들 경비원들의 투철한 직업정신을 당해낼 재간이 없었다. 가정판매에서도 마찬가지였다. 아예 문조차 열어주지 않는 문전박대 앞에서 나는 어찌 할 줄을 몰랐다.

하릴없이 빈둥거리며 세월을 죽이고 있던 어느 날 고향에서 불알친구 우성이가 올라왔다. 그는 대뜸 아파트 공사가 한창인 잠실에서 포장마차를 함께 하자고 부추겼다. 빌붙어 사는 누나네 집 근방이겠다, 나는 귀가 솔깃했다. 시장조사까지 마치고 마치 내일 신장개업이라도 하는 것처럼 우리는 자축의 술을 마셨다.

그러나 3차로 들어간 을지로 6가의 어느 포장마차에서 전혀 뜻하지 않은 일이 벌어졌다. 웬 낯선 사내와 시비가 붙은 것이다. 넘치는 젊은 혈기를 주체할 수 없을 때라 그랬는지 시비는 바로 쌈질로 이어졌다. 어찌된 일인지 우리는 그 밤에 수정(수갑)을 나눠찬 채 즉각 파출소로 개끌리듯 끌려갔다.

"그 자식이 먼저 시빌 걸었는데, 왜 우리만 잡아오냐고!"

술이 덜 깬 내가 그렇게 반항하는 사이 사내는 코뼈가 주저앉았다는 내용이 적힌 전치 3주의 진단서를 끊어왔다. 놀랍게도 그때는 아직 동이 트기 전 한밤중이었는데…. 이른 아침 마침내 친구와 나는 닭장차에 실려 중부경찰서로 넘겨졌다.

누님 내외가 경찰서에 온 것은 저녁때였다. 그들은 매우 놀라고 있었지만, 나는 쪽팔렸다. 형은 군대에 가있으니 그렇다치자. 어머니가 알면 큰 일이었다. 돈 벌러 간다며 큰 소리 쳐대고 올라온 서울인데, 경찰서 유치장이라니 순간 눈앞이 캄캄해졌다. 나는 누나에게 애걸하다시피 말했다. 제발 어머니에겐 알리지 말다달라고.

아직 입대를 위한 신검도 받지 않은 나는 서대문구치소로 넘겨지자마자 치른 항문검사에서부터 치를 떨었다. 폭력·사기·강간 등 온갖 잡범 11명으로 채워진 1.75평 마루방. 칼잠이라야 겨우 누울 수 있는, 한편으론 재래식 화장실 냄새가 코를 찌르는 감방. 맙소사, 영화나 소설에서 볼 수 있었던 그 감방에 지금 내가 와있는 것이었다.

비교적 규칙적인 생활이 이어졌다. 새벽 6시 기상하여 아침체조로 감옥의 일과가 시작되었다. 배식되기 무섭게 게걸스러운 식사를 마치면 독서·수양·운동시간 등이 마치 신문사 고속윤전기 돌아가듯 이어졌다. 낮엔 빨대구멍 같은 쇠창살 사이로 비쳐드는 초가을 햇살 아래 이를 잡는 자유시간이 있었다. 비록 번갯불에 콩 볶아먹는 듯한 것이었지만 샤워도 할 수 있었다. 저녁식사가 끝나고 취침때까지 밤은 그야말로 자유시간이었다.

"야, 오살헐 눔아! 이게 무슨 짓거리다냐, 시방!"

어머닌 창살 너머로 안경까지 벗고 수염이 까칠하게 돋아난 막내아들을 보자마자 통곡부터 했다. 나는 입이 열 개라도 할 말이 없었다. 막내아들 면회를 위해 처음 서울에 온 어머니의 통곡이 아니더라도 유신시절 그저 평범한 잡범에 불과했던 나는 포장마차에 진저리를 쳤다.

그러나 세월은 가고 오는 것. 나는 징역 8월에 집행유예 2년을 선고받고 풀려났다. 달포쯤 감옥에 있다 풀려났지만, 어머니 당부처럼 고향으로 갈 수는 없는 노릇이었다. 별까지 단 내가 무슨 낯짝으로 어머니에게 갈 수 있으랴! 나는 온종일 신문의 구인광고를 들여다보며 할 일에 허기져 있었다.

신문보급소 총무로 나선 것은 출소 1주일 후였다. 중학생때 해본 신문배달이라 조금 안다면 아는 조직의 생리였다. 면접은 간단히 끝났다. 거기서는 미필도 결석 사유가 아니었고, 고졸 역시 흠이 되지 않았다. 중앙일보는 석간이라 아침 9시까지 출근하면 되었다.

분배(보급소에 신문사 차가 오면 신문뭉치를 내려 구역별로 배달학생들에게 맞춰 나누어주는 것)와 확장(구독자를 늘리는 것)이 총무가 주로 하는 일이었다. 물론 때가 되면 수금하는 것도 총무의 일이었다. 그리고 아프다던가 무슨 일이 있어 배달학생이 나오지 않으면 각 가정에 배달하는 것도 총무의 몫이었다. 그런 일들을 끝내고나면 대개 밤 10시였다. 무려 13시간 노동을 하고 받는 월급은 4만 원.

절로 "자다가도 어른 말을 들으면 떡이 생긴다"는 속담이 생각났지만, 그러나 나는 그 4만 원의 월급조차 단 한 번도 받아보지 못했다. 그렇게 며칠을 하던 끝에 무단결근을 했고, 그것은 곧장 사표로 이어졌으니까. 아, 나는 왜 이럴까. 정녕 나는 이렇게밖에 살 수 없는가. 하는 일마다 그랬다. 무슨 일이고 되지 않았다. 그렇다고 고향의 어머니에게로 내려갈 수는 없는 일이었다.

"고등학교까지 나왔구만!"

며칠 후 이력서를 들고 찾아간 살롱에서 지배인이라는 자가 비아냥인지 선망인지 모를 소리를 했다. 고졸자는 살롱 웨이터를 할 수 없다는 말인가. 아리송했지만 취직은 되었다. 고등학교 졸업한 것과 아무 상관없이 처음 내게 주어진 일은 화장실 담당이었다. 그것은 가게 앞에서 "저렴한 술값, 최고의 미희, 최대의 서비스" 등이 적힌 광고전단을 행인들에게 나눠준 후 화장실이 맡겨진 웨이터 보조의 일이었다.

물론 화장실 청소 따위가 아니었다. 손님이 들어와 오줌을 쌀 때 머리도 빗겨주고, 먼지도 털어주고, 향수도 뿌려주며 재간껏 서비스를 하는 것이었다. 그 일을 하는 나는 이미 그들과 같은 세계의 사람이 아니었다. 그들은 5백 원 내지 천 원을 팁이라며 주고 화장실을 나갔다. 특히 술에 많이 취한 사람일수록 '똥기마이'를 내는 것인지 팁이 두둑했다.

이윽고 영업이 끝나면 김군과 함께 밥을 지어 먹었다. 혼합곡이라 가끔 돌이 씹혔지만, 그것을 가려낼 여유는 없었다. 밤 12시가 넘어서야 먹는 저녁밥이었던 것이다. 손님들이 개지랄을 하고 간 자리인데도 소파에서의 잠은 꿈자리 한 번 사납지 않은 단잠, 꿀잠이었다. 신문에 난 구인광고의 이른바 '침식제공'이라는 것이었다.

그렇게 살면서도 돈만 벌리면 그게 무슨 대수랴! 하지만 생각하고 기대한 만큼 돈을 벌 수는 없었다. 떼돈을 벌어 무슨 집 장만하겠다는 배짱은 아니었다. 공부를 하리라는 생각이었다. 대학 갈 수 있는 공부를. 나는 서서히 이것도 나의 길이 아님을 깨닫고 있었다.

절로 어른 말을 들으면 자다가도 떡이 생긴다는 속담이 떠오르는 나날이 이어졌다. 바로 그때 국가의 부름(방위소집)을 받았다. 그것은 귀향의 명분이 되기에 충분했다. 진짜로 아픈 만큼 성숙해지는 것일까? 실패한 서울드림은 나에게 새로운 길을 열어주었다. 무엇보다도 전과기록에 구애받지 않는 길이 바로 공부요, 대학진학뿐이었다. 병역의무를 다한 나는 눈썹이 휘날리도록 공부에 매진했다.

1979년 3월 2일 마침내 나는 그리도 바라던 국문과 대학생이 되었다. 4학년때는 전남지역순위고사(지금의 교원임용고사)에 합격했다. 그리고 신원조회 문제로 합격동기들보다 한참 늦은 이듬해 4월 20일 교사발령을 받았다. 전남의 어느 중학교 교사였다. '별 하나 선생님'이 된 것이다. 그리고 중등학교 선생이 된 지 32년째인 지난 해 2월말 명예퇴직으로 교단을 떠났다.

그러나 나는 그냥 선생이 아니었다. 32년 경력의 고등학교 교사로서 입시 위주의 고교교육 현장이라는 열악한 환경에서도 글쓰기·학교신문·교지제작 등 순수한 특별활동(특기·적성) 교육에 매진, 창의인재 육성에 헌신해왔다. 그 결과 대통령상 수상 제자 등 나열하기 어려울 정도로 많은 학생들이 각종 상을 받았다. 커다란 자부심을 갖게 했다. 그렇다. 나는 교육부장관·교육감·대학교 총장 지도교사상에 이어 마침내 남강교육상까지 수상한 교사였다.

나는 고교에서 문학을 가르칠 때 학생들이 믿든 믿지 않든 나만의 강남 이야기를 곧잘 들려주곤 했다. 1년의 짧은 생활이었지만, 영원히 나를 다시 태어나게 한 강남의 포장마차 사건을 스토리텔링으로 엮어 학생들에게 들려준 건 그들이 재미있어했기 때문이다. 그러고 보면 서울특별시 강남은 인간망퉁이었던 나를 다시 태어나게 한 곳이다. 별을 하나 달게되었을망정 나로 하여금 '세상의 모든 일이 자기 마음먹기에 달려 있다'는 좌우명을 갖게해주고 또 실천하게 해준 강남에서의 1년이다.

〈2017. 7. 2.〉

도시락 담탱이

"선생님 질문 있는데요!"
"응, 뭔데?"
"선생님 딸들한테는 저희들 대하시는 것 같지 않게 아주 엄하시다면서요?"

오래 전 어느 여고에서 담임을 맡아 근무할 때였다. 4반에서 수업 중 학생들이 내게 뜬금없이 물었다. 수업시간 중 터져 나온 학생들 질문에 나는 적잖게 당황했다. 우선 도대체 질문의 의도가 무엇인지 알 수 없어서다. 그럴망정 얼른 자문해 보아도 전반적으로 딸들을 엄하게 교육하는 것은 아니었다.

하긴 솔직히 말하면 전혀 엄하지 않은 건 아니었다. 나는 손에 들고 있던 교과서를 교탁에 내려놓았다. 그리고 나를 주시하고 있던 학생들에게 털어놓았다. 고등학교 2학년과 초등학교 6학년 딸을 둔 내가 아비로서 엄하게 규제하는 것은 딱 한 가지다. 공부를 잘하라고? 아니다. 그것은 다름아니라 식사 전 1시간 동안은 아무것도 먹지 못하게 하는 규제다.

말할 나위 없이 식사 전 군것질 하면 밥을 맛있게 먹을 수 없다는 확신 때문이다. 애들이 젖 떼고 밥을 먹기 시작할 때부터 습관이 들도록 한 덕분인지 아직 어리다고 할 수 있는 딸들은 밥과 함께 김치며 된장국까지도 잘 먹는다. 이를테면 인스턴트 식품에 길들여진 요즘 아이들 같지 않은 딸들인 셈이다.

응당 라면이나 자장면 등 밀가루 음식도 일주일에 한 번 이상 먹지 못하게 제한했다. 이런저런 밀가루 음식을 좋아하는 애들로선 죽을 맛이겠지만, 이것 역시 비교적 잘 지켜지고 있다. 특히 자장면이라면 사족을 못쓰는 작은 딸이 아비의, 그만한 나이땐 받아들이기 어려운 지침에 곧잘 따르는 것은 가히 효도의 극치라 할만하다.

남자가 쩨쩨하게 먹는 것 가지고 그러냐며 눈을 흘길 사람이 있을지 모르겠지만 그것은 천만의, 만만의 말씀이다. 뭐니뭐니해도 우리 한국 사람에겐 '밥이 보약'이라던 어머님의 살아계실 때 말씀이 늘 귓가에 쟁쟁해서다. 나는 그 말을 불변의 진리라 생각하고 있다. 물론 몸소 실천도 하고 있다.

고등학교 선생인 내가 20년 넘게 도시락을 싸가지고 다닌 것도 그와 무관치 않다. 그런데 여고에 근무할 때는 도시락 가방을 들고 다니는 걸 여학생들에게 들킬까봐 조마조마한 적이 한두 번 아니었다. 급기야 털래털래 들고 다니는 도시락 가방 때문 '후지다'는 소리도 들었지만, 나의 도시락 밥 먹기는 퇴직할 때까지 계속되었다.

식사를 마치고 서둘러 출근해야 하는 초등학교 교사인 아내가 나의 도시락 지참을 군말없이 받아들인 건 순전 어머니 덕분이다. 결혼 1년 만인가, 그 동안 주말부부를 청산하고 함께 살게 되어 도시락 쌀 것을 요구했을 때 뜨악해하는 아내의 기를 어머니가 사정없이 꺾어 버린 것이었다.

"있는 것 그대로 싸는데 뭐가 어렵다고 그러냐?"

그래서일까. 나는 술을 제법 마신 이튿날에도 숙취(宿醉)가 남아 있을망정 속은 쓰려본 적이 없다. 당연히 평소에 속이 쓰려본 적도 없다. 그렇다보니 오히려 속쓰려 죽겠다는 친구나 동료들의 말을 믿을 수가 없다. 어쩔 때는 그들이 꾀병을 부린다고 생각하기도 한다.

고등학교 시절 우리 집에 세들어 살던 태문이는 나와 동갑내기였다. 가정형편상 중학교만 마친 채 빵공장에 다니던 태문이는 간혹 배를 움켜쥐며 얼굴을 찡그려대곤 했다. 속이 쓰리고 아프다는 것이었다. 다름아니라 밥 대신 빵을 즐겨 먹어 생긴 위장병이었다.

그러길 30여 년. 어머니는 돌아가시고 안계시지만, 이제 습관이 되었는지 여전히 교사인 아내는 도시락 싸는데 군말이 없다. 하긴 오래 전 근무했던 학교에 식당이 지어지고 급식이 시작됐을 때 내 도시락은 골동품으로 남을 뻔했다. 급식 희망자 조사를 하는데, 먹지 않는다고 행정실 담당자에게 알리지 않았던 것이다.

그러나 오랫동안 애지중지 끼고 다니던 도시락을 버린 대가(代價)는 컸다. 학교급식 20일쯤 되었을 때인가, 속이 몹시 쓰렸다. 수업하다말고 자습을 시킬 정도였으니까! 답답한 속을 화장실에 가서도 쉬 해결 못하고 병원을 찾으니 위염이라는 것이었다.

육류나 회 따위를 즐겨 먹지 못하는 체질이 일으킨 반란인 셈이다. 심정적으로만 그런 줄 알았는데, 사실은 신체적으로 많은 양의 돼지고기 등 육류를 받아 들이지 못하는 체질임이 확인된 셈이기도 했다. 다시 도시락을 지참했음은 물론이다. 사실, 모락모락 김이 나는 하얀 쌀밥은 어린 시절 얼마나 먹고 싶었던 산해진미이자 진수성찬이었던가!

내가 초등학교 5학년 때 돌아가신 아버님이 엄연한 공무원이었지만, 나는 어린 시절 하루 세 끼니 밥을 온전히 먹을 수 없었다. 아버님이 밀가루로 월급의 일부를 받아오신 때문이었다. 하루 한 끼니는 밀가루로 만든 수제비며 풀대죽으로 때워야 했던 그 시절, 그나마 낚시하듯 건져지는 수제비를 먹고 나면 배가 불렀다.

하지만 오줌 한번 싸면 금세 배가 꺼져버려 늘 허기가 졌다. 나는 형을 따라 유리조각 따위를 눈썹이 휘날리게 주우러 다녔다. 꼭 Y셔츠 단추구멍만큼만 팥이 든 찐빵일망정 그것과 바꿔 먹기 위해서였다. 이내 어머니에게 들켜 된통 혼이 났지만, 허기진 배를 달랠 수 있는 그 좋은 아르바이트를 당장 그만두지는 못했다.

그런데, 그런데 말이다. 언젠가부터 시작된 '아침 밥 먹기 운동' 소식이 귓가를 어지럽힌다. 아침 밥을 굶는 사람이 많기 때문에 쌀 소비가 크게 줄고, 그것을 늘리기 위한 대책의 하나로 시작한 '아침 밥 먹기 운동'이라고 한다. 나로선 얼른 믿기지 않는 뉴스다.

더구나 그렇듯 아침밥을 굶는 것이 과거처럼 없어서가 아니라, 먹기 싫거나 인스턴트 식품으로 대용하기 때문이라니 그야말로 우리는 지금 '배부른 시대'를 살고 있는 모양이다. 물론 나라가 풍요로워졌고 식생활 등 그만큼 모든 것이 변한 시대요 세상이긴 하다.

그러나 억겁(億劫)이 흘러도 변할 수 없는 것이 있다. 바로 처음부터 쌀을 주식(主食)으로 해온 우리의 체질이다. 설사 언행이나 의식 따위가 서구화되어간다 하더라도(사실은 이것도 문제지만) 대대로 밥을 주식(主食)으로 한 우리의 뱃속마저 변할 수는 없다.

혹 하얀 쌀밥에 김치와 된장찌개 등으로 매일 세 끼니 밥을 어김없이 챙겨 먹고 딸들에게도 밥이 보약임을 교육시켜온 나는 시대에 뒤처진 구년묵이일까? 모든 것이 풍요롭다 못해 넘쳐나는 이 편리한 세상을 살면서 왜 마음은 이렇듯 쓸쓸하기만 한지….

나로선 나름대로 제법 진지한 비감(悲感)에 잠겨 들려준 이야기이건만 어느새 엎드려 자는 녀석들이 있다. 나는 자는 학생들을 깨운 후 다시 교과서를 펴들었다. 책속 내용 설명을 이어 나가려는데 처음 질문한 학생이 날 불렀다.

"선생님! 그래서 후지게 매일 도시락을 들고 다니시는 거예요? 선생님 별명이 뭔 줄 아세요? '도시락 담탱이'예요, 도시락 담탱이! 호호호······."

"뭐, 도시락 담탱이라고?"

그때였다. 수업 끝나는 종소리가 요란하게 교실을 흔들어댔다.

〈'문인과문학' 창간호, 2017.11.10.〉

인생이 육십부터라고?

지난 5월 진갑일 다음의 첫 번째 귀빠진 날을 보냈다. 케이크의 촛불을 끄고 해피버스 따위 노래를 못부르게 하지만, 회갑·진갑을 거쳐 또 생일을 맞고 보니 감회가 새롭긴 하다. 생일이라고 아내와 딸들로부터 제법 푸짐한 선물은 받았지만, 내가 노래를 못부르게 하는 건 1년에 한 번씩 돌아오는 것이 무슨 축하할 일이냐 싶어서다.

그런데 감회와 달리 '인생이 육십부터'라는 말이 잘못되었음을 깨닫는다. 노화(老化)야 신체 부위에 따라 20대부터도 시작된다지만, 60줄에 접어들면서 병원을 자주 들락거리게 되어서다. 진짜로 60이 되기 전까진 48살에 앓은 위염과 50대 후반에 나타난 부정맥 약외엔 먹는 것이 전혀 없었다. 당연히 그것 외 병원에 가는 일도 없었다.

그렇다. 나는 2년 주기로 받는 공무원 건강검진말고 병원에 간 일이 없다. 병원에 풀방구리 쥐 드나들 듯 다니기 시작한 것은 60부터다. 60살 되던 해 공무원 건강검진에서 위암 의심 소견이 나왔다. 내시경 검사도 아니고 생애 처음으로 받은 위조영술 판정이 그랬다. 겨울방학이 시작되자마자 위내시경 검사를 받는 등 야단법석 끝에 가짜 위암으로 확진되었다.

다음은 정형외과다. 오십 초반에 어깨 통증이 있어 평생 처음으로 한의원을 다닌 일이 있다. 오십견은 아닌 걸로 판명났고, 얼마간 다니다 그냥 괜찮아졌다. 60이 되면서 정형외과를 찾은 것은 오른 팔

사용이 부자유해서다. 용하다고 입소문깨나 난 의사는 대뜸 수술을 들먹였지만, 5~6개월 만에 처방 약과 운동으로 오른 팔의 자유를 찾았다.

그 다음은 비뇨기과다. 20대 초반에 남자들이라면 다 가는 일로 들르고 처음 간 비뇨기과다. 60살 추석 직후에 소피를 보고나면 잔뇨감이랄까, 아무튼 정상이 아니라 찾은 것이었다. 전립선 암이나 전립선 비대증 따위 병도 아닌데 두 달 간격으로 약을 처방받아 2년 가까이 먹었다. 지금은 괜찮지만, 언제 또 그 증상이 나타날지 노심초사다.

그런데 다시 정형외과를 찾게 되었다. 어느 날 상의 양복을 벗으면 Y셔츠 부분이 표날 정도로 오른쪽 팔꿈치가 볼록 솟아오른 걸 발견해서다. 물집이 잡혀서라는데, 아프지도 않은 것으로 두 달 이상 병원을 다녔다. 주사에 물리치료까지, 그냥 바늘로 콕 찍어 물을 빼면 될 듯싶은데, 호락호락 볼 게 아닌 병원 나들이다.

지난 3월엔 머릴 감다가 왼쪽다리에 이상이 왔다. 의사 말로는 신경이 한쪽으로 몰려서 그런다는데, 5분 이상 걷지를 못했다. 물론 서 있기도 힘들다. 마침 아버님 제사가 있는 때였다. 형의 권유도 있고 해서 제사에 그만 불참하고 말았다. 1966년 나 초등학교 5학년때 39살로 요절하신 이래 50년 만에 처음 빠진 아버님 제사다.

6개월이 지난 지금도 온전치 않아 약을 먹고 있다. 소식을 전해들은 남양주 팔순 고모는 다른 병원에 가보거나 침을 맞아보라고 권한다. 완화되긴 했지만, 하도 오래 지속되고 있어 그럴 생각도 해보지만, 끝내 실행에 옮기지 못하고 있다. 사진을 새로 찍는 등 새로 시작해야 하는 것이 심란해서다. 의사 역시 좀 걸리기도 한다고 말한다.

1천만 원쯤 들어간 치과 치료도 빼놓을 수 없다. 딱히 아프다기보다는 연말정산 등 현직에 있을 때 하는 게 유리할 것 같아 시작한 임플란트는 자그마치 1년 넘게 병원에 다녀야 했다. 완료한 지 1년 넘게 지났는데, 지금도 쓸데없는 사랑니를 뽑아야 한단다. 시술한 임플란트를 정상적으로 오래 사용하기 위해선 정기검진도 필수라고 했다.

　이전까지 없었던 일련의 병들과 잦은 병원 다니기로 인해 생각이 바뀌기도 했다. 2015년 5월 요새 남들이 다 안하는 회갑연을 호텔 연회장에서 벌인 것이다. 마침 글쟁이라는 일반 교사들과 다른 핑계도 있어 출판기념회로 대신했다. 60까지 큰 병 없이 무사히 살고 있음은 축하하고, 또 축하받을 일이란 깨달음을 갖게 된 회갑연이라 할까.

　어느새 퇴직한 지도 1년 6개월이 지나갔다. 그 사이 여기저기 아프기 바빠 운동을 소홀히 한 때문인지 몸무게가 많이 늘었다. 오랜만에 만난 지인들 말로는 몸이 많이 났다고 한다. 정확히 말하면 몸이 난 게 아니다. 그 동안 거의 없던 뱃살이 늘어난 것이라 해야 맞다. 한때 너무 빼빼해 배 나오는 게 소원인 적도 있었는데, 그야말로 격세지감(隔世之感)이다.

　사실 앞만 보며 눈썹 휘날리게 살아온 지난 날 가장 소홀했던 게 내 몸 챙기기였던 것 같다. 심지어 그 흔한 위내시경 검사 한 번 받아본 적 없는 60살 전이었으니까. 그럼에도 지난 해 받아야 할 공무원 건강검진도 그냥 지나쳐버렸다. 몸은 건강할 때 지키란 말을 들은 것 같기도 한데, 결코 그러지 못한 지난 날이었다.

　그래서일까. 내게는 인생이 육십부터라는 말이 희롱처럼 들린다. 젊은 시절 소홀히 한 건강관리 부실 탓일지 몰라도 그 말은 너무 터무니없는, 신문기사로 치면 오보(誤報)다. 60은 내게 청춘이긴커녕 병원과 보다 친해지는 나이이다. 왼쪽다리 불편으로 인해 새롭게 거래를 튼 정형외과는 언제까지 얼마나 더 다녀야 하나.

〈'전북수필' 제85호, 2017.11.11.〉

물에 대하여

어느새 교단을 떠난 지 2년이 되어간다. 그래서일까. 교직에서 있었던 일들이 주마등처럼 스쳐간다. 즐거웠거나 아쉬웠던 모든 일들이다. 나는 32년 교단에 머무는 동안 눈썹 휘날리게 바쁜 교사였다. 아마 그 열정을 승진하기에 쏟았더라면 너끈히 교장도 했을테지만, 나는 언제나 학생들 글쓰기며 교지나 학교신문 제작 지도교사였다.

물에 대해서 깊이 있게 생각해보게 된 것도 학생들 지도를 통해서였다. 물을 주제로 한 글쓰기 지도로 최우수상을 비롯 수상 제자를 여럿 배출하는 등 그런 과정을 통해 자연스레 이루어진 일이라 할까. 가령 어느 제자는 한국농어촌공사의 '내 고장 물살리기운동 전국학생실천수기공모전'에서 1등상인 최우수상을 수상했다.

최우수상을 수상한 제자가 써온 '너무 간단하고 손쉬운 물 살리기'라는 글을 처음 읽었을 때 일단 그 발상이 퍽 신선해 보였다. 초등학교 3학년 때 제 눈에 꼭 맞는 안경 맞춘 걸 떠올리고, 그걸 되게 좋아해 자신이 자주 먹는 라면과 연결시켜 궁극적으로 물의 소중함을 환기하는 글이었다.

제자 글에선 라면 국물을 남기지 않는 식습관이 소개된다. 라면 국물을 남기게 되면 그걸 정화하는데 4,000L의 물이 필요함을 알고 난 후부터 생긴 그 학생만의 라면 먹기 수칙이다. 그랬을망정 설마 장관상인 최우수상까지 받으리라곤 생각하지 못했다. 물 살리기라는 주제가 주는 감동보다 띄어쓰기며 맞춤법, 문장이나 문단 등 주로 형식미에 치중한 글쓰기 지도여서 그랬는지도 모를 일이다.

그렇게 발상이 참 신선한 제자들의 글을 다시 읽다보니 슬며시 얼굴이 후끈거려온다. 물 살리기 내지 물 사랑이 주제인 글을 지도해 많은 학생들에게 상까지 받게 했지만, 정작 지도교사인데다가 어른인 나는 그 제자들만큼 물의 소중함에 대해 알고 있는지, 의문과 함께 반성이 생겨서다.

사실 우리가 단 하루도 떼어놓고 살 수 없는 물은 복잡하고도 신기한 물질이다. 세계 4대 인류문명 발상지가 강가였음은 너무 케케묵은 이야기라 치부하는 게 당연할 정도다. 인류는 물과 함께 비롯되었다 해도 과언이 아니다. 물은 인류뿐 아니라 모든 동물과 식물을 살리고, 죽이기도 한다.

그런데도 우리는 공기처럼 물의 소중함을 잊고 산다. 알았던 사실을 잊은 것이 아니다. 아예 의식조차 하지 않고 사는지도 모른다. 그렇지 않고서야 그렇듯 물을 과소비할 수 없는 노릇이다. 얼마 전 어떤 TV 프로그램을 보니 지구촌의 12억 명이 안전한 식수 이용을 못한다고 한다. 놀랍고도 안타까운 일이다.

또 그 두 배인 24억 명은 하수도 시설이 없는 상태로 물을 마신다고 한다. 물 부족이 아니라 전 세계적으로는 아예 '물 기근 국가'라는 말이 나오고 있는 실정이다. 한국도 물 부족 국가의 하나라고 들은 듯하다. 그것은, 그러나 한국인의 물 소비량을 보면 그야말로 딴 나라 이야기일 뿐이다.

환경부에 따르면 우리나라 국민 1인당 하루 물 소비량은 333L에 달한다. 1.8L 페트병으로 따지면 185병에 해당하는 양이다. 수도 요금이 가장 비싼 덴마크(114L)의 3배 가깝게 많은 하루 물 소비량이다. 그런 과소비가 싼 물값 때문이라는 분석이 있는데, 그냥 흘려버릴 지적만은 아닌 성싶다.

전문적 식견은 없지만, 물이 우리 신체의 신진대사에 중요 인자(因子)임은 널리 알려진 사실이다. 그걸 알면서도 나는 하루 세 번 식사 후에만 물을 마신다. 물을 너무 절약해 탈이랴고 할까. 반면에 국민 전체적으로는 너무 과소비해 탈이지 싶다. 공기가 어느 날 홀연히 사라져버리는 극한상황은 그 가정조차 끔찍한 일이다. 과연 물은?

유감스럽게도 얼마 전 수돗물 단수사태가 일어났다. 어디 그뿐인가. 비가 너무 많이 와도 재앙이고, 가뭄이 들어도 재난이다. 양극단적인 그런 재해의 공통점은 그것들이 물의 소중함을 새삼 깨우쳐 준다는 점이다. 예로부터 치수(治水)가 제왕의 덕목으로 강조되어온 것도 그런 이유에서다. 그렇다. 물은 닳아 없어지는 자동차 부품 따위 소모품이 아니다.

그러나 물 절약에 있어서는 역시 백 마디 말보다 한 가지라도 실천하는 행동이나 자세가 더 중요하다. 내가 지극정성으로 지도해 상을 받게 했던 제자 글에서 비로소 절약을 통한 둘의 소중함을 깨달았으니 "어른도 어린이에게 배운다"는 말이 절로 실감난다. 늦었을망정 나는 우리 가락 추임새로 힘차게 외쳐본다.

"그려, 물은 소중헌 것이여!"

금방 또 물을 마셨다. 이전 같으면 물 마실 타임이 아니지만, 지금은 다르다. 얼마 전까지만 해도 나는 식사 후마다 하루에 세 번 물을 마셨다. 체질 때문인지 그렇게만 마셔도 갈증이 생기지 않았다. 지금도 물이 당기진 않지만, 난 말 잘 듣는 모범학생처럼 의사의 자주 마시라는 권유를 충실히 따르고 있다. 물이 보약이라고 해서다.

하긴 처음 내과 의사의 물 자주 마시라는 충고는 그냥 무시하기도 했다. 한참 후 찾은 비뇨기과 의사의 물 자주 마시라는 처방은, 그러나 그럴 수 없었다. 처음엔 곰곰이 생각해보아도 왜 그런지 확실한 이유는 모르겠다. 분명한 건 지금 내가 억지춘향식일망정 물을 자주 마시는 중이라는 사실이다.

20대 초반에 남자들이라면 다 가는 일로 들르고 처음 간 비뇨기과였다. 60살 추석 직후에 소피를 보고나면 잔뇨감이랄까, 아무튼 이전처럼 정상이 아니라 비뇨기과에 간 것이었다. 전립선암이나 전립선 비대증 따위 병도 아닌데 두 달 간격으로 약을 처방받아 2년 가까이 먹었다. 물론 물을 자주 마시라는 처방에 착실히 따르기도 했다.

좀 오래 가긴 했지만, 그 덕분인지 이제 소변후 뭔가 남아 있는 듯한 불쾌한 느낌은 없다. 그만큼 물이 내 몸에도 긍정적으로 반응한다는 얘기다. 물을 자주 마셔 소변을 여러 번 보게 되면 많은 나쁜 것들도 함께 배출된다는 의사의 말이 허언(虛言)이 아닌 모양이다. 직접 체험을 하고서야 물의 소중함을 깨달은 셈이다.

알고 보니 몸에 수분이 부족하면 혈액이 끈끈해져 심장마비, 뇌경색 등에 걸릴 위험이 높아진다. 또 수분이 부족하면 몸에 들어온 나쁜 물질이나 신진대사로 생긴 노폐물을 배출하는 기능이 떨어져 독소가 몸 안에 쌓이기도 한단다. 그로 인해 변비·고혈압·손발저림 등의 증세가 나타난 적은 없지만, 하루에 2~3회뿐인 소변이 물을 안 마셔 생긴 증상임을 비뇨기과에 가서야 비로소 알 수 있었던 것이다.

조선시대의 명의(名醫) 허준은 '동의보감'에서 "하늘이 사람을 내고 물과 곡식이 사람을 살아가게 하니 물이 어찌 소중하지 않겠는가. 사람에 따라서 체력과 건강 또는 수명이 다른 것은 가장 중요한 원인이 마시는 물에 달려 있다"고 말했다. 세계보건기구(WHO) 역시 "깨끗한 물을 마시면 질병의 80%는 예방할 수 있다"고 발표한 바 있다.

하지만 '물이 미래다'라는 어느 신문(한국일보, 2014.7.26.) 기사에 따르면 지구상에 있는 물의 97%는 바다에 존재한다. 마실 수 있는 신선한 물은 2.5%에 불과하다. 그 중 거의 70%는 극지역 빙하나 빙원(氷原)에 갇혀 있다. 호수·강 등 지표면에 있는 물은 1%에 불과하다. 나머지는 거의 30%가 지하수다.

그래서일까. 코카콜라·네슬레·구글·포드 등 세계적 기업들이 물을 깨끗하게 만들고 수자원을 보호하는데 수조 원의 돈을 투입한다고 한다. 반가운 일이다. 예컨대 코카콜라는 콜라 단맛의 원료 사탕무 재배지인 영국 런던 북쪽 나(Nar)강 살리기에 최근 10년간 20억 달러(약 2조 1,000억 원)를 투자한 것으로 알려졌다.

미국의 저명한 저널리스트이자 논픽션 작가인 스티븐 솔로몬은 2013년에 펴낸 그의 저서 '물의 세계사'에서 "물이 인류의 역사적 진보의 키워드인 농업혁명, 산업혁명, 도시화에 결정적 요소"였음을 밝히고 있다. 중국의 노자(老子) 역시 '도덕경'에서 상선약수(上善若水)라며 물을 최고의 선(善)이라 갈파하기도 했다.

상선약수는, 좀 자세히 풀어보면 "물은 만물을 이롭게 하고 서로 다투지 아니하여 이 세상에서 최고로 으뜸이 되는 선"이라는 말이다. 그렇다. 진작부터 최고의 선인 물은 닳아 없어지는 자동차 부품 따위의 소모품이 아니라는 인식이 필요했다. 절약하고 오염도 시키지 않는 지혜의 실천도 병행해야 했다.

물론 지금도 늦지 않았다. 나는 이 글을 쓰는 중에도 한 컵 넘는 물을 마셨다. 물이 보약이란 말과 함께 최고의 선인 상선약수의 의미를 되새기며 다시 물을 마신다. 아쉬운 점이 있다면 물이 보약이고 최고의 선이고, 그래서 더없이 소중한 것임을 이제 더 이상 학생들에게 가르칠 수 없게된 점이다.

〈2017. 11. 14.〉

교원문학신문 창간호를 내며

    오랜 고민 끝에 계간 '교원문학신문'을 창간하게 되었다. 나로선 벌써 네 번째 신문 창간이다. '오랜 고민 끝에'라고 말한 것은 지난 세 번과 달리 내가 지도교사나 편집인이 아닌 발행인으로 나서게 되어서다. 모든 책임과 함께 재정적 부담까지 짊어져야 하는 발행인이기에 오래 고민하는 등 산통(産痛)을 겪게된 것이다.

    고교 교사이던 내가 한별고등학교의 '한별고신문' 올컬러 타블로이드판 창간호를 낸 것은 2001년 4월 2일의 일이다. 이후 발령 임지에 따라 '전주공고신문'과 '녹원신문'(군산여자상업고등학교) 편집인이 되어 학교신문을 발행(응당 발행인은 교장이다.)했다. 2013년 12월 20일 '녹원신문' 제20호 발행까지 13년간 학생기자를 뽑고 지도하여 사제동행으로 일궈낸 일이다.

    그 동안 4차례나 상을 받았다. 2001년 제6회전국학교신문·교지 콘테스트(SK글로벌·문화일보 주최, 교육부 후원)에 '한별고신문'을 출품, 고등부 최고상인 금상을 한별고등학교(옛 삼례여자고등학교)에 안겨주었다. 읍 단위 시골 학교의 위상을 전국에 알렸을 뿐 아니라 개인적으로도 교육부총리 지도교사상을 수상했다. 전국 여러 학교에서 '한별고신문'을 벤치마킹한다며 연락이 오기도 했다.

    그 외 2008년 전주공업고등학교의 '전주공고신문'으로 전주일보사 주최 제2회전북학교미디어공모전에서 가작을 수상했다. 2010년엔 군산여자상업고등학교의 '녹원소식'('녹원신문'의 예전 제호)으로 전주일보사 공모전 은상을 수상했다. 2011년엔 '녹원소식'으로 제4회전북일보NIE대회 우수상을 수상하기도 했다.

마침내 2015년 3월 25일 문예지도와 함께 학교신문 제작지도의 공적을 인정받아 제25회 남강교육상 수상 교사가 되기에 이르렀다. 그런 점을 몸담고 있는 문단에서도 인정했는지 그 해 가을 나는 계간 '전북문학신문' 편집인을 맡게 되었다. 내심으론 명퇴를 앞둔 시점이라 퇴직후 본격적인 일거리를 자청한 셈이었다.

그러나 두 차례 '전북문학신문' 발행후 하차하고 말았다. 2016년 6월 발행 신문을 위해 제법 바쁘게 움직이고 있는데, 회장(발행인)한테 전화가 왔다. 한 마디로 편집을 맡아 할 사람이 있다는 전언이었다. 사실은 이미 발행된 신문 지면이 너무 타이트하다는 지적이 있었다. 그 점을 감안하여 일반신문처럼 해볼 생각이었는데, 아예 잘린 것이다.

애들 장난도 아니고 그럴 수 있다는 게 믿기지 않았지만, 이후 '전북문학신문'은 2016년 다른 이름의 여름호로 딱 한 번 나왔을 뿐이다. 그런 일을 겪은 지 2년 만에 '교원문학신문'을 창간하게 되었다. '오랜 고민 끝에'의 또 다른 이유라 할까. 아마 회원 수 30명이 채 안 되는 문학회가 계간 발행의 올컬러 신문을 내는 것은 전국 최초가 아닐까 싶다.

과거 학교신문처럼 학생기자들이 없어 아무래도 무기명 기사가 대부분인 신문이 될 수밖에 없을 듯하다. 아쉽고 안타까운 일이지만, 발행인 갑질 따위가 없는 '교원문학신문'만으로도 기쁜 마음이다. '교원문학신문'이니만큼 당연히 우리 교원문학회 활동이나 회원들 출간 같은 근황 등이 지면을 채우게 될 것이다. 모든 이들의 적극적인 관심과 성원을 기대한다.

〈교원문학신문, 2018.4.2.〉

8명이나 신입회원 새로 들어온 교원문학회

 벌써 교원문학회 출범 3년이 되어간다. 새삼 세월이 참 빠름을 느낀다. 2016년 6월 15일 20명의 전·현직 교원문인들 동인지 '교원문학' 창간호 발행과 함께 출범한 교원문학회였다. 그 동안 '교원문학' 1~2호 두 권을 펴냈고, 제1회교원문학상과 제1회전북고교생문학대전 시상식을 개최했다.
 지난 4월 2일자로 '교원문학신문' 창간호를 발행하기도 했다. 교원문학회가 3개월마다 한 번씩 펴내는 기관지 '교원문학신문'을 창간하게 된 것이다. 아마 회원 수 30명이 채 안 되는 문학회가 계간 발행의 올컬러 신문을 내는 것은 전국 최초가 아닐까 싶다. 축하 전화와 문자 메시지, 후원금까지 보내오는 등 격려와 후원이 잇따라 흐뭇하다.
 그뿐이 아니다. 새해 초 교원문학회는 전주시로부터 잡지사업등록증을 교부받았다. 교원문학회지 '교원문학'에 대한 잡지 등록을 마친 것이다. 2월 13일에는 북전주세무서로부터 고유번호증도 부여받았다. 향후 도문예진흥기금이나 도교육청 민간보조금 지원사업 등을 신청할 수 있는 토대를 마련한 것이라 할 수 있다.
 무엇보다도 이제는 교원문학회 회원 수가 26명으로 늘었다. 스스로 탈퇴하거나 2년 연속 회비 미납으로 제명 처리된 회원도 있지만, 지난 연말부터 새해 초까지 무려 8명이나 새로 교원문학회원이 되었다. 경기도와 경남에 있는 교장과 교사 등 현직 교원을 포함해서다. 명실상부한 전국적 교원문학회로서의 첫 발을 뗀 셈이라 할까.

그러나 아쉬움이 크다. 명퇴하고 보니 동인지들은 넘쳐나는데도 교원만의 문학회가 없었다. '교원문학'의 필요성을 절실히 느껴 출발한 교원문학회다. 그런데도 평생 교원이었음을 내세우지 않으려는 문인들이 많아 보여 아쉽다. 현직을 밝히길 꺼려하는 문인들도 있어 보여 아쉬움이 크다.

온전한 파악이라 생각하진 않지만, 전·현직 교원 문인은 도내에만 150명이 훨씬 넘는 것으로 추정된다. 150명만 잡아도 그중 20%가 채 안 되게 참여한 교원문학회다. 시인이면 자연스럽게 전북시인협회 소속이 되듯 전·현직 교원은 자동으로 교원문학회 회원이 될 것이란 아전인수적 착각에 빠져 있었던 셈이다.

너무 '쎈' 회비 때문 망설이는지 알 수 없지단, 그러나 소정의 입회비를 선뜻 내면서 기꺼이 진성(盡誠) 회원 되기를 주저하지 않는 교원문인들이 늘고 있어 행복하다. 교원문학회는 여느 문학회와 다르다. 선생님으로서의 자부심을 뿌듯하게 지닌 채 문학활동하는 교원만 회원으로 참여할 수 있는 문학회여서다. 제2호부터 스승의날을 발행일로 하고 있는 것도 그래서다.

제2호에서 약속했던 대로 회원들의 창작의욕을 고취하고, 문학활동에 정진케 하기 위해 제정한 '교원문학상' 제2회 수상자로 황현택 아동문학가를 선정했다. 교원문학회원이라면 누구나 수상 대상이지만 모두를 한꺼번에 시상할 수 없는 일이기에 황현택 아동문학가를 두 번째 수상자로 뽑은 점, 모든 회원들이 알아주셨으면 한다.

제2호에서 예고했던 또 하나 상인 고등학생 대상의 '제2회전북고교생문학대전' 수상자도 발표한다. 전북이 고향인 타지역 고교생으로 응모자격을 확대한 제2회는 지난 해보다 응모작이 2배 이상 늘었다. 다른 문학회가 하지 않거나 못하는 '전북고교생문학대전'에 대한 흐뭇함과 함께 보람감을 더 챙기게 되었다.

  이제 공은 무릇 독자에게 넘어갔다. 우리 '교원문학'이 제몫을 다해 이 문화융성과 교권추락이라는 아이러니한 시대에 빛과 소금이 되길 회원들, 모든 문인, 그리고 전·현직 교원들과 함께 기대해본다. 5월 19일 '제2회교원문학상'·'제2회전북고교생문학대전' 시상식이 '교원문학' 제3호 출판기념회와 함께 열린다. 부디 함께 해주시길….

                                             〈'교원문학' 제3호, 2018.5.15.〉

폴더폰이 어때서

　오래 전 교직에 몸담고 있을 때 일이다. 9월 어느 날 학생 4명을 데리고 고산 윤선도 백일장대회에 참가했다. 여유롭게 출발했는데도 처음 가는 길이라 그런지 시간이 빠듯했다. 백일장 장소인 전남 해남군 녹우당에 도착했을 때는 이미 일정에 대한 안내가 진행되고 있었다.
　주차후 행사장으로 올라가니 애들은 다른 참가 학생들 속에 섞여 얼른 보이지 않았다. 어디 있는가 확인하려고 휴대폰을 꺼내 들었다. 마침 혜진에게 온 메시지를 지우지 않고 둔 게 있었다. 뚜껑을 열어 두 번만 눌러 간편하게 통화가 이루어졌다.
　"와, 신기하다! 골동품 같아요. 박물관으로 보내야겠네요, 호호호…."
　한참 통화를 하고 있는데, 초등학생으로 보이는 여자애가 내 앞으로 다가와 말했다. 그 친구들로 보이는 초등학생들 여러 명이 순식간에 나를 에워싼 채 말하며 웃기까지 한 것이었다. 내가 아니라 휴대폰을 보고 하는 말이요 웃음이었다. 글쎄 요즘 같은 초스피디, 첨단화된 정보통신시대에 10년쯤 사용한 휴대폰이니 그런 소릴 듣는 게 당연한지도 모르겠다.
　그러나 나의 생각은 다르다. 아무런 이상이나 불편함이 없어 아직 멀쩡한데 새것으로 바꿀 이유가 없었다. 설사 가진 게 돈밖에 없다하더라도 그건 그렇다. 한데 꼬맹이들로부터 그런 소리와 웃음까지 사고 보니 뭐랄까 괜시리 얼굴이 빨개지는 기분이 든다.

하긴 내 휴대폰은 직접 가르치는 제자들로부터 오래 전 웃음거리가 되기도 했다. 어느 날 3학년 1반 문학수업 시간 요란한 벨소리가 울려댔다. 아뿔사! 나는 당황한 나머지 양복 오른쪽 주머니에 들어 있는 휴대폰을 꺼내 들었다. 스팸이나 다름없는 전화였다. 얼른 끄고 잠시 중단된 설명을 이어 가려는데, 여기저기서 웃음소리와 함께 휴대폰 한 번 보자는 요구가 빗발쳤다.

빗발치는 학생들 요구를 거절했냐고? 천만에, 나는 그러지 못했다. 진지한 수업 분위기를 깨버린 죄책감보다도 숨기거나 감출만한 하등의 잘못된 것이 아니라는 자부심 때문에. 언젠가는 3학년 2 · 3반에서, 1학년 국어수업 시간에도 그런 일이 벌어졌다.

그렇듯 제자들에게 '박물관에나 가야 할' 나의 휴대폰이 공개되니 오히려 뭔가 편한 기분이었다. 수업에 들어갈 때는 휴대폰을 끄거나 소지하지 않아야 되지만, 나는 그렇게 습관이 되어 있지 않다. 하루 종일 한두 통 전화가 걸려올 정도로 이 정보통신시대와 거리가 먼, 현대 속 원시인 같은 생활을 하고 있어서다.

내가 첫 휴대폰을 갖게 된 건 1998년이었던 것으로 기억한다. 집이나 사무실이 아닌 거리에서 전화를 할 수 있는 휴대폰이 처음 나왔을 때 과학의 발달에 놀라기는 했을망정 강렬한 호기심이나 소유욕 따위는 일지 않았다. 동료 교사가 같이 가자고 하도 권하여 갖게 되었을 뿐이다.

그 '웅장함'이 마치 무전기 같았던 나의 첫 휴대폰은, 그러나 2년 만인가 3분지 1쯤 크기로 줄어든 '016 애니콜'로 바뀌게 되었다. 불과 2년 만에 이루어진, 그렇듯 초소형 휴대폰 등장은 그야말로 신기할 정도의 문명적 진화라고 할까. 아무튼 일단 두 번째 폰은 처음 것에 비해 가벼워 휴대하기가 편하고 좋았다.

다만 너무 귀엽게 생긴 것이 흠이라면 흠이었다. 어느새 안경 너머로 액정화면에 나타나는 글씨 등을 보는 불편함이 따랐던 것이다. 하긴 중년 이후에 돋보기 안 쓰는 사람이 비정상이듯 작은 휴대폰 탓만을 할 수도 없는 노릇이었다.

무엇보다도 어디 다치거나 상한 데가 없는데 애들처럼 유행에 놀아날 필요가 없었다. 아니다. 오랜 세월이 흘러도 반가운 올드보이처럼 겨우겨우 익힌 기능을 버리고 싶지 않았는지도 모른다. 또는 새것을 구입하면 온갖 첨단화된 기능을 새로 익혀야 할 일이 심란해서인지도 모른다.

그렇다. 50대 중반에 접어든 내게는 뭔가 새로운 걸 해보려는 의욕도, 그것을 눈썹 휘날리게 하려는 열정도 없다. 그래서 국회의원인 형이 백수시절, 그러니까 54세 때인가 색소폰을 어느새 배워 가족들 앞에서 시연(試演)했을 때 나는 그 열정에 깜쭉 놀랐다.

그뿐이 아니다. 오래 전 모셨던 교장선생님이 70을 바라보는 나이에 수필 쓰는 걸 보고 놀라기도 했다. 전직 교장선생님은 내게 작품을 이메일로 여러 편 보내왔다. 국어선생이자 문학평론가인 나더러 문장이며 문단, 띄어쓰기와 맞춤법 따위 정서법을 지도해달라는 것이었다.

내가 열심히, 열정을 가지고 하는 일은 27년째 교직 동안 오로지 글쓰기 지도이다. 새파란 후배들에게 물려줘도 진작 물려줬어야 할 학생들 글쓰기 지도이건만, 나는 어느 학교에서든 그 일만큼은 도맡아 하고 있다. 학교신문이며 교지제작 지도 역시 응당 나의 몫이다.

그런 일은 내게 교실 수업 못지않은 자부심과 뿌듯함을 안겨준다.
"아니, 무슨 휴대폰을 또 산다는 것이냐?"
애비가 그런 사람인데도, 고2 막내딸은 그걸 미처 몰랐던 모양이다. 막내딸은 새 휴대폰으로 바꾼 지 6개월뿐이 안됐는데도 막 출시된 새 모델 타령을 하고 있었다. 갖고 싶다는 새 모델 휴대폰의 가격은 자그마치 40만 원이나 되었다.
얄미운 것은 아내였다. 나 역시 여느 부모들처럼 하도 험악한 세상이라 문명의 이기(利器)인 휴대폰이 어느 정도 자녀에 대한 안전장치를 한다고 믿고 있다. 2년 전. 마침 학교 생일이라 집에서 쉬고 있는데 유선 전화벨이 울렸다. 딸을 데리고 있다는 '그 놈 목소리'였다. 처음 당하는 일이라 '그 놈 목소리'대로 따르다가 문득 잘 아는 경찰서장이 떠올랐다.
"보이스피싱 같은데 우선 딸에게 전화부터 해보세요."
왜 진즉 그런 생각을 하지 못했을까. 나는 경찰서장 충고대로 급하게 휴대폰을 열었다.
"네, 아빠? 건강 검진 마치고 지금 집으로 가는 중이에요."
마치 전쟁터에서 죽었다 살아온 아들 목소리같았다. 그야말로 깻잎 한 장 차이로 보이스피싱을 피해갔음은 물론이다. 그렇더라도 아무런 고장이 없는 휴대폰을 6개월 만에 새 모델로 바꾸는 것은 낭비고 사치라는 생각엔 변함이 없다.
친구나 직장 동료들은 부부교사인 나더러 '걸어다니는 중소기업'이라며 부러워하지만, 비교적 여유가 있는 형편이라 하더라도 그런 진리가 바뀔 이유는 하등 없다. 아내는 그런 나에 동조해 딸을 설득해야 했는데, 정반대였던 것이다.

나의 일장 훈시와 간헐적 고성 때문이었는지, 딸애는 기어코 눈물을 흘리고 있었다. 참 이상한 일이다. 총각때 여자의 눈물에 결코 약해지는 남자가 아니었는데, 자식 이기는 부모 없어서인가. 결국 나는 40만 원짜리 새 모델 휴대폰을 딸에게 사주고 말았다. 원님 덕에 나발 분다고 아내도 그보다 적은 가격으로 새 휴대폰을 챙기게 되었다.

"아빠, 예쁘죠?"

다음 날 딸애는 언제 연기하듯 펑펑 울었냐 싶은 얼굴이었다. 미리 봐둔 모델인지 직방 새 휴대폰을 들고와 자랑이 청산유수였지만, 나는 애써 외면해버렸다. 딸애가 금세 무안해하며 제 방으로 가버리고 나서도 한참 후에야 나는 딸애의 새로 산 휴대폰을 볼 수 있었다. 딸애가 화장실 간 사이 몰래 그 방으로 들어가 얼른 본 것이었다.

그때까지만 해도 나의 휴대폰은 건강했다. 아이들처럼 책상 아래로 떨어뜨린 적이 없었다. 그렇다고 어디 식당 같은데 두고 온 적도 없었다. 비록 제자들 웃음거리가 되고 초등학생들에게마저 골동품 소리를 들었을망정 10년 가까이 동고동락한, 그야말로 올드보이 같은 휴대폰이었다. 액정 볼 일이 있으면 안경 너머 눈 앞 바짝 대는 것도 이제 습관이 돼 아주 자연스럽게 느껴졌다.

"따르릉 따르릉~~."

몇 달 전 어느 날 마침 수업이 없어 책상에 앉아 이것저것 하고 있는데, '원시음'인 일반 전화벨 소리의 휴대폰이 울렸다. 바깥 액정을 보는데, 아무것도 없는 게 아닌가! x년 x월 x일 xx시라는 액정화면 표시가 저절로 지워져버린 것이다. 전화벨이 울려도 이를테면 어디서 온 것인지 알 수 없게 되어버린 셈이다.

"부품이 없습니다. 웬만하면 바꾸시지요."

서비스센터에 갔더니 그 대답이 내가 듣기엔 가관이다. 부품이 없어서 고칠 수 없다니! 사용한 지 아직 10년이 채 안된 휴대폰인데…. 그래도 당장 휴대폰을 바꿀 생각은 일어나지 않았다. 불편함 하나가 추가된 셈이지만, 10년 동안 고락(苦樂)을 함께 해온 친구 같은 휴대폰을 버린다는 건 생각만 해도 끔찍한 일이다.

그로부터 두어 달쯤 지났을까. 지난 여름 가족들과 피서를 갔을 때였다. 휴대폰 뚜껑을 열자 안쪽 액정화면이 순식간에 사라져버렸다. 마침 고속도로 휴게소에 내려 아내와 나란히 편의점으로 갈 때였다. 아내에게 중병에 걸린 휴대폰 알몸을 송두리째 들켜버린 셈이라 할까.

기다렸다는 듯 아내의 끈질긴 공략이 시작되었다. 가족 3명이 뭉치면 30% 할인된다나 어쩐다나, 공짜폰 모델을 찍어오기까지 하는 등 야단법석이었다. 여러 날 때 아닌 고민과 갈등을 겪던 내가 내린 결론은 '골동품, 그래 바꾸자'였다. 불과 20여 일 전 일이다.

"선생님, 새 폰 보고 싶어요."

1학년 유린이가 제법 간절하게 요구했지만, 그러나 솔직히 말하자면 썩 즐거운 기분은 아니다. 만지작거리고, 보고 또 보며 사용법을 익혀야 할텐데 그것이 그리 만만한 일이 아니어서다. 우선 아쉬운 대로 수능 준비에 여념없는 막내딸 도움으로 이름과 함께 번호 여러 개를 저장했다.

과연 스스로 그리 할 수 있는 날은 그 언제일까, 나는 새 휴대폰으로 인해 변화된 삶을 살게 될까? 그렇게 8년이 흘렀다. 그 사이 32년 넘게 몸담았던 교단에서 퇴직하는 등 변화가 있었지만, 지금도 나는 016의 폴더폰을 쓰고 있다. 폴더폰인 줄 모르고 지인들이 보내온

청첩장 따위를 확대해 볼 수 없지만, 그것말고는 아무런 불편함도 없다. 나는 항변하듯 말한다. 폴더폰이 어때서.

〈2018. 5. 30.〉

고스톱, 헤어진 지 10년째

"형님, 지금도 안해요? 오랜만에 손 한 번 잡아보게…."

지난 6월 초 어느 중학교에 전주시민문학제 공모전 안내 및 독려차 들렀을 때다. 그 학교 교감으로 있는 후배가 나의 방문을 반가워하며 한 말이다. 예전처럼 속칭 고스톱을 치자는 얘기다. 나는 정색하며 멋적게 말했다.

"이 사람아, 헤어진 지 10년째야, 10년째!"

사실 32년 넘게 교사를 하다 퇴직한 나의 화투 이력은 상당히 현란하다. 조상님들께 좀 죄송할 얘기지만, 타고났다할까 역대급 솜씨의 꾼이라 해도 누구 하나 시비할 사람이 없을 정도였다.

수제비를 지겹도록 먹으며 허기진 배를 달래던, 한 마디로 배고팠던 어린 시절이었다. 그 무렵 나는 화투계에 발을 들여놓게 된다. 맙소사! 아직 초등학교도 다니지 않은 쬐그만, 그래서 어린 것이 화투계라니? 그러나 그것은 명백한 사실이었다. 다름 아닌 할아버지의 친구로서였다.

"오늘도 잘 놀아드려야 한다. 알았지?"

출근할 때 아버지는 그렇게 엄명을 내렸다. 처음엔 다소 얼떨떨하고 무서웠지만, 나는 이내 그 재미에 푹 빠지고 말았다. 할아버지와 놀아야 한다는 아버지의 명령은 아마도 할아버지에게 노망기(치매 증상)가 생기면서부터였던 것 같다. 이상하게도 할아버지는 나와 화투놀이를 할 때만큼은 항상 맑은 정신이었다.
 화투의 기본이라 할 '민화투'는 진짜 재미가 있었다. 특히 비 열끗짜리로 비 광을 먹을 때의 그 오진 기분이라니! 나아가 한 장도 손에 들고 있지 않는데, 비 껍질을 꺾어 비 닷끗짜리를 가져와 비약을 했을 때의 그 짜릿함이라니……. 아마 낚시에서 월척 저리 가라일 것이다.
 그러나 그 오진 재미, 아버지와 어머니로부터 전혀 혼나지 않던 할아버지와의 화투놀이는 그리 오래 가지 못했다. 내게 화투가 무엇인지, 그것의 오지디오진 재미를 전수해준 할아버지가 참으로 허망하게 세상을 달리한 것이었다. 할아버지 회갑을 지내고 세 번째 맞는, 갑자기 육군 소장 등 군인들이 나타난 봄이었다.
 다음 해 초등학생이 되었지만, 5학년 봄엔 어이없게도 아버지가 서둘러 세상을 떠나셨다. 심장마비였다. 죽음의 의미가 무엇인지 몰랐던 나는 중학교 입학시험이 끝나자 찾아온 해방과 함께 본색을 드러냈다. 할아버지로부터는 화투의 기본이라할 민화투만 배웠지만, 이미 나는 속칭 버티기(일명 섯다)와 도리짓고땡까지도 할 수 있는 타짜 수준이었다.
 그것도 타고나는 것인지 명절이나 제사때 우리 집에 온 친척들이 하는 것을 곁눈질하여 독학으로 배운 솜씨였다. 애들이 하는 짤짤이나 홀짝은 시시했다. 골목길 한 귀퉁이에 모여 노는 것은 지저분했다. 우리는 부모님들이 외출하는 집을 전전하며 점잖게 군용담요를 깔고 버티기를 하며 중학교 입학식 때까지의 세월을 어른스럽게 즐겼다.
 "저 놈 자식, 손목을 내가 끊어 놓지!"
 실제로 그런 일이 벌어지지는 않았지만, 어머니는 도끼 들고 나를 내몰기도 했다. 거기에는 자식교육 차원과는 또 다른 아픈 사연이 있다. 다름 아니라 나의 외할아버지가 동네에서 소문난 노름꾼이었던 것이다.

결국 집까지 날리고 패가망신한 외할아버지로 인해 초등학교만 겨우 마칠 수 있었던 어머니의 화투에 대한 한맺힘은 남달랐다. 외할아버지의 도박은 꽤 오래 계속되었던 듯하다. 큰이모·작은이모는 말할 것 없고 어머니보다 십 년 이상 손아래인 외숙들도 고등학교까지 마친 사람이 없으니 말이다.

어쨌거나 나의 화투 즐기기는 중학교에 들어가서도 이어졌다. 심지어 수업시간에도 교묘하게 화투장을 돌려가며 버티기를 할 정도였으니까. 교사가 되어 교단에 서보니 학생들 움직임이 한눈에 들어오는데, 나는 그때 한 번도 들키지 않았다. 나는 이미 그때 선생님으로부터 버림을 받았던 것일까?

아무튼 이후 진학한 고교에선 화투와는 시멘트 담이었다. 고교 졸업하고 6수 만에 들어간 대학에서는, 그러나 그러지 못했다. 마음이 허해지면 유혹에 약해지기 마련일까. 방학만 하면 짝사랑하던 여자를 찾아나서기로 작심했지만, 막상 닥치자 그러질 못했다. 돈이 없어 궁싯거린 채 한숨으로 보내던 세밑이었다.

나는 급히 만나자는 학수의 전화를 받고 다방으로 갔다. 고교시절 흑산도 등 팔도를 같이 유람했지만, 뜸하게 지내던 학수는 거두절미한 채 고스톱 이야기를 꺼냈다. 잊어버리고 산 것이 벌써 여러 해 되었지만, 나는 그 유혹을 떨쳐낼 수 없었다. 아니 떨쳐버리고 싶지 않았다. 거의 백전백승이었던 화려한 전적과, 무엇보다도 당장 여자(희옥)를 찾아나설 돈이 필요했다. 원금이 문제였다.

마침내 기회가 왔다. 나의 음모를 짐작할 리 없는 어머니가 군산 사는 누님에게 갔다주라고 돈 심부름을 시킨 것이다. 대학교 한 학기 등록금에 해당하는 거금 30만 원이었다. 1점당 1천원짜리 고스톱이었다. 늘 그래왔듯 승리를 확신했음은 물론이다.

그런데 어찌된 일일까. 나면 3~4점이요 지면 10, 20점 피박 내지 '따르릉'을 당하는 판이 계속되었다. 결국 꼬박 날을 새면서 누님에게 갖다 줄 30만 원을 몽땅 털려버렸다. 큰일이라는 생각이 뒤통수를 쳤지만, 한편으로 절치부심이 뱀의 혓바닥이었다.

뾰족한 방법이 없었다. 소득 없는 대학생이 한 학기 등록금에 가까운 큰 돈을 화투로 날려버렸으니! 그래, 방법은 딱 하나밖에 없었다. 눈에는 눈 이에는 이였다. 다시 판을 벌여 따서 메우는 수밖에 없었던 것이다. 그렇게 마음을 정해 놓으니 이제 원금 확보가 문제였다.

비록 고등학교 수업료를 다른 데 쓰기는 했더라도(이후 어머니가 직접 학교로 와 수업료를 내곤 했다.), 그렇게 돈에 찌들어 빈대붙는 인생을 살았더라도 지금까지 범하지 않았던 못된 짓에 대한 유혹이 일어났다. 다락 어딘가에 숨겨놓았을 어머니 돈을 잠시 훔치기로 한 것이었다.

누님한테는 조금 늦어진다고 연락했으니 우선 안심이었다. 이것도 넉넉잡아 24시간 정도만 빌렸다가 도로 갖다놓으면 쥐도 새도 모르는 일이 될 것이었다. 아무리 짱구를 굴려보아도 그것이 아니면 학생인 내가 30만 원이나 되는 큰 돈을 마련할 방법은 없었다.

나는 약간 떨리는 마음으로 다락을 뒤졌고, 어머니의 금고를 쉽게 찾을 수 있었다. 빠삭한 돈으로 20만 원이었다. 그런데 이게 또 어찌 된 일인가! 지난 번과 비슷한 게임이 이어졌다. 이상하다 느끼는 순간 20만 원마저 내 돈이 아니었다. 물론 어머니의 돈도 아니었다.

벌여놓고 보니 대단히 큰 일이다. 물경 50만 원을, 그것도 자신있다는 화투로 날려버렸으니 엄동설한에 이 무슨 변괴일까. 28년 만의 대실수다. 어찌했거나 이성(理性)과 인욕(忍慾)으로 일관했던 세월이 무너져 내리는 진한 아픔이다. 장차 이 일을 어떻게 풀어나간단 말이냐. 무책임한 행동을 하지 않건만, 돈에 대해선 무엇보다도 신용이 좋았건만 이 무슨 헛지랄이란 말이냐.

당장에 쌀 팔 돈, 장사밑천할 어머니의 돈을 단칼에 날려버렸으니. 다시 화투를 그만두는 것이야 어려운 일은 아니지만 50만 원을 어떻게 막아야 한단 말이냐. 내가 너무나 엄청난 일을 저질렀고나! 아아, 이리도 내 가난한 젊음의 후유증은 큰 것이란 말인가?

모처럼 다시 찾은 청춘의 열정이 이렇게 커다란 부작용을 안겨줄 줄이야……. 무슨 수를 써서라도 부도낸 돈을 막고 빨리 정상의 궤도에 진입해야 할 터인데, 딱히 뾰족한 수가 없으니 오직 암담할 뿐이었다.

그러나 나는 다시 시도했다. 어차피 누님이나 어머니에게 들켜버린 일이고, 대학생인 나로선 역시 그 수밖에 없었으므로. 나는 목규 형·우성이·봉규 등 친구들은 물론이고 군산 가는 버스에서 처음 만나 사귀게된 은희에게도 돈 이야길 했다. 다시 한 번 붙기 위해서.

우선 노발대발하는 어머니에게 부대끼는 것이 견딜 수 없었다. 무엇보다도 깨진 이유가 짜고 친 사기행각에 있었던 것을 알고 난 후 그러면 그렇지 하는 강한 자신감을 어찌 할 수 없었다. 알고보니 선수를 데려오면 저 잃은 돈을 절반은 벌충해준다고 했다나 어쨌다나. 학수, 에이 더러운 자식!

결국 나는 겨울방학 대부분을 화투의 세계에 빠져들었다. 물론 이번엔 다른 선수들이었다. 내 돈 한 번 따먹는 것이 소원이라고 말하는 호구들이었다. 그랬던 만큼 도박이라고 할 수 없는 자잘한 규모였다. 어느 세월에 50만 원을 만회할 것인지 한심스러웠지만 티끌모아 태산이라는 말은 역시 진리였다.

2만 5천 원, 5만 원, 3만 5천 원, 그리고 어떤 날은 20만 원까지 매상을 올렸다. 어느새 누님 돈은 갚을 수 있었다. 어머니 돈도 6만 원 갚고, 화투에서 손을 뗐다. 개강이 시작되었던 것이다.

그러나 사실은 그 이상 딴 셈이었다. 항상 느끼는 것이지만, 화투는 사람을 부황들게 한다. 이른바 한탕을 해도 언제 깨질지 모르는 긴장감에다가 대개는 격일제로 벌어지기 때믄 자연 씀씀이가 헤퍼진다. 화투판에서처럼 돈 가치 없는 곳도 드물듯(숫제 만 원짜리도 종이조각 같다.) 그 생활반경에 있을 때는 돈이 돈같지 않은 것이다.

요컨대 그 동안 밥 먹고 술 사고 한 돈까지 셈하면 50만 원 이상의 돈을 땄고, 내 방식대로 해결을 본 것이었다. 4개월 만에 잠깐 만났던 희옥에겐 정작 그런 내색도 하지 못했던 것이 억울했지만, 다시 3월이 되었다.

짝사랑에 도박까지 그런 일탈에도 불구하고 마침내 나는 중등교사가 되었다. 10년 넘게 거의 사표(師表)에 가까운 교사였지만, 나는 다시 사기도박의 함정에 빠져든다. 그 무렵 나는 뜻아니한 사망교통사고 가해자였다. 중학교 교사라는 공무원 신분이 감안되었는지(학생들의 탄원서 제출 등이 있었다.) 구속 이틀 만에 풀려나 불구속 상태에서 재판을 받았다.

그러나 내가 선고받은 집행유예는 공무원에게 직위해제, 나아가

면직으로 이어지는 형벌임을 비로소 알게 되었다. 곧장 항소했고 2심 재판에서 가까스로 벌금 500만 원을 선고받았다. 혹시 모르니까 변호사도 사야 한다는 주위의 권고를 받아들인 결과였다.

면허정지, 교육청징계, 교정교육 등 3중 처벌을 당한 교통사고 가해자로서의 A급 폭풍이 지나가자 현실이 엄동설한 한파보다 더 매섭게 다가왔다. 합의금이며 변호사 비용, 벌금과 아파트 구입 융자금까지 엄청 커진 빚더미가 사람을 죽였다는 죄책감보다 더 큰 압박감으로 나를 짓눌렀다.

"형님, 선수들 한 번 만날 거요?"

그런 압박감 때문이었을까. 11월의 제 빛을 잃은 느슨한 해가 서쪽으로 다가가던 어느 날 퇴근하려고 자동차 보닛 먼지를 닦아내고 있는데 체육과 박선생이 툭 던지듯 말을 걸어왔다. 그게 계기가 되어 나는 오랫동안 잊고 있었던 화투라는 유혹의 늪에 빠져들었다.

아니다. 회식이라든가 더러는 동료들과 고스톱을 즐겼으니 오랫동안 잊고 있었던 건 아닐 것이다. 오랫동안 잊고 있었던 화투가 맞다면 박선생이 14년 전 사기 도박판에 날 끌어들인 학수와 같다는 점이었다. 늘 그래왔듯 승리를 확신했음은 물론이다.

학수처럼 선수를 데려오면 저 잃은 돈을 절반은 벌충해준다고 했는지는 분명치 않지만, 그러나 어찌된 일일까. 14년 전 사기도박판에서처럼 나면 3~4점이요 지면 10, 20점 피박 내지 따르릉을 당하는 판이 계속되었다. 큰 일이라는 생각이 뒤통수를 쳤지만, 한편으로 절치부심이 뱀의 혓바닥이었다.

난생 처음 대출까지 받아가며 날린 돈이 자그마치 천만 원에 달했다. 다시 사기꾼에게 걸려든 것임을 알게되었지만, 속수무책이었다.

아내 몰래 마이너스 통장이라는 걸 처음 만들어 수습에 나서는 등 진땀을 흘렸지만, 공무원 신분이라 꼼짝없이 당할 수밖에 없는 처지였던 것이다.

나는 교통사고에 사기도박까지 악몽을 갖게한 그곳을 얼른 뜨고 싶었다. 다음 해 9월 1일자 중간발령으로 학교를 옮길 수 있었다. S공고는 집에서 승용차로 15분밖에 걸리지 않았으니 가는 데만 1시간 넘게 걸린 전임지에 비하면 영전인 셈이다. 어찌보면 전화위복인 셈이지만, 나는 환영회식에서부터 민화투도 모르는 샌님 행세를 했다.

그러나 참새가 어떻게 방앗간을 그냥 지나칠 수 있으랴! 1년쯤 근신하고보니 사기도박 당한 못남이 좀 상쇄되는 듯 했는지도 모른다. 이후 발령으로 옮겨간 학교까지 공식적 회식외에도 일부러 식사자리를 마련해 벌어지는 고스톱에 흔쾌히 동참하곤 했다.

여름방학 어느 날엔 학생들을 데리고 왕복 8시간 넘게 운전하여 안동 이육사문학관 르포를 다녀온 밤 9시 이후 참석해 날을 꼬박 새기도 했다. 그만큼 고스톱이 일상화된 시절이었다. 경찰 적발은 필연적 산물인지도 모른다. 그때 전라북도교육청 교육감에게 제출한 사실상 반성문이라 할 경위서 내용은 이렇다.

"위 본인은 2006년 2월 19일 밤 10시경 전주시 효자동 소재 한 음식점에서 평소 친분 있는 동료교사들과 식사 전후로 식대 및 노래방 비용 마련을 위한 속칭 고스톱을 하다 경찰에 적발되었습니다. 전주 중부경찰서 효자지구대에서 조사를 받고 중부경찰서로 넘겨져 조서를 받은 후 다음 날 새벽 1시 30분 경 귀가했습니다. 위 본인은 2006년 3월 30일 전주지방검찰청(검사 이병석)으로부터 기소유예한다는 관대한 처분을 받았습니다. 현재는 그러한 일이 없도록 각별히 유의하며 학생을 가르치고 맡은 업무에 충실하고 있습니다. 이에 경위서를 제출합니다."

고스톱을 끊고 산 지 어느새 10년이 다 되어간다. 고스톱을 끊고 산 것은, 그러나 경위서 제출하고도 한참 더 지난 후의 일이다. 나는 2009년말 개방형교장공모에 지원했었다. 다른 지원자가 나의 학교경영계획서를 베낀 표절과 함께 청와대 탄원을 내는 등 소동을 겪은 교장공모 지원이었다.

그러나 내가 그야말로 아연실색했던 건 "노름꾼에게 학교를 맡길 수는 없지 않겠냐" 따위 다른 지원자들 얘기가 들려와서다. 그 진위를 확인할 길은 없지만, 내가 그 말에 받은 충격은 가히 역대급이었다. 결국 내 생활의 일부였던 화투와 모질게 헤어졌고, 벌써 10년째 됐으니까!

〈2018. 7. 21.〉

윤리적 운전

　자동차 운전을 시작한 지 벌써 25년째다. '벌써'라고 말한 것은 다른 이들보다 감각이 둔한 기계치일 뿐아니라 운전 자체를 무서워하다가 40줄에 들어서서야 2종보통 자동차면허증을 가까스로 땄기 때문이다. 내가 25년 가량 운전하면서 깨달은 중요한 한 가지는 나만 조심한다고 자동차사고로부터 결코 자유로울 수 없다는 사실이다.
　비근한 예로 얼마 전 고속도로를 달리는 화물차에서 떨어진 적재물 때문 다른 차량 운전자가 사망한, 어이없는 사고를 들 수 있다. 새삼스런 말이지만 목숨은 하나밖에 없는 것이다. 그래서 목숨은 누구에게나 아주 소중하다. 내 목숨이 소중하다면 아내와 자식 등 가족은 물론이고 다른 사람의 경우도 마찬가지다.
　그런데 운전을 하다보면 자신만 생각하는 운전자들이 의외로 많음을 거의 날마다 보게 된다. 일례로 고교 교사였던 시절 출근할 때 학교 입구에서 좌회전을 해야 했다. 냉큼 좌회전하기 어려울 때가 한두 번이 아니었다. 왕복 2차로밖에 되지 않는 좁은 길이어서가 아니다. 신호대기 차량이 정지선을 지키지 않은 채 좌회전할 공간에 정차해 있어서 어려웠던 것이다.
　신호등 있는 교차로에서 성급하게 끼어드는 차량을 볼 때면 아주 죽기로 작정한 듯하여 섬찟하기까지하다. 그 운전자야 세상이 싫어 죽기로 작정했는지 모르겠지만, 상대방은 간이 깨알만해지는 아찔한 순간의 경험을 왜 밥먹듯 하면서 운전해야만 하는지….

죽기로 작정한 듯한 우회전도 예외가 아니다. 우회전의 경우 신호등과 상관없이 운행을 하기 때문 오히려 세심한 주의가 필요하다. 예컨대 우회전하려고 일단 정지한 상태에서도 신호를 받아 직진하는 차량이 있으면 기다려야 한다. 아무리 우회전 차량이 잽싸게 움직여도 직진차의 속도를 당할 수는 없다.

어느 비오는 날 점심때 나는 편도 2차로 도로에서 1차로를 달리고 있었다. 2차로에는 소형 트럭이 앞서가고 있었다. 이내 신호등이 나타났다. 파란 불이었다. 내 차의 속도로 봐서 소형트럭은 아마도 시속 70~80km 정도는 되었을 것이다. 소형트럭이 신호등 교차로를 지나려 할 때 갑자기 승용차 1대가 우회전하며 끼어 들었다. 놀란 트럭 운전자가 급하게 핸들을 꺾었지만, 미끄러지는 바람에 맞은 편 좌회전 신호대기 차량 뒷부분과 부딪치고 말았다.

제한속도가 70km인 도로였다. 트럭과 일정한 거리를 둔 채 운전하던 나는 연쇄추돌 따위 사고없이 갓길에 차를 세우는 그들을 지나쳐 왔지만, 참으로 위험천만의 아찔했던 순간이었다. 파란 불 신호에 따라 직진하는 차량이 있는데도 많은 운전자들은 왜 그렇듯 기를 쓰며 우회전하는 것인지 이해할 수 없다. 그들은 진짜 죽기로 작정이라도 한 것일까.

운전을 하면서 겪는 아찔한 체험은 또 있다. 바로 고장난 브레이크등이다. 모든 운전자는 앞 차량의 빨간 정지등을 보고 브레이크를 밟거나 멈춰선다. 그렇게 하기로 정한 사회적 약속인 셈이다. 사정이 이런데도 브레이크등이 고장난 차량들이 도로를 질주한다. 브레이크등 고장 차량 운전자로선 전혀 지장 없는, 진짜로 자신만 생각하는,

거의 범죄자의 행태라 아니 할 수 없다.

주차만 해도 그렇다. 시내 상가 앞 같은 곳에서는 말할 것도 없고 자신이 사는 아파트단지에서도 '척척한' 매너의 주·정차 때문 왕짜증일 때가 한두 번이 아니다. 다른 곳에 주·정차하고 조금만 걸어와 볼 일을 보면 될텐데, 그렇지 않은 운전자들이 너무나 많다. 겪어보건대 남녀노소 가리지 않고 그렇다.

물론 폭발적으로 증가한 자동차 수에 비해 주차공간이 좁은 원천적 문제점이 있긴 하지만, 그것도 운전자 하기 나름이다. 늦은 시간 귀가로 주차장 출입구나 다른 차량 앞에 이중 주차했더라도 다음 날 아침 일찍 이동해 놓으면 누가 뭐라 하겠는가. 하다못해 주차브레이크만 잠그지 않아도 될 일이다.

오래된 얘기지만, 전세계인의 축제인 한·일월드컵 4강 진출 열기가 후끈했었다. 월드컵 기간 동안 관광객은 물론이고 지구촌의 시선이 우리나라에, 한국인에 쏠렸다. 화려하고 웅장한 경기장 시설이나 4강 진출의 실력보다 수백 만 명의 거리 응원이 그랬듯 더 신경쓰고 소중하게 생각해야 할 것은 문화민족으로서의 성숙된 모습이다.

남을 먼저 생각하는 운전 매너도 그중 하나임은 말할 필요조차 없다. '자신의 소비행위가 다른 사람·사회·환경에 어떤 영향을 주는지 고려하는 의식적인 소비선택'을 윤리적 소비라 하듯 운전도 그렇게 할 수는 없을까? 남을 생각할 줄 하는 이른바 윤리적 운전! 윤리적 운전이 어렵거나 특별한 건 아니다.

그래서 윤리적 운전으로 승화되어 나갔으면 하는 마음이 간절해진다. 가령 운전할 때마다 겪는 고통이 1차로 주행 차량의 '기어가기'다. 운전에 두려움마저 느껴 40줄에 간신히 면허증을 딴 나도 25년 경력과 함께 깨달은 것이 있다. 운전은 어떤 흐름을 타야지 무조건 서행이 안전운행은 아니라는 사실이다.

남원으로 통근할 때였다. 제한속도 80km 도로에서 1차로를 차지하고 가려면 그 정도는 유지해야 할텐데 많은 운전자들이 나 몰라라 했다. 비키라는 신호를 보내도 요지부동이니 도대체 무슨 똥배짱인지 모를 일이다. 그렇듯 기어가려면 고질적인 주차난에 체증까지 심한 도로로 자동차는 왜 끌고 나오는지 역시 모를 일이다.

자그마치 5년이나 군산으로 자가용 통근을 할 때도 그랬다. 보다 가까운 곳을 놔두고 군산으로 발령을 희망한 이유는 씽씽 달릴 수 있는 군장산업도로를 염두에 둔 때문이었다. 논스톱의 자동차 전용도로이기에 신호대기 등 다른 지역보다 운전 스트레스를 받지 않겠지, 아무래도 덜 받겠지 하는 기대가 컸음은 물론이다.

하지만 나의 그런 기대는 철저히 개꿈에 불과했다. 지난 5년 동안 자동차 전용도로를 이용하며 출·퇴근시 받은 스트레스로만 보면 지금 이렇듯 멀쩡한 것이 오히려 이상할 정도다. 그만큼 나는 '저 혼자만 생각하는 운전자', 이를테면 윤리적 운전을 하지 않는 사람들 때문에 하지 않아도 될 마음 고생을 한 셈이다.

군장산업도로는 왕복 4차로다.(단, 대야에서 군장산업단지까지는 6차로다.) 전주에서 군산으로 출·퇴근하는 차량이 많아 편도 2·3차로도 모자랄 지경이다. 특히 오전 8시나 오후 6시경엔 자동차 전용도로라는 말이 무색할 만큼 운행 차량이 많다. 시내도 아니고 자동차전용도로에서 러시아워를 실감하는 나날이라 할까.

문제는 자기만 생각하는 운전자들이다. 예컨대 제한속도인 시속 90km도 달리지 못하는 차들이 1차로를 주행하기 일쑤인 것이 문제다. 앞 차 때문에 달리고 싶어도 달리지 못하는 것이 아니다. 제대로 달리지 못하는 차들을 추월해 보면 앞 차와 수십 미터 떨어져 있는데도 저 혼자 기면서 1차로를 막고 가는 것임을 알 수 있다.

그들은 고속도로를 달릴 때처럼 2차로로 비켜주는 양보운전을 절대 하질 않는다. '아쉬우면 네가 추월해가라'는 배짱이다. 물론 과속을 하자는 얘기가 아니다. 최소한 1차로를 달리려면 제한속도 허용치인 시속 99km로는 가야 맞다는 얘기다.

그것이 아니라면 서행하는 차들은 당연히 2차로를 달려야 한다. 기어간다고 해도 2차로라면 그걸 탓할 운전자는 없다. 그렇게 기어가려면 자전거를 몰고 다니면 좋을 것이다. 교통 혼잡도 피하고 녹색성장의 에너지 대책에 건강까지 챙길 수 있으니까 그야말로 일석삼조다.

길은 달리라고 나있는 것이다. 뻥 뚫린 길이지만, 피서철이나 추석·설날 같은 명절 등 막히면 달리고 싶어도 달릴 수 없다. 고속도로가 그렇듯 무엇보다도 자동차 전용도로 역시 주행연습장이 아니다. 제 집 안 마당은 더욱 아니다. 또한 제 속도를 내지않는 1차로 서행은 사고위험에 노출되어 있기도 하다.

급기야 나는 '목 마른 놈이 우물 판다'고 부임 2년차부터 근무지를 옮기려고 시도했다. 하루에도 기어가는 차들을 수십 대씩 추월하는 출근 전쟁에서 받는 스트레스 때문 제 명대로 못 살 것 같은 위기감이 와락 몰려와서다. 그러길 여러 차례, 마침내 근무지를 옮기게 되었다.

지금 대한민국은 집집마다 차가 한 대씩 있는, 그야말로 자동차홍수시대를 살고 있는 나라다. 그러기에 더욱 윤리적 운전이 절실해졌다. 이제 다같이 실천하자. 남을 생각할 줄 아는 윤리적 운전!

〈2018. 8. 17.〉

흑산도 수도생활

나는 여름으로 접어들면서 또 다른 고민의 늪에 빠져들었다. 고교를 졸업하고 백수가 된 지 어언 1년 반인데, 마냥 이렇게 세월만을 죽일 수 없는 노릇이라는 제법 기특한 고뇌였다. 황야의 늑대처럼 노루의 연한 허벅지를 찾아 날뛰는 생활이었지만, 사실 내게는 지성이랄까 그런 것이 전혀 없지 않았다. 주간지와 탐정소설 따위를 밝히면서도 점차 한국 및 세계문학을 접하게 되었다. 수박 겉핥기의 어설픈 것이었을망정 알베르 까뮈니 쇼펜하우어니 하는 외국의 낯선 철학자들까지 만나보았으므로.

다만 그것이 전당되었거나 유보되었을 뿐이었다. 이미 한 번 철저하게 실패했던 대학에 대한 열망을 쉽게 버리지 못했던 것은 그 때문이었다. 물론 대학은 상고 졸업생이면서도 주산이니 부기 자격증 하나 없는데다가 병역미필인 나를 오라는 직장이 없는 현실의 대안이자 탈출구이기도 했다. 도대체 내가 할 수 있는 일이라곤 그래도 공부밖에 없는 셈이었다. 나는 나름 비장한 계획을 짰다.

Ⅰ. 진학에 관한 조문(條文)

성장과정에서 다른 사람들이 차지한 사회적 위치와 나의 모습은 천양지차(天壤之差)의 차이가 있음을 깨달았다. 내가 처한 이 난국을 타개하는 길은 재수라는 돌파구뿐이다. 그러기 위해선 암적인 요소를 제거하는 작업이 선행되어야 한다. 이제 11월에 있을 예비고사를 위한 구체적 방안을 마련키로 한다.

II. 암적요소 제거 실천방안
1. 절대 단체로 이어지는 미팅에 안낀다.
2. 가능한한 술 마시는 것을 피하고, 남이 권할 때도 상대방의 성의를 무시하지 않는 범위내에서 마신다.
3. 신참(새 여자)이건 아니건 이유 여하를 불문하고 여자들과의 접근을 고의로 갖지 않고 모종의 썸씽도 배제한다.
4. 당구치는 횟수를 월요일 하루로 단축한다.
5. 창작 및 독서를 당분간 중단한다.

결국 이것을 실현하기 위해서는 집을 떠나는 길밖에 없었다. 누님네가 살고 있는 흑산도에 가서 도를 닦는 것, 바로 그거였다.

아직 피서철이 아닌데도 배에는 등산복 차림의 대학생으로 보이는 젊은이들이 제법 있었다. 그들이 갑판 한쪽에서 기타치며 노는 것을 물끄러미 쳐다보며 나는 결심했다. 화려하게 변신하리라! 비록 마음속이긴 했지만 끝없이 펼쳐진 바다를 향해, 그리고 그만그만하게 떠있는 섬과 그 위를 나는 갈매기들을 향해 나는 크게 외쳤다. 화려하게 변신하는 나를 지켜봐 달라고. 꼭 대학생이 될 거야, 될 거라구!

배가 예리항에 도착했을 때는 저녁참이었다. 가는 비가 내리고 있었다. 누님은 조카들까지 데리고 선착장에 나와 있었다. 무슨 금의환향이라고, 역시 피는 물보다 진하다는 사실에 가슴이 뭉클해졌다. 하긴 그것은 어느 여고생같지 않은 소녀시절을 보냈던 누님의 동병상련이었는지도 몰랐다. 혹은 한 집안의 맏딸로서 아버지가 돌아가셨는데도 어머니를 도와 동생들을 뒷바라지 해주지 못한 일종의 속죄의식인지도 몰랐다.

때 아닌 섬 생활은 이제까지 가져보지 못한 정적(靜的)인 것이었다. 누님이 애들 때문 시끄럽겠다며 따로 얻어준 방에서 나는 새벽 기상과 함께 영어 공부, 독서와 습작, 바다 산책 등으로 꽤 규칙적인, 이제까지와는 전혀 다른 생활을 해나갔다. 당구치고 술마시는 애들과 어울리지 않아서 그런 것만은 아니었다. 그것은 머릴 삭발하고 속세를 떠나는 어느 사연 많은 사람처럼 모질고 독하게 먹은 마음의 소산이었다. 정신적 수양을 쌓고 한편으론 예비고사 공부에 정진하려는 결심의 가시적 성과였다.

거의 날마다 바다를 보러 갔다. 안개낀 오솔길 모롱이를 돌아서면 바다의 손과 손이 맞닿은 무한한 수면. 풍정어린 연민으로 굽어보는 바다의 얼굴은 말이 없건만 바위에 부딪히는 흰 물거품은 한낱 인생의 부귀일 뿐이던가. 내 마음에 일렁이는 고요한 파문의 종적을 감출 길 없다. 바다를 보며 흥이 도도해지면 시랄 것까지는 아니더라도 그렇게 흥얼거리곤 했다.

햇빛 그을린 거무튀튀한 투박함이 그럴 수밖에 없는 분위기를 휘어 감고 하얀 물거품 부서지는 선미(船尾)의, 내장이라도 꽉 후비어줄 것 같은 삽상함. 달빛 노오란 까만 자연에 먼발치 수평선을 그리는 시정(詩情)어린 공허. 질서없이 흐트러진 자갈들의 정서가 도심(島心)을 갈 곳 없는 길손의 심중(心中)으로 만든다.

밤에도 바다를 만나러 갔다. 밤에 바다를 보러가면 이렇게 읊조리기도 했다. 잔잔하지도 아니하고 격랑스럽지도 아니한 밤바다의 풍취는 고요한 격정 속에 소리없이 흐르건만 정녕 폐부 속 깊이 있는 상흔(傷痕)을 상쾌하게 휘적시는 미풍은 기어코 눈을 멀게 하였다. 아, 사위어버린 정혼(情魂)의 그림자를 갖게 할 태양은 어디로 가버리고 일급(一汲)을 이루는 물방울. 닿을 듯한 까만 수평선에 보일 듯한 부평초(浮萍草)는 생길 듯한 환상으로!

분지인 중소도시에 살던 내게 바다는 또 다른 평화였다. 안정이었다. 희망의 열매를 따낼 수 있는 도량이었다. 그것은 곧잘 성찰로 이어지기도 했다.

7월 1일 화요일

누님이 지어주는 밥에서는 아무런 불편도 느낄 수 없었다. 지금의 내 처지가 보잘것 없는 것인데도 아무런 타산없이 배려해주는 인정이 고맙기만 하다. 가끔 매부 하는 일에 조금의 도움도 줄 수 없다는 나의 무능력이 오직 애석할 뿐. 이렇게 마음이 차분함으로 꽉 메꾸어질 때는 필연 어머니 생각이 난다. 진 일 마른 일 감내하시는 것만이 어머니가 걸을 수 있는 숙명의 인생행로는 아닐 것이다.

하지만 우직스럽게도 자애로우신 어머니 정성이 한편으론 바보스럽기만 하다. 잊을 수 없는 인생 반려의 어머니에게 충정을 다한 효가 있으리라 확신한다. 새삼 대원군이 조선에 끼친 위엄과 그가 가지고 있는 인품, 도량 등에 감명을 받는다. 그리고 직접 겪은 것은 아닌데도 세밀히 일필(一筆)을 가한 '운현궁의 봄'의 작가 김동인도 놀랍다. 페이지의 두께가 자꾸만 타이틀 쪽으로 기울어지는 영어책을 보면서도 대견함을 갖는다.

7월 11일 금요일

　제행(諸行)이 무상(無常)하여 번뇌는 무진(無盡)이라. 사람이 살고 있는 전반이 속절없는 것이어도 그 속절 없음을 염(念)하는 마음은 끝이 없어라. 유수와 같단 세월을 돌이켜 보매 그저 덤덤한 기분(외형상)으로 섬에 들어온 지도 거의 20일이 되었구나.

　아련하게 회억(回憶)에 빠져드는 순간이 있었더라도(이건 인지상정이리라) 차분히 한 과씩 훑어본 영어책이며 만해(한용운)의 유일한 장편소설인 '흑풍'을 비롯하여 여러 권을 독파해낸 것하며, 이미 한 편은 결미를, 그리고 또 한 편은 진행을 보고 있는 습작 사실이 허송세월만은 아닌 것 같다.

　그렇게 만족한 것도 아니지만 그렇게 불편치도 않은 생활. 다만, 목적하여 우정 붙이는 제목이 있으니 작정했던 8월말경까지 체류는 불가피하다. 은연중에 바쁘게 된 일과. 자, 단어를 암기한다. 책을 본다. 창작을 한다. 정말 우습게도 너무 변해버린 일상의 모습이다.

7월 20일 일요일

　어떻게 생각함 은근히 부아가 치민다. 그렇게 열변을 토하여 가르치는데도 번번이 저조한 큰조카 녀석의 시험 점수를 보면. 점수가 나쁘다고 때리는 그 이면에 내 사감(私感)이 섞여 있지 않나 매우 조심스럽다. 그리고 울상이 될라치면 차마 때린다고 나아지는 게 있을까 하는 생각도 든다. 시작해 놓은 것이니만큼 향상된 실력을 갖게함이 내 성격상에도 용납되는 얘기일텐데….

7월 27일 일요일

마침내 굵직한 빗줄기로 변해버려 습기있는 음산한 날씨를 보였으나 강렬한 태양의 혹사에 비해선 다행한 일이었다. 영어 진도를 나가지 못한 채 이미 자정이 넘은 시간. 4백여 페이지에 달하는 '광복20년- 광란의 장'은 글자 그대로 공산당의 광기(狂氣) 바로 그것이다.

교묘하게도 어지러운 민심을 더욱 어지럽게 하여 파업에, 시위에, 급기야 폭동을 선동하는 1946년 10월의 공산당 사주로 말미암은 '10월 폭동'. 정말 잔인한 투쟁이다. 대처해야 할 반공의식은 이미 주지의 사실이나 그들을 타도하기 위해선 조금 더 파고 들어갈 필요를 느낀다.

나는 거의 매일 바다를 만나던 두 달간의 나름 흑산도 수도생활을 마치고 마침내 집으로 돌아간다. 9월 대입 종합반에 들어가기 위해서.

에필로그

나는 이후 대학에 들어갔고, 중등 교사를 32년 남짓하다 2년 전 명예퇴직했다. 이제와 생각해보니 미망과 무지의 내 젊은 날을 일깨우고 새롭게 뻗어나갈 수 있게 한 멘토가 바로 바다였지 싶다. 초열대야가 기승을 부리는 요즘 '흑산도 수도생활'을 애써 써본 것도 그래서다.

〈2018. 8. 23.〉

'TV가이드'에서 '교원문학'까지

32년 몸담았던 교직을 떠나서인가, 자꾸 늘어나는 나이 때문인가. 심심치않게 옛날 일이 떠오르곤 한다. 주로 학생들을 데리고 백일장이며 학교신문 제작차 다닌 르포에 대한 추억이다. 생각해보니 잡지와의 인연도 내 인생에서 빼놓을 수 없는 핵심이다. 지나간 일들이라 다 아름다운 추억이 될 법한데, 꼭 그런 것만도 아님을 느낀다. 20대 청춘의 문학도 시절 맺은 잡지와의 인연은 지금 생각해봐도 감격 그 자체인데….

학원 강사 노릇을 하고 있던 6월 중순경 순위고사(지금의 교원임용고사) 합격이 취소되었다는 연락을 받았다. 45위까지 발령이 났는데, 48위인 나는 어렵다고 담당 장학사가 말했다. 그러면서 전화만 하지 말고 직접 내려와보라고 했다. 그야말로 마른 하늘에 날벼락이었다. 합격이 취소될 어떤 이유도 없었다. 4학년때 벌금 10만 원을 낸 적이 있지만, 임용에는 지장 없을 것이라는 변호사 조언을 들어서다.

"벌금 문 적 있습니까? 참으로 안됐습니다만, 다른 직장을 구해보는 게 좋을 것 같군요."

터미널에 내려 부리나케 택시를 타고 도교육위원회 인사계를 찾아가 용건을 말했을 때 담당 직원이 내게 물었다. 그는 경멸인지 동정인지 모를 소리를 다시 했다. 터진 입이라고 함부로 나불거리는 인사계 직원의 턱조가리를 이단 옆차기쯤으로 날려버리고 싶었지만, 물론 생각뿐이었다. 어떻게 들어간 대학이고, 또 어떻게 따놓은 교사로서의 길이라고, 다른 직장을 구해보는 게 좋을 것 같다니!

여기서 시시콜콜 장황하게 늘어놓을 수야 없지만, 내가 대학생이 된 것은 고교 졸업하고 5년 만이었다. 해마다 시험을 치른 것은 아니지만, 고3부터 셈하면 무려 6수 끝에 들어간 대학이었다. 대학생이 된 나는 거의 도서관만을 오가는 등 그야말로 눈썹이 휘날리게 공부했다. 순위고사 합격은, 이를테면 그런 노력에 대한 보상이자 결실인 셈이었다.

문득 성격파탄자 같은 정남이가 떠올랐다. 정남인 교내문학상 수상축하 회식자리에서 술에 취해 아버지뻘 되는 술집 주인에게 무지막지한 욕지거릴 해댄 다른 과(국어교육과) 후배였다. 선배인 내게도 무뢰배같이 구는 걸 보고 같은 과 후배들이 엉켜 한바탕했는데, 그것을 경찰에 고소했다. 덕분에 벌금 10만 원을 물었는데, 정작 그는 벌써 발령받아 선생을 하고 있다는 소식이었다.

"딱 한 가지 방법이 있기는 합니다만…."

말을 흐리는 걸로 봐서 돈을 쓰라는 것일지도 몰랐다. 만약 그런다면? 말할 나위 없이 그렇게 할 수는 없었다. 그것은, 그러나 건너짚다가 팔부러진 나의 착각이었다. 인사계의 말인즉 교육감에게 진정서를 내보라는 것이었다. 보안심사위원회에서 신원조회 결과 때문 불합격 판정을 내렸고, 그 근거는 "임용권자의 재량에 의하여 가부를 결정한다"는 조항이었다. 집으로 돌아와 즉각 진정서를 냈음은 물론이다. 며칠 후 회신을 받았지만 보류 중에 있으므로 기다리라는 내용이었다.

학원 강사를 하고 있어 초조함은 덜했지만, 임용이 취소될지 모른다는 위기감이 피를 말리는 나날이었다. 바로 그때 서울신문사로부터 등기우편을 받았다. 도교육위원회로부터 회신을 받은 지 4일째인 7월 4일이었다. 봉투를 뜯어보니 아아, 거기에는 '당선'이 활짝 웃고 있었다. 서울신문사 발행 주간 'TV가이드'가 주최한 '제2회방송평론공모'에 나의 응모작 'TV문학관의 허실'이 당선작으로 뽑힌 것이었다. 무엇보다도 81편의 응모작 가운데 1등으로 뽑힌 것이라 그 글솜씨를 인정받았음이 너무 대견스러웠다.

오후 내내 당선 소감을 쓰느라 파지(破紙)를 수없이 냈고, 사진도 새로 찍었다. 이런 성취감의 기쁨 때문에 많은 사람들이 그 험난하고도 가파른 길을 자청하여 걷는 것일까. 체질적으로 싫어하는 살인적인 폭양(曝陽)이 온누리를 뒤덮고 있는 때 임용 취소가 될지도 모르는 백척간두의 위기감을 한꺼번에 날려버린 시원함이라 할까. 계속 뭔가에 눌린 듯 무거운 마음이었는데, 아연 활기를 갖게해준 쾌거였다.

내 인생의 방향을 바꿔놓은 'TV가이드' 주최 제2회방송평론공모 당선 소감은 이렇다. 남자가 쩨쩨하게 무슨 TV냐는 소릴 들었다. 사실 TV 그것은 주말이면, 특히 친구들과 어울려 있는 주말이면 더욱 나를 쩨쩨한 남자로 만들어버리곤 했다. 따지고 보면 시내에 있다가도 총총한 걸음으로 집에 들어온 것이 한두 번이 아니었다. 무슨 불가피한 일로 토요일 밤을 다른 곳에서 보내게 될 때면 안절부절하던 적도 있었다.

무엇이 이루어지려면 일상과 유리된, 그리하여 일상생활을 희생해야 하는 외로움을 가져야 하는 것처럼 심적으로 많은 부담을 안고 있던 'TV문학관'이었다. 그것은, 그러나 차라리 행복한 비명이었다.

세계명작을 읽고 난 후 갖게 되는 어떤 카타르시스를 항상 가질 수 있기 때문이다. 그러한 느낌을 독후감 쓰듯 차곡차곡 써본 것이 그 결정(結晶)을 이룬 셈이라고나 할까.

그건 직사광선의 계절, 가만히 있어도 등에 땀을 배게 하는, 이른바 땡볕이 인간을 조롱하듯 혓바닥을 날름 내밀고 있는 7월 어느 한낮의 일이었다. 그래서 더 기쁜 지도 모른다. 쩨쩨한 남자답게 유독 직사광선과 노출의 계절인 여름을 진짜 싫어하므로.

천학비재(淺學菲才)의 글을 선해주신 심사위원께 감사드리고, 이 기쁨을 옆구리가 터지도록 낄낄거리는 기쁨으로만 알지 않으련다. 더욱 쩨쩨한 남자가 되기 위하여.

그러나 방송평론공모에서 1등으로 뽑혔다고 해서 뭐가 크게 달라지는 것은 아니었다. 오히려 8월 중순경 졸지에 나는 다시 실업자가 되어버렸다. 월급 미지급에 항의하다 '짤린' 것인데, 다음 해 4월 중학교 교사로 발령날 때까지 실업자 시대가 이어졌다.

우여곡절 끝에 대망(待望)의 교사가 되고나서도 잡지는 늘 나와 함께 있었다. 영화잡지 '스크린'도 그중 하나다. 다름 아니라 월간 '스크린'이 주최한 영화평 공모전에서 최우수상 없는 우수상을 수상한 것이다.

그로부터 3년 후 나는 반년간지 ㅍ지의 문학평론부문 신인상 당선 소식을 받았다. 그 동안 결혼도 했고 딸을 둔 국어교사로 바쁜 일상이었지만 틈틈이 써둔 평론중 황석영론을 지난 여름에 응모했고, 그것이 신인상 당선작으로 뽑힌 것이다. 지금은 모두 고인(故人)이 된 김교선·천이두·이상비 문학평론가 세 분이 심사위원이었다. 대학 은사 한 분이 소설 창작에 실패하면 평론을 쓰게 된다고 말했는데,

신기하게도 그렇게 된 셈이었다.

그런데 그때는 결혼 3년차에 접어든 아내와 심한 갈등을 겪던 즈음이었다. 중매 결혼이어서 그런지 그 흔한 성격 차이일 수도 있었다. 둘째를 갖니 못갖니 따위 그런 사소한 것들이 자칫 이혼으로 이어질 수도 있는 혈기방장하던 때 전해진 당선 소식이었다.

그런데 신기하게도 당선 소식은 은연중 진정제 역할을 해주었다. 주간잡지 'TV가이드'가 전해준 어떤 희망 같은 것 이상의 또 다른 의미라 할까. 아무튼 소설 창작에 실패한 이래 내가 가고자 하는 길이 방송·영화에 이은 문학평론가였음을 일깨워준 그런 당선이었다.

3년 전 가을 발행인으로부터 주간 제의를 받고 선뜻 수락한 것은 나를 거듭나게 해준 ㅍ지에 대한 향수 때문인지도 모른다. 혹은 고마움에 대한 잠재의식의 발로였는지도 모른다. 물론 수십 년 전통에 빛나는 잡지의 주간을 선뜻 맡은 것은 다분히 퇴직을 염두에 둔 행보이기도 했다.

퇴직 전, 그러니까 교직수행의 바쁜 와중에도 그 해 12월 내가 주간으로 활동한 첫 잡지(통권 62호)가 나왔다. 그리고 퇴직 후인 다음 해 3월부터 63호를 내기 위해 청탁과 편집·교정 등 제법 바쁘게 움직였다.

잡지 주간을 맡은 데에는 또 다른 의도가 있었다. 십수 년 전 시상이 중단된 문학상을 부활, 출판기념회와 함께 시상식도 갖는 잡지 발행이었기 때문이다. 사실 문학상 부활은 내가 성사시킨 것이다. 상금 쾌척의 후원자를 찾아낸 것.

단, 후원자에겐 조건이 하나 있었다. 내가 첫 수상자가 되어야 한다는 조건이었다. 대신 나는 그렇게 상이 부활되면 다음부터 상금을 쾌척, 이어갈 참이었다. 그 뜻을 발행인에게 비치니 흔쾌히 동의해왔다.

출판기념회를 겸한 시상식 날짜를 잡고 이런저런 준비에 들어갔음은 물론이다. 그런데 장소를 예약하고 초청장 인쇄에 들어가려 할 때 문제가 생겼다. 그러니까 인쇄 직전인 가제본까지 해놓은 상태에서 창간 멤버이자 원로들로부터 잡지에 대해 이런저런 말들이 많다며 그런 기분으로 출판할 엄두가 나지 않는다는 발행인 전언이 있었던 것이다. 그때 나는 이미 명예퇴직한 후였다.

애들 장난도 아니고 그럴 수 있다는 게 믿기지 않는 등 되게 황당했지만, 결국 잡지 발행은 엎어지고 말았다. 발행인이 문학상 시상식은 예정대로 하자고 말해왔지만, 그건 의미가 없는 일이라 사양했다. 급기야 나는 주간으로서 원고청탁에 응해온 필자들에게 사죄 편지를 보내기에 이르렀다. 스폰서에겐 상금을 반납하는 초유의 일이 이어지기도 했다.

말하자면 뒤통수를 아주 세게 얻어맞은 어처구니없는 일이 벌어진, 상식 밖의 불상사였다. 범인(凡人)보다는 뭔가 조금은 위대한 사람인 문인들이 떼를 이루어 활동하는 문단의 어처구니없는 일을 겪고 보니 뭐랄까 오만 정이 떨어지고 멍해지는 기분이었다.

나는 그런 어처구니없는 일들을 겪으려고 명예퇴직까지 해가며 문단에 깊숙이 발을 들여 놓은 것일까? 앞으로 어처구니없는 일들을 겪어야 하는 그런 문단이 아닐까 두려운 생각이 들면서도 나는 또 다른 고민에 빠져든다. 남강교육상까지 수상한 전직 교사로서 이제 무슨 뜻깊고 보람 있는 일을 할 것인가?

긴 생각 끝에 얻은 결론이 '교원문학' 창간호 발행이었다. '교원문학'은 전·현직 교원들 모임인 교원문학회 회장 겸 발행인이 되어 펴낸 동인지다. 마침 교원들만의 문학회가 따로 없는 문단상황이 의욕에 불을 질렀지만, 내 뜻과 상관없이 ㅍ지 주간에서 물러난 나로선 '교원문학'의 필요성을 더 절실히 느낄 수밖에 없었는지도 모른다. 일개 연금쟁이인 내가 사재를 1년에 수백만 원씩 쓰게 되었지만, 또 잡지로부터 위로를 받고 열심히 할 일도 찾게된 셈이다.

내친김에 나는 새해 초 전주시로부터 잡지사업등록증을 교부받았다. 교원문학회지 '교원문학'에 대한 잡지 등록을 마쳐 면허세를 당당하게 내는 동인지가 된 것이다. 2월에는 북전주세무서로부터 고유번호증도 부여받았다. 향후 도문예진흥기금이나 도교육청 민간보조금 지원사업 등을 신청할 수 있는 토대를 마련한 것이라 할 수 있다.

3년차에 접어든 교원문학회는 그 동안 동인지 '교원문학' 1~3호 세 권을 펴냈다. 또한 2명의 교원문인, 18명 학생과 2명의 지도교사에게 제1~2회 교원문학상 및 전북고교생문학대전 시상식을 갖는 등 나름 열심히 활동했다. 올해는 그보다 덜 들었지만, 지난 해 시상식을 마치고 셈해보니 잡지 인쇄비, 상금, 시상식 비용 등 대략 850만 원 가량이 지출되었다. 회비와 광고비 등 후원금 250만 원을 공제해도 600만 원쯤 쓴 셈이 된다.

내 돈을 그렇게 쓰면서도 중요한 것이 있음을 깨닫는다. 바로 주는 기쁨이다. 그 동안 제자들에 대한 재능(문학) 기부 등 주면서 교직생활을 해왔지만, 예전엔 결코 실감은커녕 느껴본 적조차 없는 주는 기쁨이다. 각종 상 등 받기만 하며 즐거움을 누리는 현직생활이었다면 이제 바야흐로 전직으로서 주는 기쁨을 갖는 시대로 접어든 잡지 '교원문학'이라 할까.

3년 임기를 마치고 회장직에서 물러나더라도 나는 발행인으로 남는다. 창립총회에서 이미 밝힌 일종의 공약인데, 회비만으로 감당이 안 되는 교원문학회의 잡지 비용을 책임져야 해서다. 내 돈을 써가며 만드는 잡지 발행인이지만, ㅍ지에서처럼 '갑질' 따위를 당하지 않는 '교원문학'만으로도 기쁜 마음이다.

 그런데 때 아닌 고민이 생겼다. 며칠 전 ㅍ지로부터 "선생님을 정중히 초대합니다"라는 초청장이 와서다. 8월 30일 오후 5시 '등단작가 시상식, 제69호 출판기념회, 문학회 재결성 발기회'에 초대한다는 내용이다. 옛날 일이니 다 잊거나 묻고 초대에 응해야 하나?

〈2018. 8. 28.〉

진짜 위염과 가짜 위암

　퇴직 전 그러니까 60살의 12월 공무원 건강검진 후 결과통보서를 기다리고 있는데, 전화가 왔다. 위암이 의심된다는 것이다. 우편통지는 시간이 걸리니 내원하여 상담하라고 일러주는 직원의 태도가 사뭇 진지하고 심각했다. 속쓰림이나 복통, 구토 따위 증상이 전혀 없는데 위암 의심이라니! 얼른 믿기지 않았다. 그만큼 청천벽력이나 다름 없었다.
　사실 나는 60줄에 접어들도록 무슨 내시경 검사 한번 받아본 적이 없는, 의사들 입장에서 보면 '꼴통'이었다. 2년에 한 번 받는 공무원 건강검진이 나의 유일한 건강 챙기기요 지키기였다. 50대 중반 이후에 나타난 부정맥 증상도 공무원 건강검진에서 알게된 결과였다.
　그러나 부정맥은 무슨 통증이 엄습하는 그런 병이 아니다. 의사가 처방해준 약을 꾸준히 먹으면 되었다. 그것말고 먹는 약이 전혀 없었다. 당연히 그것 외 병원에 가는 일도 없었다. 이렇게 멀쩡한데 뭐하러 사서 고생인 내시경 따위 검사를 받느냐 하는 것이 나의 지론이었다.
　그만큼 건강했거나 무심한 것이었다. 위암 의심 판정을 받은 것도 위조영술인가 하는 검사결과였다. 첨엔 무슨 말인지 아리송했지만, '병변위치: 위체부 대만 후벽'이란 판독 소견이었다. 불현듯 그 동안 건강함을 너무 과신했나 하는 자책감이 몰려왔다. 너무 몸을 학대하거나 소홀했다는 후회가 일렁이기도 했다.
"건강은 건강할 때 지켜라!"
　아마 이 말의 의미를 모르는 사람은 없을 것이다. 특히 한 번이라도 되게 아파본 사람이라면 더욱 소중하게 와닿는 금언(金言)으로 삼아 가슴속 깊이 새겨두고 있으리라. 물론 아프고 싶어 아픈 사람은 없지만, 자신도 모르는 가운데 병의 빌미를 주거나 키워가는 이들이 많음을 어렵지 않게 볼 수 있다.
　나도 그런 사람중 하나였다. 나는 어렸을 때 잦은 잔병치레를 했지만, 성인이 되어선 거의 아파본 적이 없다. 다쳐서 병원에 가는 일이야 있었지만, 아프지는 않았다. 그런데 되게 아파본 적이 딱 한 번 있었다. 48세 봄, 어느 여고에서 근무할 때였다. 3월 새 학기가 시작되고 얼마쯤 지나서 여느 날처럼 수업을 하는데 배가 싸~하는 느낌이었다. 평소에 없던 일이라 신경이 쓰였지만, 배는 막무가내로 쓰려왔다.
　겨우 수업을 마치고 화장실로 냅다 달려갔음은 물론이다. 금방이라도 대변이 나올 듯했지만 그리 되지는 않았다. 이날 이때까지 변비 증세는 없었다. 어쩌다 아침식사후 소정의 양을 배설치 못할 때 속이 거북한 적은 더러 있었을망정 화장실 한 번 더 가면 금세 개운해지곤 했다.
　결국 조퇴하여 부리나케 병원으로 달려갔다. 의사는 어떻게 아프냐고 물으며 나의 등을 토닥거리더니 대뜸 위염이라고 말했다. 뭐, 위염이라고? 위염이라면 위에 염증이 생긴 것인데, 나는 의아해질 수밖에 없었다. 그럴만한 이유가 없었기 때문이다. 가령 '밥이 보약'은 돌아가신 어머님이 나 어렸을 때부터 입버릇처럼 강조한 말이었다. 그 지침에 따른 나의 밥 잘 먹기는 37세때 청상과부가 되어 고생, 고생하신 어머니에게 내가 한 유일한 효도였다.

사실 나라가 가난했던 시절에 유년을 보낸 우리 같은 베이비부머 세대는 꼬마일 때 고기는커녕 하루 세 끼니 밥조차 제대로 먹기가 어려웠다. 나는 어머니가 지금처럼 고기 등을 양껏 먹을 수 없던 시절이라 자연 밥이 보약이라고 강변하는 줄로만 여겼다. 그랬을망정 밥이 보약은 나에게 금과옥조(金科玉條)의 생활수칙이 되었다.

결혼 후에도 밥이 보약은 내게 피할 수 없는, 아니 피하고 싶지 않은 좌우명이었다. 남자가 쩨쩨하게 먹는 것 가지고 그러냐며 눈을 흘기는 사람이 있을지 모르겠지만, 그건 모르는 소리다. 아니 무식한 소리다. 나의 살아온 경험으로 볼 때 어머니가 강조해오신 '밥이 보약'은 어김없는 진리의 말씀이기 때문이다. 그런데 위염이라니! 나로선 너무 황당한 발병 소식일 수밖에 없었다.

약간 창피한 이야기이지만 고교시절부터 술을 먹기 시작하여 한동안 폭음(暴飮)에 빠져 살면서도 여지껏 속이 쓰려본 적 없는 나였다. 모르긴 해도 밥이 보약임을 굳게 믿고 어떤 경우에도 식사를 거르지 않는 등 위장에 이상이 생기지 않도록 생활한 덕분일 것이다.

"커피는 절대 안됩니다."

하필 수학여행 출발일이 다가오고 있는데, 의사의 근엄한 명령이 내려졌다. 콜라도 먹지 말라고 했다. 술은 물론이고 면 종류와 생선회 등 주의해야 할 음식이 너무 많았다. 된장국에 밥을 말아 먹고, 음료수는 매실 정도만이 허용될 뿐이었다. 나는 천재일우의 기회로 온 수학여행을 포기해야 하나, 고민의 늪에 빠져들었다. 결국 의사가 단단히 일러주는 주의사항과 함께 5일치 약을 처방받아 챙긴 후 수학여행길에 올랐다.

평소엔 잘 안마시다가도 여행땐 젖을 정도로 먹는 술이며, 식사후엔 반드시 한 잔씩 하루 석 잔은 기본으로 마셔야 일손이 잡히는 커피 등 나로선 엄청난 시험대에 오른 셈이었다. 시험은, 그러나 전혀 엉뚱한 계기로 말미암아 망치고 말았다. 여행사에서 준비해온 산낙지를 첫날 배 안에서 딱 두 점 집어 먹었는데 탈이 난 것이다.

밤새도록 속이 쓰렸다. 제주도까지 와서, 더구나 학생들 수학여행 대열에 동참해서 이 무슨 창피이며 짐인지, 나 아픈 것보다 오히려 그런 생각들이 영 떠나질 않았다. 나는 밤새 뒤척이느라 푹 잠을 이룰 수 없었다. 의사의 주의사항을 잘 듣지 않은 응분의 대가(代價)를 치른 셈이라고 할까.

그 다음 날부터는 오로지 된장국에 밥만 먹었다. 커피나 술이 생각 날 때면 의사가 유일하게 괜찮다고 말한 매실 음료를 마시며 3박 4일의 제주도 여행을 무사히 마쳤다. 물론 의사가 처방해준 약을 꼬박꼬박 복용했음은 말할 필요조차 없지만, 그것이 재미있는 여행다운 온전한 여행이었겠는가!

하지만 놀랍게도 그 후로 속쓰림 현상은 나타나지 않았다. 마침내 그 지긋지긋한 위염에서 해방된 것이다. 처음 속이 쓰리기 시작한 날로부터 정확히 3주일이나 달고 다닌 위염이었다. 그때의 날아갈 듯한 기분이라니…. 그렇게 아무 이상 없이 12년의 세월이 흘러갔다.

그런데 위암이 의심된다니! 결국 나는 겨울방학에 들어가자마자 생애 최초로 위 내시경 검사를 하기에 이른다. 졸지에 그 결과를 기다리는 길고 긴 겨울이 되고 말았다. 아내의 세상의 슬픔을 다 짊어진 듯한 얼굴보다도 더 강렬한 건 허망함이었다. '이렇게 갑자기 갈 수도 있는 것인가' 하는 인생무상이 저절로 살아온 지난 날들을 떠오르게 했다.
 마침내 결과가 나오는 날. 의사는 빙그레 웃으며 나를 맞았다. 결과는 '이상 무'였다. 공무원 건강검진 위조영술에서 왜 그런 소견이 나왔는지 명백한 오진(誤診)인지 자세히 알 수는 없지만, 분명한 사실이 있다. 해프닝의 위암 소동, 가짜 위암으로 끝났다는 사실이 그것이다.
 그것은 조기 발견의 기쁨이기도 하다. 조기 발견의 기쁨은 이후 내 의식에도 큰 변화를 주었다. 요즘 세상에 남들 안하는 회갑연을 연 것도 그래서다. 하긴 60줄에 접어들면서 여기저기 아픈 것이 50대까지는 없던 일이다. 게다가 위암 의심 진단까지 받았다.
 이제는 무심히 지나칠 일이 아니란 생각이 안들면 오히려 이상할 정도일 것같다. 당장 위 내시경 검사도 조만간 다시 한 번 받는 등 정기검진을 꼬박꼬박 챙길 것이다. 그러고 보면 건강할 때 건강을 지키는 것이 말처럼 쉬운 일은 아닌 성싶다. 설사 그렇더라도 나는 위암 소동 이후로 착실하게 건강을 체크하며 사는 사람이 되었다.
 이른바 삼식이가 된 지금이야 말할 나위 없고, 교사일 때도 하루 세 끼니(점심은 아내가 싸주는 도시락) 식사를 꼭 했다. 회식에서도 육류를 정량 이상은 절대 먹지 않는다. 연속으로 회식이 있는 경우는 아예 된장국에 밥만 말아 먹는 등 남들 눈엔 변태로 보일 만큼 나의 식생활 건강수칙은 철저하다.
 사실은 너무 늦은 내 몸 돌보기라는 생각이 가시지 않는다. 내시경 검진이 뭐 어려운 일이냐며 노상 투덜거리던 아내가 전에 없이 반색하는 것만 봐도 그렇다. 그게 2년에 한 번씩 받던 공무원 건강검진이 내게 준 고마운 가르침이요 선물이다. 〈2018. 8. 31.〉

새로운 세상

 그렇게 무더위가 유난을 떨어대더니 어느새 가을도 깊어간다. 뉴스에 나오는 단풍 소식은 그만두더라도 베란다 앞 감나무가 반절은 노란 색으로 바뀌어 가는 걸 보며 갖는 생각이다. 그러고 보니 교단을 떠난 지 어느 새 2년이 넘었다. 한 마디로 새로운 세상 신천지에서 이전과 전혀 다른 삶을 살고 있다고 할까. 그야말로 신나는 나날들이다.
 32년 넘게 몸 담았던 교단을 정년보다 2년쯤 앞당겨 떠난 것은 문예지도 교사로서 할 일이 없어서였다. 떠나기 싫어도 떠나야만 하는 정년퇴직자들과 조금 다른 여유로움 같은 것이 덤으로 생기긴 했지만, 아무튼 학생지도에 매진해왔던 교직생활이었음을 새삼 깨닫게 된다. 그렇다. 나는 눈썹 휘날리게 바쁜 글쓰기 지도교사였다.
 어쨌든 퇴직하고 보니 우선 무한 자유로움이 너무 좋다. 얼마 전 출근할 때만 해도 아내가 깨워야 일어났던 아침이었다. 이제는 그게 아니다. 이른 아침에 식사하고 서둘러 출근을 하면서도 주욱 저녁형 인간으로 살아와서 그런지 09시까지 푹 잘 수 있다는 것이 너무 좋다. 같은 도시, 집, 사람인데도 이렇게 이전과 너무 달라진 삶이라는 것이 신기할 정도다.
 그러나 재직때의 주특기를 거의 사장(死藏)시키게 된 아쉬움이 생긴다. 고교 국어교사로서 나의 주특기는 글쓰기며 교지 및 학교신문

제작 지도였다. 많은 학생들이 수상과 함께 자긍심을 갖는 걸 보는 건 나만의 즐거움이었다. 예컨대 고1부터 3년간 지도했던 3학년 제자가 대통령상을 수상했을 때 기쁨이 하늘을 찔렀다.

하지만 새로 전근 간 학교에선 그런 일들을 할 수가 없었다. 그래서 학교를 떠나버렸지만, 막상 퇴직하고 나니 그런 학생지도를 할 수 없음이 너무 큰 아쉬움으로 다가온 것이다. 나는 오래 생각에 잠겼다. 남강교육상까지 수상한 전직 교사로서 학생들을 위해 이제 무슨 뜻깊고 보람 있는 일을 할 것인가? 긴 생각 끝에 얻은 결론이 '교원문학회' 창립이다.

먼저 교원문인들만의 문학회가 따로 없는 문단상황이 안성맞춤이었다. 무엇보다도 학생들에게 나눔을 계속 주고자함이었다. 개인이 고교생문학작품을 모집할 수는 없기 때문이다. '교원문학' 창간호 발행이 그 결실이지만, 나로선 그냥 1년에 한 번씩 동인지나 내는 문학회는 큰 의미가 없어 보였다. 그것은 창립 취지와 맞지 않는 일이기도 했다.

그래서 야심차게 추진한 일이 교원문학상과 전북고교생문학대전이다. 지난 5월 제2회 시상식을 가졌다. 지금까지 동인지 '교원문학' 1~3호를 펴냈고, 두 번의 교원문학상과 전북고교생문학대전 시상식을 진행했다. 교원문학회원인 시인과 아동문학가 2명이 교원문학상을 수상했다. 더불어 4명의 지도교사와 28명 고교생 등 모두 32명에게 상을 수여했다.

상패 또는 상장과 함께 수여된 상금 총액만 800만 원이다. 나는 거기에 더해 지난 4월 교원문학회 기관지 '교원문학신문'(타블로이드판 올컬러 4면)을 창간, 10월 2일 계간 주기에 맞춰 3호까지 발행했다. 모두 자비를 들여 시상하고 발간한 것이다. 회원들이 낸 회비는 동인지 인쇄비에도 턱없이 모자랐다. 광고 등 십시일반 후원이 있었지만, 역시 역부족이었다.

일례로 제1회교원문학상과 전북고교생문학대전 시상식을 마치고 셈해보니 잡지 인쇄비, 상금, 식비 등 대략 850만 원 가량이 지출되었다. 회비와 광고비 등 후원금 250만 원을 공제해도 개인적으로 600만 원쯤 쓴 셈이 된다. '교원문학' 창간호 동인지만 냈을 때에 비해 3배 이상의 지출을 교원문학회장인 내가 사재(私財) 출연한 것이다.

"일개 연금 수급자가 자기 돈 써가며 그런 시상식을 하다니, 대단하이. 대단해!"

회원과 교직 선배 등 많은 사람들이 말한다. 한 마디로 결코 쉬운 일이 아니라는 것이다. 맞는 말이지만, 나는 교원문학상과 전북고교생문학대전 시상식을 치르면서 중요한 새로운 사실을 깨닫는다. 바로 주는 기쁨이다. 이전에도 제자들에게 재능(문학) 기부 등 주면서 살았지만, 예전엔 결코 실감은커녕 느껴본 적조차 없는 주는 기쁨이다.

그 동안 각종 상 등 받기만 하며 즐거움을 누리는 현직생활이었다면 이제 바야흐로 전직(前職)으로서 주는 기쁨을 갖는 시대로 접어든 것이라 할까. 죽음을 말할 때는 아직 아니지만 어차피 죽으면서 다 놓고 가야 할 것들 아닌가, 하는 생각도 주는 기쁨을 갖게한 하나의 동력이라 할 수 있다. 주는 기쁨이 이렇게 큰 것인 줄 정말이지 예전엔 미처 몰랐었다.

내친김에 주특기를 살릴 또 다른 방식도 구상해본다. 불러만 주면 어떤 학교든 가서 글쓰기며 교지 및 학교신문 제작지도를 해주는 것이다. '글쓰기 특강' 같은 강의를 할 수도 있을 것이다. 응당 그런 일들은 유급(有給)이 아니어도 좋다. 지금 받는 연금에다 두 딸을 결혼시키고도 노후를 궁하지 않게 지낼 만큼은 저축해놓아 돈은 더 이상 벌지 않아도 되니까.

불러만 준다면 나의 노하우가 필요한 학교들을 방문, 무료로 봉사할 계획과 함께 문예장학금도 구상해본다. 모교를 비롯 내가 근무했던 학교의 글쓰기에서 두각을 나타낸 고등학교 학생들에게 소정의 문예장학금을 주는 것이다. 장학재단 설립은 너무 거창하고, 학교발전기금으로 기부하여 해당 학생들이 받을 수 있도록 하게하는 식이다.

은퇴가 준 뜻밖의 선물이라 할까. 다시 말하지만, 주는 기쁨이 이렇게 큰 것인 줄 정말이지 예전엔 미처 몰랐었다. 그야말로 새로운 세상 신천지에서의 이전과 전혀 다른 삶이 아니고 무엇이겠는가! 같은 도시와 집, 무엇보다도 다른 사람이 아닌데도 어떻게 현직일 때와 퇴직후의 삶이 이렇게 확 달라질 수 있는지 그저 신기할 뿐이다.

〈2018. 10. 23.〉

쑥스러운 3개의 수상

 최근 한 달 사이에 3개의 상을 받았다. 연금수필문학상과 충성대 문학상, 그리고 어느 공모전 지도교사상이다. 많은 상을 받았을 때처럼 여전히 그 기쁨은 말할 나위 없지만, 그러나 이번 수상은 꼭 그렇지만도 않구나 하는 체험을 안겨준다. 누구든 상을 받으면 기쁘고 좋은 것이 인지상정일텐데, 이상하다. 애써 이름 붙이자면 쑥스러운 3개의 수상이라 할까.
 연금수필문학상은 공무원연금공단이 퇴직자를 대상으로 매년 실시하는 공모전이다. 수필로 정식 등단한 적은 없지만, 엄연한 평론가로서 응모해도 되는지 망설임이 있긴 했다. 그런 제한이 없는 걸 알았고, 응모했다. 퇴직후 갖게된 '주는 기쁨'의 감격에 겨워 응모한 것이기도 하다. 은상 수상작 '은퇴가 준 뜻밖의 선물'은 604편 응모작 중에서 뽑힌 8편 가운데 한 편이다.
 "잘 쓰긴 했던데, 프로와 아마추어가 겨룬 것 아냐?"
 아내가 공무원연금지에 실린 수상작을 보았다는 지인의 말을 들려줬다. 딱 맞는 지적을 하는 걸로 보아 아마 나에 대해 제법 알고 있는 아내의 지인(知人)인 모양이다. 사실 축하한다는 문자나 전화를 문인 여러 명으로부터 받았지만, 그런 지적은 없었다. 이를테면 그런 지적 이전부터 쑥스러워하던 마음에 화룡정점을 찍은 셈이라 할까.
 충성대문학상은 육군3사관학교가 시 · 수필 · 단편소설 3개 분야에 걸쳐 해마다 실시하는 공모전이다. 기성 문인은 '본인이 등단한 동일 장르'엔 응모할 수 없게 되어 있다. 그래서 소설을 보냈다. 수상작은 단편소설 '초보 선생'이다. 소설을 써서 상을 받은 건 이번이 처음이다. 개인적으론 엄청 기쁘고 의미 있는 수상이라 할 수 있다.

사실 고교시절부터 나의 꿈은 소설가였다. 국문과 진학을 한 것도 그 이유가 가장 컸다. 그 시절 어느 은사가 "창작에 실패하면 평론가가 된다"고 했는데, 신기하게도 그 말씀처럼 되었다. 평론가가 되면서 아득히 멀어져간 소설이었다. 문학뿐 아니라 방송·영화평론가로서 그야말로 눈썹 휘날리는 활동을 해온 때문인지도 모른다.

다시 소설을 쓰기 시작한 것은 퇴직하고나서다. 무엇보다도 무한 시간이 주어졌다. 남아도는 시간을 심심치 않게 보낼 수 있다는 것만으로도 내게 소설 쓰기는 나름 가치 있는 일상이다. 응당 다 쓴 소설을 나만 읽어보고 간직하면 무슨 소용이겠는가. 갑속에 든 칼이 되지 않게 하기 위해서 소설을 내보낸 것이라고 해야 맞다.

하긴 이미 등단한 작가가 같은 장르 공모전에 응모하는 것도 흔한 일이다. 일례로 장강명 소설가가 생각난다. 그는 2011년 장편소설 '표백'으로 한겨레문학상에 당선, 등단했는데도 이후 수림문학상·문학동네작가상·4·3평화문학상·오늘의 작가상을 수상했다. 모두 장편소설로 받은 상이다. 그는 2010년 이후 '최단기간 최다 문학상수상'이란 기록 보유자가 되기에 이른다.

그래도 소설가나 수필가로 정식 등단하고 싶지는 않다. 어느새 문력(文曆) 35년에 펴낸 책만 자그마치 45권이다. 이 관록에 신인상도 생뚱맞지만, '본인이 등단한 동일 장르'가 아닌 부문에 자유롭게 응모할 수 없어서다. 딴은 원고청탁이 없거나 대중이 알아보지 못하는 등단보다 이렇게 시간 가는 줄 모르게 작품을 쓰는 일상이 더 의미 있는 나날이라 여겨지기도 한다.

현직을 떠난 지 2년이나 지났는데, 지도교사상이라니! 지도교사상은 쑥스러운 3개의 수상중 하이라이트라 할만하다. 사연인즉 이렇다. 어느 공모전 고교생 응모작품을 지도해준 일이 있는데, 그 학생이 대상을 받게 되었다. 더불어 나에게 고등부 지도교사상을 수여한다는 전화가 왔다. 현직교사가 아닌 점을 들어 완곡히 사양했지만, 방과후학교도 있다는 말에 상을 받고 말았다.

3개의 수상이 쑥스러운 이유는 또 있다. 나는 교원문학회장으로 이미 2회에 걸쳐 교원문학상과 전북고교생문학대전 수상자 수십 명에게 상을 수여했다. 그러니까 이미 연금수필문학상 수상 소감에서 밝혔듯 상을 주는 입장에서 받게되어 쑥스러운 것이다. 그런데도 아픈 다리로 시상식이 열린 서울까지 올라가 상장과 상금을 받았으니 더 말해 무엇하랴.

그뿐이 아니다. 나는 일부러 짬을 내 문학상에 대한 쓴소리를 칼럼으로 꾸준히 써오기도 했다. 그랬던 내가 아무리 '본인이 등단한 동일 장르'인 평론이 아닌 수필과 소설이라 해도 단일 작품을 응모해 상까지 받게 되었으니 쑥스러운 것이다. 그 동안 셀 수 없을 만큼 많은 상을 받고도 이렇듯 쑥스러운 느낌이 가시지 않는 건 귀빠지고 처음이다.

〈전북연합신문, 2018.10.29.〉

퇴직의 힘

　32년 넘게 몸 담았던 교단을 정년보다 2년쯤 앞당겨 떠난 것은 그만 쉬고 싶어서다. 떠나기 싫어도 떠나야만 하는 정년퇴직자들과 조금 다른 여유로움이랄까. 아무튼 앞만 보며 눈썹 휘날리게 살아왔던 지난 삶을 이제는 좀 되돌아보며 살려 한다. 명예퇴직 직후 내가 가진 생각이다.
　퇴직후 내게 찾아온 가장 큰 변화는 더 이상 돈을 모으지 않기다. 어느 날 불현듯 돈이 죽을 때 가지고 가는 것도 아니라는 생각이 떠오르며 내린 결론이다. 사실 나는 가계부 쓰는 남자였다. 부부교사인 신혼때부터 그런 건 아니다. 결혼 8년 만에 아파트를 장만하며 빚진 융자금이 있을 때까지도 가계부는 아내의 몫이었다.
　그러나 그 이듬해 나는 뜻 아니한 사망 교통사고의 가해자가 되고 말았다. 종합보험을 든 보험사에서 지급한 것 외에도 수천 만 원의 합의금을 빚내야 했다. 아내가 가계부를 내게 내놓은 것은 그때부터다. "머리 무거워 못하겠으니 자기가 알아서 변제해나가라"는 주문이었다. 죄인이나 마찬가지인데 감히 마다할 수 없는 명령이었다.
　그렇게 나는 21년 동안 가계부 쓰는 남자였다. 물론 오래 전 합의금이며 융자금 등 빚을 다 갚았다. 이제 내 집이 있고, 두 딸을 결혼시키고 남을 만큼 저축도 되어 있다. 지금 받는 연금이면 앞으로 10년이든 20년이든 살아가는데 전혀 지장 없겠다는 생각이다. 가계부를 아내에게 아무런 미련없이 넘긴 이유다.

다행히 오랫동안 생활비를 타 그 범위에서만 살아와서인지 아내는 돈 모으는 데는 관심도, 특기도 없다. 연금 중 일부를 떼어 주고, 아내의 월급을 합하면 그 이전보다 훨씬 많은 돈이 된다. 그 돈을 더 이상 모을 생각하지 말고 팍팍 쓰라고 한 것이다. 21년 만에 해방을 맞이한 아내는 얼굴에 화색이 돌 정도로 좋아했다.

퇴직은 나의 구매 패턴에도 변화를 주었다. 옷걸이가 좋다는 소릴 들어와서 그런지 나는 주로 양복 차림의 교사였다. 계절별로 2~3벌 양복이 있는데 그것이 모두 1벌당 10만 원쯤 하는 것들이다. 상설할인 매장이든 속칭 땡처리 세일장이든 발품 팔기에 따라 얼마든지 그 돈으로도 그럴 듯한 양복을 사 입을 수 있었다. 쪽팔려하거나 꿇릴 것 없는 나만의 양복 입기였다.

"어머, 너무 멋지세요. 아빠!"

그랬던 내가 퇴직 무렵 한 벌에 무려 50만 원쯤 하는 고급 양복 브랜드 신상품을 사입었을 때 막내딸이 말했다. 아내 역시 깜짝 놀라면서도 반가워했다. 신상품 구매는 그뿐이 아니다. 20만 원이 훌쩍 넘는 아웃도어를 사입기도 했다. 오리털은커녕 변변한 파카 하나 없이 겨울을 나던 지난 날에 비하면 그야말로 경천동지(驚天動地)할 일이라 할 수 있다.

얼마 전 귀빠진 날 선물의 경우도 예외가 아니다. 딸들이 운동화를 얘기하길래 그러자고 했다. 지금까지 땡처리 세일에서 산 1만 원대 운동화를 신고 러닝머신을 해오던 터였다. 나로선 메이커의 10만 원이 훌쩍 넘는 운동화를 신는 것은 귀빠지고 처음 있는 일이다. 기꺼이 딸들의 고급 선물을 받기로 한 것 역시 퇴직의 산물인 셈이다.

무한 자유로움은 퇴직의 또 다른 변화다. 얼마 전까지만 해도 아내가 깨워야 일어났던 아침이었지만, 이제 그게 아니다. 아침 일찍 출근을 하면서도 계속 저녁형 인간으로 살아와서 그런지 09시까지 푹 잘 수 있다는 것이 너무 좋다. 이미 아내는 출근하고 없지만, 해놓은 밥 챙겨먹는 게 무어 대수이겠는가.

　무한 자유로움과 함께 돈에 구애받지 않고 사는, 그야말로 신나는 시간들이다. 하루 세 끼니를 집에서 꼬박꼬박 먹는 속칭 삼식이가 분명하지만, 그것도 뉴스에 나오는 것처럼 전혀 걱정할 일이 없다. 아내가 출근하고 없어서다. 오히려 청소며 다림질, 재활용 쓰레기 버리는 일까지 시간에 구애받지 않아서 좋다.

　아쉬운 점이 있긴 하다. 재직때의 주특기를 거의 사장시키게 되어서다. 국어교사로서 나의 주특기는 글쓰기며 교지 및 학교신문 제작지도였다. 나는 많은 학생들이 수상과 함께 자긍심을 갖는 걸 보며 즐겁고 행복해했다. 제자가 대통령상까지 받게 지도했고, 그런 공적을 인정받아 2015년엔 남강교육상을 수상하는 영예도 누렸다.

　퇴직을 하고보니 그것이 진짜 아쉬운 점으로 남는다. 조만간 그런 주특기도 살려나갈 참이다. 재능 기부가 그것이다. 불러만 주면 어떤 학교든 나가 글쓰기며 교지 및 학교신문 제작지도를 하려 한다. '글쓰기 특강' 같은 수업을 할 수도 있을 것이다. 그런 일들은 유급(有給)이 아니어도 좋다. 아내가 알면서도 모른 체하는 비자금까지 노후를 궁하지 않게 지낼 만큼은 벌어놓았으니까.

　장학금도 구상해본다. 모교를 비롯 내가 근무했던 고교의 글쓰기에서 두각을 나타낸 학생들에게 소정의 문예장학금을 주는 것이다. 장학재단 설립은 너무 거창하고, 학교발전기금으로 기부하여 해당 학생들에게 지급해주는 식이다. 돈 모으지 않기의 하나로 그것처럼 안성맞춤한 일도 없지 싶다. 가계부를 넘기고 나니 이렇게 홀가분하고 그런 구상도 할 수 있다. 퇴직의 힘이다.

〈전북수필〉 제87호, 2018.12.1.〉

제3부

교원문학회 늘 열려 있어
어머니의 좌판
완주에서의 8년 반
동인지 '전북수필' 40년
실패한 인생
실패한 인생2
15명 신입회원을 적극 환영함
아주 흐뭇한 교육상 시상
교원문학상, 그 어떤 수상보다 뿌듯
시의 발견 목포대 백일장
은장도 이야기
3·1독립만세시위와 유관순 열사
조명 아쉬운 의병장 조헌
코로나19 속 첫 손녀 처음 생일
마음의 오아시스

교원문학회 늘 열려 있어

벌써 교원문학회가 출범한 지 3년이 되었다. 2016년 6월 15일 20명의 전·현직 교원문인들 동인지 '교원문학' 창간호 발행과 함께 출범한 교원문학회다. 그 동안 '교원문학' 1~3호 세 권을 펴냈다. 제1~2회 교원문학상과 제1~2회 전북고교생문학대전 시상식을 갖는 등 나름 열심히 활동했다.

지난 4월 2일자로 '교원문학신문' 창간호를 발행하기도 했다. 그리고 어느새 교원문학회가 3개월마다 한 번씩 펴내는 기관지 '교원문학신문' 4호를 내기에 이르렀다. 아마 회원 수 30명이 채 안 되는 문학회가 계간 발행의 올컬러 신문을 내는 것은 전국 최초가 아닐까 싶다. 축하 전화와 문자 메시지, 후원금까지 보내오는 등 격려와 후원해준 분들에게 늦었지만 감사한 마음 전한다.

그뿐이 아니다. 새해 초 교원문학회는 시로부터 잡지사업등록증을 교부받았다. 교원문학회지 '교원문학'에 대한 잡지 등록을 마쳐 면허세를 당당하게 내는 동인지가 된 것이다. 2월에는 세무서로부터 고유번호증도 부여받았다. 향후 도문예진흥기금이나 도교육청 민간보조금 지원사업 등을 신청할 수 있는 토대를 마련한 것이라 할 수 있다.

무엇보다도 이제는 교원문학회 회원 수가 26명으로 늘었다. 스스로 탈퇴하거나 2년 연속 회비 미납으로 제명된 회원도 있지만, 지난 연말부터 새해 초까지 무려 8명이나 새로 교원문학회원이 되었다.

경기도와 경남에 있는 초등학교 교장과 중학교 교사 등 현직 교원을 포함해서다. 명실상부한 전국적 교원문학회로서의 첫 발을 뗀 셈이라 할까.

그러나 아쉬움이 크다. 명퇴하고 보니 동인지들은 넘쳐나는데도 교원만의 문학회가 없었다. '교원문학'의 필요성을 절실히 느껴 출발한 교원문학회다. 그런데도 평생 교원이었음을 내세우지 않으려는 문인들이 많아 보여 아쉽다. 현직 밝히길 꺼려하는 문인들이 많아 아쉬움이 너무 크다.

교원문학회는 여느 문학회와 다르다. 선생님으로서의 자긍심을 뿌듯하게 지닌 채 문학활동하는 교원들만 회원으로 참여할 수 있는 문학회여서다. 제2호부터 스승의날을 발행일로 하고 있는 것도 그래서다. '교원문학상'과 '전북고교생문학대전'을 제정·시행하고 있는 것도 그래서다.

회원들의 창작의욕을 고취하고, 문학활동에 정진케 하기 위해 제정한 교원문학상은 제1회 전 전주교육장 김귀식 시인, 제2회 전 군산신흥초등학교 교장 황현택 아동문학가가 수상했다. 교원문학회원이라면 누구나 수상 대상이지만 모두를 한꺼번에 시상할 수 없는 일이기에 그것이 죄송할 뿐이다.

교원문학회가 주최하는 또 하나 상인 고등학생 대상의 제2회전북고교생문학대전은 28명의 학생과 4명의 지도교사 수상자를 배출했다. 전북이 고향인 타지역 고교생으로 응모자격을 확대한 제2회는 지난 해보다 응모작이 2배 이상 늘었다. 다른 문학회가 하지 않거나 못하는 '전북고교생문학대전'에 대한 흐뭇함과 함께 보람감을 더 챙기게 되었다.

한편 교원문학회가 제몫을 다하라고 많은 분들이 후원해주었다. 지난 해에 비해 두 배 이상 늘어난 후원이다. 덕분에 사재 출연액도 그만큼 줄어들었다. 감사한 마음이다. 그 내역을 이미 동인지 '교원문학'과 기관지 '교원문학신문'을 통해 기록으로 남기고 있는 것도 그 연장선이다.

말할 나위 없이 교원문학회는 늘 열려 있다. 시기의 문제일 뿐 교원문학상 수상후보로 등록하는 셈인 입회는 번거로운 입회원서 없이 입회비 납부로 완료된다. 우리 교원문학회가 제몫을 다해 이 문화 융성과 교권추락이라는 아이러니한 시대에 빛과 소금이 될 수 있도록 전·현직 교원들의 많은 입회를 기대해본다.

〈교원문학신문 제4호 사설, 2019.1.2.〉

어머니의 좌판

나는 빨대 같은 구멍 사이로 들어오는 햇살 아래에서 이를 잡고 있었다. 미미하긴 했어도 철창 사이로 들어오는 9월의 햇살은 나뿐 아니라 무릇 죄수들에게 평화로운 한때를 안겨주곤 했다. 그러나 안경마저 뺏긴 내 시력으로 이를 잡는 것은 결코 쉬운 일이 아니다. 런닝셔츠를 눈에 바짝 갖다 대고서야 겨우 이를 죽일 수 있으니까. 무너져버린 하늘의 빛줄기가 철창 사이로 이를 잡게 하여도 무너지지 않는 하늘의 비둘기들은 구루루- 구루루. 노래에 목이 쉬고 자유에 목말라도 벗기어진 안경의 시력 속엔 시뻘건 대낮이 술 취해 있다.

오히려 쉬운 일은 타는 목마름으로 송곳처럼 파고드는 어머니에 대한 생각이다. 어머니는 서른 일곱에 청상과부가 되었다. 저 인공(人工)때 흔하디 흔한 빈 총 맞은 것도 아니고, 서른 아홉 아버지의 죽음은 억울하기 짝이 없는 심장마비였다. 아버지는 제법 높은 지위의 공무원이었던 청렴결백하고 자수성가한 분이었지만, 집안 살림이나 하던 서른 일곱 살 어머니에게 3남매를 남겨둔 채 서둘러 이 세상을 떠버린 것이다.

세상 천지에 아버지 없는 아들이 나 혼자도 아니건만 내가 세상의 슬픔을 다 간직한 모습으로 가출한 것은 초등학교 5학년 때다. 아버지 장례식을 치르고 J시로 이사한 지 몇 달 지나서다. 그렇게 하늘이 시릴 수가 없었다. 많은 시간이 비껴가고 있었지만 나에게 보이는 것이라곤 온통 노란 하늘뿐이다. 참으로 싱거운 노릇이었다. 비로소 공기를 들이마시고 있다는 사실을 깨달았을 때 나는 가마솥 뚜껑 같은 손에 의해 덜미를 잡히고 말았다. 형이다. 중1이자 장손인 형은 이미 철이 나있었을 때였으므로 어머니의 착실한 특공대였다. 결국 나는 집에 갇히는 꼴이 되고 말았다.

그러나 J상업고 학생이 된 나는 무서운 속도로 변하여 갔다. 세칭 문제아가 되어갔던 것이다. 우선 소풍을 가서도 동무들이 볼까봐 호주머니에서 돈을 꺼내지 못하고 만지작거리기만 했던 내성적 성격이 완전히 180도로 변해버렸다. 급기야 내게는 암적인 존재에 이어 철판이니 골동품이니 인간망통 따위 별명이 3년 내내 따라 붙었다. 칼을 가슴에 품고 세상 무서울 게 없이 살던 그런 시절에도 고생하는 어머니의 좌판이 어른거려 나는 피해자가 되기 일쑤였다.

"안 돼, 이눔아!"

목젖이 찢어지는 소리였다. 차라리 40을 갓 넘긴 나이에 흰머리만 성긋하지 않았어도 나는 가슴에 품은 칼을 잽싸게 꺼내 멋지게 휘두르는 액션배우가 되었을 것이다. 언제 찍혔는지 머리에선 찜찔한 액체가 이마를 지나 입술까지 흐르고 있었다. 나는 다시 칼자루를 억세게 쥐었다. 순간 등판을 찍어누르는 예리한 타격이 또다시 가해졌다.

"안 돼, 이눔아!"

자질구레한 좌판 앞에서 어머니가 오뉴월 병아리 졸 듯하지만 앉아도 나는 서툰 칼솜씨를 훌륭하게 선보였을 것이다. 칼은 손에 잡혀져 있었고, 여덟 명에게 둘러싸여 영화의 한 장면 같은 돌림방이 계속될 때 그것은 차라리 당연한 결심이다. 그리고 무엇보다도 나는 세상 무서울 것 없는 열아홉 살 인간망통이다. 누구도 내 앞을 막을 수 없었다. 여차하면 누구든 쑤셔버릴 생각으로 이미 속주머니에 등산용 대검을 넣어가지고 다닌 지 꽤 되었으니까.

　가슴을 맞고 비틀거리면 등짝에 주먹이 박혔다. 한참을 그렇게 당하면서도 안주머니 속으로 손이 들어가지는 않았다. 이마와 콧잔등을 거쳐 비릿한 것이 입술을 적셨다. 피, 시뻘건 피였다. 어느결인가 내게 시비를 건 똘마니가 휘두른 짱돌에 머리를 찍힌 것이다. 사람이란 피맛을 보면 흥분되는 법일까. 나는 등짝에 가해지는 놈들의 타격에 의해 다시 엎어지면서도 재빠르게 안주머니 속으로 손을 집어 넣었다. 칼자루가 손에 잡혔다. 황홀했다. 산에서 사용할 때의 밋밋한 그런 기분이 아니다. 칼자루에 힘을 쥐고 빼내려는 순간 다시 엉덩이에 발길질이 날아들었다.

　"어, 쿠―."

　나는 시멘트 바닥에 손을 짚으며 다시 쓰러졌다. 다시 칼자루에 힘을 쥐고 빼려는 순간 거의 동시에 진짜 생뚱맞게도 어머니 얼굴이 스쳐갔다. 찐 고구마 따위를 담아 놓은 좌판 앞에서 지나가는 사람들을 간절하게 쳐다보는 어머니의, 나이보다 훨씬 늙어보이는 얼굴이다.

　"안 돼, 이눔아!"

　애써 어머니를 떨구어내기라도 하듯 나는 다시 칼자루에 힘을 주었다. 칼은, 그러나 끝내 빼지 못하고 말았다. 짭새들이 현장을 덮쳤던 것이다. 달아났던 친구들이 미처 내가 튀지못한 것을 알고 부랴부랴 형사기동대에 신고한 모양이다. 나는 그 와중에서도 얼른 칼부터 꺼내 소리나지 않게 버렸다. 결국 나는 똘마니 3명(나머진 도주)과 함께 경찰서로 연행되었다. 물론 특수폭행 피해자로서다.

　10대의 마지막 겨울에 있었던 돌림방의 상처가 다 아물고 빛나는 졸업장도 받았지만, 나는 백수였다. 재수한답시고(사실 고3때는 예비고사는 보지도 않았다.) 1년을 탕진하고나니 취직하라는 어머니 성화가 하늘을 찔렀다. 이듬해 봄이 되면서 아예 서울로 이사를 했다. 혼자 몸뚱이라 이사라고 할 것까지도 없지만, 잠실 누나네 집에서 기식(寄食)하며 학원에 다녔다. 새 출발하기 위해서다. 2~3개월 수료하면 취직할 수 있는 그런 학원을 다닌다니 어머니도 별 수가 없었는지 학원비 등 일체의 비용을 대주었다.

학원 수료후 처음 취직한 곳이 조선호텔이다. 안경 대신 콘택트로 갈아 끼우고, 검정색 양복을 해 입는 등 야단법석을 떨었지만, 그러나 첫 취업은 완전 실패였다. 내가 배정된 곳은 지하식당이다. 아직 자연스럽게 내 눈처럼 되지 않은 콘택트 렌즈에 추레이를 끌고 다니는 것까지는 그런 대로 괜찮았다. 기왕 돈 벌러 나선 것이니 그만 것쯤 꾹 참겠다 결심이 섰지만, 아무리 많이 보려 해도 내 또래밖에 안 돼 보이는 여자들이 다리를 꼰 채 담배 심부름 따위를 시키는 데는 그만 비위가 확 상해버렸다. 이내 꼭지가 돌아버렸음은 물론이다.

잠실에 아파트단지가 우후죽순격으로 들어서고 있었다. 급증하는 교통량과 쇄도하는 주민들. 무엇보다도 공사 현장의 노무자들을 주요 고객으로 포장마차를 한다는 것이 새 일에 대한 복안이다. 물론 누나네 집으로 다시 들어갔고, 불알친구의 동업 의지가 큰 힘이 되기도 했다. 나는 고향에서 올라온 친구와 함께 이른바 시장조사차 을지로쪽으로 나갔다. 포장마차 짜는데 10만 원, 음식 재료 등이 10만 원. 합쳐 20만 원의 견적이 나왔다.

우리는 마치 내일 개업식이라도 할 듯 의기양양하여 건배를 했다. 중국집에서 배갈로 건배를 한 술은 그걸로 그치지 않았다. 학사주점

털보집을 거쳐 근처의 포장마차로 들어갔다. 술은 소주였지만 여느 때같지 않게 고기 안주를 시켰다. 장차 벌일 사업에 대한 사전 지식이 필요했던 것이다. 내가 친구에게 한 병째 마지막 술을 따르고 났을 때였다.

"햐, 누구는 고기 안주에 술 먹고, 어떤 놈은 고작 김치쪽이냐!"

분명 우리를 향한, 다분히 시비조의 불만이 귓가를 따갑게 했다. 소리나는 쪽을 바라보니 장발에 오동통한 몸집을 한, 고생이 한몸에 배어나는 사내다.

"시방 시비여, 뭐여!"

그때부터는 말이 필요 없었다. 포장마차는 순식간에 싸움터로 변했고, 사내가 외마디 비명소리와 함께 쓰러지는가 싶더니 어느새 나와 친구의 손에는 수갑이 채워졌다. 경찰들이 현장에 번개처럼 뜬 경위는 알 수가 없지만, 우리는 그 즉시 파출소로 개끌리듯 끌려갔다.

"그 자식이 먼저 시빌 걸어왔는데, 왜 우리만 잡아오는 거냐고!"

내가 술이 덜 깬 채 그렇게 씹어대는 사이에 사내는 전치 3주의 진단서를 끊어왔다. 코뼈가 주저 앉았다는 것이다. 누님과 매부가 중부경찰서로 온 것은 저녁때다. 그들은 매우 놀라는 기색이었지만, 유치장에 갇힌 나는 무엇보다도 쪽팔렸다. 형은 군대에 있으니 그렇다치고 어머니가 알면 더 큰일이라는 생각이 등골을 오싹하게 했다. 돈 벌러 간다며, 돈 많이 벌어온다며 큰 소리 뻥뻥 쳐대고 올라온 서울인데, 그러긴커녕 경찰서 유치장이라니! 나는 앞으로 징역살이하게 될 지도 모르는 현실적 걱정보다 누님에게 어머니가 알지 못하도록 해달라고 단단히 당부를 했다.

그들과 두 차례 더 만난 후 나는 친구와 함께 서대문 구치소로 넘겨졌다. 마침내 기본 조사가 끝나고 수감된 곳은 폭력·사기·강간 등 온갖 잡범들이 수감되어 있는 방이다. 방이라고 했지만 따뜻한 아랫목이 있는 것은 아니다. 1.75평 크기의 마루방에 입실 정원은 자그마치 11명이다. 이른바 칼잠이라야 겨우 누울 수 있는, 그것도 화장실 냄새가 코를 찌르는 감방, 영화와 소설에서나 볼 수 있었던 그 감방에 지금 와있는 것이다.

창살 너머로 안경까지 벗고 수염이 까칠하게 돋아난 막내아들인 나를 보자마자 어머니는 통곡부터 하기 시작했다. 나는 입이 열 개라도 할 말이 없었다. 10대 청소년일 때도 차라리 맞는 게 더 낫다며 주먹 한 번 신나게 휘둘러보지 못하게 한 좌판의 어머니 아니었던가! 나는 그런 어머니를 더 이상 만나고 싶지 않았다. 철판이란 별명을 달고 산 적도 있지만, 수인(囚人)이 된 지금은 어머닐 뵐 낯이 없었다. 가벼운 나들이의 서울 구경이나 친척 방문이 아니고 구치소에 수감된 아들을 면회하러온 것이니 무슨 염치가 있으랴! 더욱이 어머니는 틈만 나면 나 들으라고 입버릇처럼 되뇌이곤 했다.

"성은 대학 다님시롱 돈 한 푼 들이지 않았는디, 너는 대학도 댕기지 않음서 무신 돈을 그렇코럼 잡아 먹는 것이다냐!"

벌써 수감된 지 한 달을 맞고 있었다. 추석이 지난 지 꽤 된지라 감옥 안은 제법 썰렁하기까지 했다. 세월은, 그러나 가고 또 오는 것. 40일간의 구금 일수를 뺀 징역 8월의 집행을 2년간 유예받은 나는 그 날 오후 서대문 구치소를 나왔다. 어쩌면 그렇게 용한지 육군 대장도 아니면서 감방동기 별 4개짜리 김씨가 이미 예견한 대로 나는 집행유예 판결을 받았다. 첫눈이라도 올 듯 회색 하늘에 제법 쌀쌀한 기운이 그 동안 무성히 자라난 턱수염으로 스며들었다. 누님이 건

네준 깨진 두부를 먹고 나니 서대문 구치소를 나온 것이 실감되었다. 나는 마음껏 공기를 들이마시며 심호흡부터 크게 했다.

어머니는 구치소에서 나오는 즉시 내려오라 명령했지만 벼룩이도 낯짝이 있지 그럴 수는 없는 일이다. 별을 하나 달았을망정 그래도 사람인 내가 무슨 낯짝으로 고향 집 어머니에게 갈 수 있으랴! 큰소리 떵떵거리며 올라온 서울인데, 명분이 없다. 공부하여 대학생이 되리라는 생각이 뱀의 혀처럼 널름댔지만, 그렇다고 고향의 어머니에게로 당장 내려갈 수는 없는 일이다. 뜻밖에도 방위소집 통지서가 명분이 되어 주었다.

나는 국방의 의무를 다하고도 1년이 지나서야 공부하여 대학교에 가겠다는 생각을 실천할 수 있었다. 마치 기적처럼 대학생이 된 나는 눈썹이 휘날리게 공부에 매진했고, 마침내 중등 국어교사가 되었다. 나는 32년 남짓 중학교와 고등학교에서 국어교사를 하다 3년 전 퇴직했다.

전과자가 되었어도 자식이라며 품에 안아 끝내 '별 하나 선생님'이 되도록 해준 나의 어머니는, 그러나 73세 되던 해 아버지 곁으로 떠나셨다. 벌써 18년 전 일이다. 돌아가시고 이모에게 들은 소리지만, 형이 국회의원 선거에서 떨어지고 어려움에 빠졌을 때 "작은 아들이 없었으면 어쩔 뻔했어! 속만 썩히던 놈이 이렇듯 듬직한 집안의 기둥이 되다니!"라고 하셨단다. 그랬던 어머니를 요즘은 꿈에서조차 통 만날 수 없다.

〈2019. 4. 7.〉

완주에서의 8년 반

　내가 태어난 곳은 부안이다. 산림공무원이셨던 아버지 발령에 의해 무주·남원을 거쳐 전주로 이사와 지금까지 살고 있다. 전주에서 살기 시작한 것은 1966년 초등학교 5학년 봄이다. 어느새 53년째 이어진 전주 살기다. 가히 전주 토박이라 해도 시비할 사람이 없겠지 싶다. 단, 아버지가 남원에서 39세 젊은 나이로 요절하시고 이사해 와 정착한 전주다. 100평 넘는 단독주택을 사기로 계약금까지 이미 치른 상태라 아버지의 뜻에 따른 전주 살기라 할 수 있다.
　그렇다면 전주시를 빙 둘러싸고 있는 완주는? 완주는 내가 32년 동안 머문 교단생활 가운데 가장 많은 8년 반을 근무한 곳이다. 전남 강진 3년, 구례 4년, 곡성 1년, 경기도 평택 1년, 전북 남원 3년 반, 완주 8년 반, 전주 6년, 군산 5년 등 32년을 세부적으로 정리했을 때 그런 결론이 나온다. 그만큼 영욕(榮辱)이 다른 지역 근무때보다도 더 많은 셈이라 할까. 특집을 핑계로 '완주 이야기'를 시시콜콜 하려는 이유다.
　내가 삼례공업고등학교로 처음 발령을 받은 것은 1996년 9월 1일이다. 직전 중학교 교사일 때 나는 본의아니게 오토바이 운전자가 사망한 교통사고의 가해자가 되었다. 조금이라도 빨리 거기서 벗어나고 싶었지만, 무조건 발령이 나는 순환전보자가 되기엔 3년이나 남아 있었다. 밑져봐야 본전이라는 생각으로 일반 전보 서류를 냈는데, 운좋게도 삼례공고로 발령이 났다. 내심 관운이란 게 있긴 있나 보다 할 정도였다.

집에서 승용차로 15분밖에 걸리지 않으니 가는 데만 1시간 넘게 걸린 전임지에 비하면 영전인 셈이었다. 실제로 "영전을 축하한다"는 전화를 여러 통 받기도 했지만, 그러나 삼례공고 근무는 평탄치 않았다. 실업계 고교로는 평택기계공업고등학교에 이어 두 번째인 삼례공고 근무다. 막상 와보니 평택기계공고와는 엄청 달랐다. 학생들은 공부와 아예 시멘트담을 쌓은 것이 기본이었다. 이것이 과연 교실일까 하는 의구심이 버럭 생겨났다.

비록 떠들고 장난이 심하기는 할망정 얼마 전까지 하루 5시간씩 수업하고도 모자라 보충수업까지 해온 중학교 교사였던 나로선 참으로 황당하고도 한심스러운 풍경이었다. 아직 적응이 안돼서 그렇다는 선배 교사들의 애정어린 충고도 들었지만, 나는 그런 실상을 담은 칼럼을 발표했다. 그것은, 그러나 전혀 뜻하지 않은 필화사건의 불씨가 되고 말았다. '교원복지신보'에 실린 '공고생을 위한 사색'이란 칼럼을 동료들이 문제삼은 것이었다.

"자는 학생들을 깨우고, 떠드는 학생들을 조용히 하게 하는데 50분 수업중 상당시간을 소모해야 하는 이 전쟁. 과연 이 땅의 공업고등학교 교육이 제대로 이루어지고 있는지 반문하게 된다"는 내용이 있는데, 그렇다면 "우리 교사들은 아무것도 하지 않은 채 월급만 받아처먹느냐?"는 반발이었다. 급기야 100명이 넘는 교원들 임시 회의가 소집되었다. 나는 무슨 청문회장의 증인처럼 그들 앞에 서야 했다.

"그럴 의도는 추호도 없었는데, 구성원들 명예에 누를 끼쳐 죄송합니다."

 나는 국어과 선배 등 보통교과 교사들의 간절한 충고대로 그렇게 유감을 표했다. 사실은 부임 1년도 안돼 그런 일을 겪고보니 오만 정이 떨어졌지만, 그렇다고 학생들에게까지 그런 것은 아니었다. 학생기자를 뽑아 여기저기 르포를 다니는 등 내 일에 충실했다. 임시로 만든 숙직실을 편집실 삼아 교지 '한내' 제작 지도를 하는 등 언제 그런 일이 있었냐 싶게 열심히 근무했다.

 한편 나는 1998년 6월말 2권짜리 체험소설 '천국의 슬픔'을 펴내기도 했다. 인지를 3만 개 찍어주고, 그만큼 인세를 받았으니 그야말로 거금을 손에 쥘 수 있었다. 마치 무슨 계시처럼 번쩍 떠오르는 생각이 있었다. 한 10년 까마득히 잊고 있었던 사실이 갑자기 생각난 것이었다. IMF. 하루에도 150개 회사가 부도나고, 실업자가 150만 명을 넘어섰다는 소식이 산천초목을 꽁꽁 얼게하고 사시나무 떨 듯하게 했던 IMF. 물론 나는 선생이었기에 그런 사회적 흐름의 소용돌이 속으로 휘말려들지는 않았다.

 엉뚱하게도 나는 IMF를 만회하기 위해, 정확히 말하면 IMF 태풍에 찢기고 할퀸 사람들을 위로하기 위해 원고지 2천 장의 체험소설을 쓰게 되었다. 어린 시절부터 서른 두 살 때까지 왕창 고장났던 청춘의 내 삶을 까발긴 '천국의 슬픔'이 그것이다. 출판사 마케팅도 한 몫했겠지만, 책에 대한 반향은 제법 컸다. 여러 번에 걸쳐 3만 권분의 인지를 출판사에 넘겨주었으니까. 여성 월간지 등 이런저런 곳에서 인터뷰도 했다.

 그로부터 한 달 남짓 지나선 영광스럽게도 제2회전북예술상을 수상했다. '영광스럽게도'라 말한 것은 신인상 말고 수상한 생애 최초의 문학상이기 때문이다. 나를 포함, 문학·무용·사진·연극 부문 등 4명이 각각 상패와 함께 200만 원의 상금을 부상으로 받았다. (사)한국예총전북연합회(전북예총)가 ㈜하림의 지원을 받아 소속 10개 협회원들중 우수 활동을 펼친 회원에게 주는 전북예술상이었다.

하긴 나는 소설말고도 7월과 10월 문학해설서와 수필집, 그리고 두 권의 문학평론집 등 4권의 책을 더 펴냈다. 그러니까 1년에 무려 5종 6권의 저서를 펴내는 괴력을 발휘한 것이다. 그럴망정 객지에 나가있는 나를 전북문단에 소속되게 이끌어준 김학 전북문인협회 회장의 추천이 없었다면 어림없는 일이었음을 지금 다시 한 번 깨닫는다.

어쨌든 의무 근무기간인 2년을 채우자 나는 옆 블록의 삼례여자고등학교(현 한별고등학교)로 옮겨갔다. 젊음의 열정을 불사르기 위해서였다. 나는 나이 50도 안된 젊은 피의 교사다. 내가 학생들을 위해 열정적으로 해낼 수 있는 일이 많음을 알아서다. 문예를 비롯하여 교지와 학교신문 지도 등이 그것이다. 사실 그것은 젊은 국어선생들조차 맡길 꺼려하는 '3D업종'이다. 부임하자마자 특기·적성교육(이때만 해도 진짜 특기·적성교육이 실시되었다.)의 하나로 이루어진 문예창작반 지도를 맡고 나선 것은 그 때문이다.

20명의 문예창작반 특기·적성교육에선 먼저 원고지 사용법이며 띄어쓰기 등 기초적인 것부터 지도했다. 아무리 좋은 내용이라도 형식미가 결여되면 좋은 작품 취급을 받지 못하니까! 문단 나누기라든가 정확한 문장쓰기 등도 그 범주에 속하는 내용임은 더 말할 나위 없다. 그리고 시와 수필이 무엇인지, 어떻게 해야 잘 쓸 수 있는지 등에 대해 지도했다. 대략의 이론 공부를 마친 후엔 바로 실습에 들어갔다. 시와 수필을 매주 써오게 하여 그것들을 개인적으로 일일이 첨삭지도해 주었다.

월~금 7교시에 1시간씩 이루어지는 문예창작반 수업이었지만, 드디어 성과가 나타나기 시작했다. 제1회우석대학교 전국고교생백일장에서 2학년 학생이 산문부 장려상을 수상한 것. 지금까지 없었던 일이라 학교로선 졸지에 큰 경사를 맞게된 것이었다.

"하늘을 봐야 별을 딴다"고, 도대체 백일장대회에 아예 나가질 않으니 무슨 상을 받을 수 있었겠는가? 이를테면 재능있는 학생들이 없어서가 아니라 그걸 발굴해내는 교사가 없었던 셈이다. 지면 관계상 다 밝힐 수 없지만, 재임 4년 동안 많은 제자들이 상을 받았다.

가을(1999년 11월 1일)엔 MBC TV 생방송 시사프로 '정운영의 100분 토론'에 출연했다. '무너지는 교실, 이대로는 안된다'를 주제로 한 시사프로였다. 지방의 일개 교사인 내가 MBC TV 생방송 프로에 출연할 수 있었던 것은 유명세 때문이다. 8월 '교단을 떠날 각오를 하고 쓴 교육개혁비판'이란 칼럼집이 메이저 출판사에서 발매되었다. 출판사는 신문광고를 내는 등 판촉에 열심이었다. 그만큼 알려졌던 것이다. 연말엔 MBC특별기획 '미래를 키웁시다'에 출연하기도 했다.

해가 바뀌어 2000년 새 학기. 나는 담임도 맡지 않았고, 보충수업역시 빠졌다. 매우 잘된 결정이었다. 담임이나 보충수업은 교사 누구라도 할 수 있지만, 그러나 글쓰기나 교지지도 등 특기·적성교육은 나만 할 수 있는 일이어서다. 그런 사무분장은 아마도 교지 창간과 문예지도를 열심히 해달라는 학교측의 배려였던 것 같다.

나는 보다 여유로운 기분 속에서 먼저 교지기자부터 선발했다. 2000년 12월 5일. 마침내 '한별'이라는 이름의 한별고등학교 교지 창간호를 세상에 선보였다. 4·6배판 220쪽의 책자였다. 그때의 뿌듯한 기분대로라면 교지 창간호를 직접 보여드리고 싶다. 이렇게 막 자랑하며.

"우리도 해냈거든요!"

2001년엔 교지 제작과 문예지도 외의 일 하나를 더 맡았다. 바로 '한별고신문' 제작지도가 그것이다. 학교신문인 '한별고신문'은 1999년부터 국어과 아닌 다른 교사가 맡아 흑백으로 제작을 해왔다. 대단히 미안한 말이지만, 그러나 신문다운 신문은 아니었다.

교장·교감이 내게 의사타진을 해왔고, 흔쾌하게 맡겠다고 했다. 교지기자와 신문기자 각 7명씩 14명의 학생들을 지도하는 한편 문예지도 역시 게을리하지 않았다. 공모전에 작품을 응모하고, 백일장에도 부지런히 참가했다. 교지 및 학교신문 제작차 학생기자들을 내 차에 태우고 여기저기 현장체험학습도 수시로 다녔다.

여하튼 학교신문 지도는 교지와 또 달랐다. 대부분 짤막한데다가 6하원칙에 의한 객관적인 글이 신문기사여서다. 그런데도 학생들은 만연체 문장을 쓰는데 익숙해 있었다. 때로는 감상문 쓰듯이 자기 감정을 섞어 쓰기 일쑤였다. 하긴 그래서 지도교사가 필요한 게 아니겠는가! '한별고신문'은 계간지였다. 내가 지도한 재창간호(통권 8호)부터 컬러로 제작했다.

통권 11호를 발간한 2001년 12월 뜻밖에도 '한별고신문'으로 제6회전국학교신문·교지콘테스트(문화일보·SK글로벌 주최 교육부 후원)에서 고등부 금상을 수상했다. 대상이 중학교에 돌아갔으므로 전국 고등학교 신문중 최고임을 인정받은 셈이었다. 전국 각지 여러 학교에서 벤치마킹하고 싶다며 연락을 해오기도 했다.

나는 개인적으로 교육부총리 지도교사상을 수상하기도 했다. 수상 이야기가 나온김에 하는 말이지만 연초(2001년)엔 신곡문학상을 받았다. 수필문단 등 알만한 사람은 다 알 듯 신곡문학상은 당시 기업가였던 라대곤 소설가 겸 수필가가 쾌척한 사재로 1995년 제정된 상이다. 2013년 라대곤 소설가가 세상을 뜬 후에도 지금까지 시상되고 있다.

다음 해, 그러니까 2002년 1월엔 전주시예술상(영화부문)을 수상하는 기쁨도 누렸다. 또한 한별고에서만 교육에세이 4권, 영화평론집 2권, 문학평론집 2권, 문학해설서, 기념문집(편저) 등 10권의 책을 펴냈다. 삼례공고에서 근무하던 3년 반 동안 펴낸 8권을 더하면 18권의 책을 완주 근무 8년 반 동안 상재한 것이다. 아 참, 부임 첫 해인 1999년 5월엔 출판기념회도 열었다. 모두 한별고 재임중 있었던 영광스러운 일들이다.

교원 정기인사에 의해 전주공업고등학교 · 군산여자상업고등학교를 거쳐 삼례공고로 다시 부임한 것은 2014년 3월 1일이다. 처음으로 두 번째 근무하는 학교였지만, 내가 할 일은 없었다. 학교신문 인쇄비를 추경 편성해달라는 나의 건의에 연하배인 교장은 말미를 달라더니 아주 태평스럽게 답을 주었다.

"추경이 좀 어렵겠네요. 그냥 편히 근무하십시오."

1년 만에 한별고로 다시 간 이유지만, 뜻밖의 좋은 일도 있었다. 스승의 날 기념 교육부장관 표창을 받은 것. 알고보니 문예창작과 대학생이 된 군산여상 제자가 추천해서 받게된 교육부장관 표창이었다. '대한민국인재상' 수상자 자격으로 추천을 하게 되었단다. 이런저런 상을 더러 받았지만, 생애 처음인 제자 추천의 수상이라 지금까지도 얼떨떨하기만 하다.

또한 그런 공적은 나를 2015년 3월 25일 서울 오산고등학교 강당에서 진행된 제25회 남강교육상 시상식장에 서게 했다. 남강교육상은 "일제하 암흑기의 민족지도자로서 독립운동과 교육활동에 큰 공을 남긴 남강(南岡) 이승훈(李昇薰) 선생의 교육정신을 실천 계승하기 위해 제정된" 상으로 남강문화재단과 국민일보가 주최하고 교육부가 후원한다. "남의 모범이 될 만한 교육자를 선발, 시상함으로써 올바른 교육자상을 확립하는데 참뜻이 있"다.

"선생께서는 31년간 국어교사로 재직하시면서 입시 위주의 교육현장 속에서도 학생들의 특별활동을 통한 특기·적성교육과 인성교육에 남다른 열정과 투철한 사명감, 교육관을 바탕으로 학생들을 지도해오셨습니다. 학교신문·교지·문예지도를 통해 학생들에게 성취감을 길러주고, 특히 인성교육에 헌신적으로 노력하셨습니다. 이에 선생의 교육적 활동을 높이 치하하며 존경과 감사의 뜻을 담아 이 상을 드립니다."

수백 명 오산고 학생들이 박수를 쳐주는 가운데 받는 최초의 교육상이라 그럴까. 나는 상패와 상금 액수(5백만 원)가 적힌 봉투를 받는 순간 콧등이 시큰해진 채 정년의 그 날까지 다시 한 번 열정을 다짐하고 있었다. 본격적으로 특기·적성교육을 시작한 한별고로 재차 부임하여 받은 남강교육상이라 더욱 감개무량했다. '올해의 스승상'이나 '눈높이교육상' 등 여러 교육상에서 수상자가 거의 없었던 글쓰기・학교신문・교지 등 체험활동의 특기・적성교육을 인정해준 것이 너무 고맙고 반가웠다.

　나는, 그러나 남강교육상 수상 1년 만에 마침내 교단을 떠나고 말았다. 그런데 그리 홀가분한 기분이 아니었다. 신나거나 즐겁지도 않았다. 누구를 탓하고 원망할까만 마치 뭐에 등 떠밀리듯 떠나는 기분이랄까. 신청서를 내가 직접 작성한 것이 분명한데도 마치 누군가에 의해 강제로 교단을 떠난다는 느낌이 좀체로 가시질 않았다.

　사실 나는 1년 전까지만 해도 명퇴에 대해 요지부동이었다. 정년의 그날까지 눈썹 휘날리게 할 일이 있어서였다. 나의 특기・적성교육 지도로 빛을 보게될 많은 학생들을 위해서였다. 그랬던 내가 명퇴를 전격 결심한 건 아이러니칼하게도 한별고에서다. 나는 글쓰기 및 학교신문 지도 등 문인교사로서의 존재감을 전혀 가질 수 없었다. 15~16년 전 학교신문과 교지 창간의 주역으로 그 활성화를 위해 애써 옮겨온 내 맘이나 의지와 다른 악덕환경이라 할까.

　다시 한별고로 부임해 내가 맡은 일은 어이없게도 생전 처음인 것들이었다. 응당 관련 칼럼 '참 나쁜 담임 업무배제'를 썼다. 교육관련 칼럼을 수백 편 써왔지만, 이런 글을 쓰게 될 줄은 미처 몰랐다. 칼럼은 엉뚱하게도 학교에서 한바탕 난리를 겪는 필화사건으로 번졌다. 삼례공고에 이어 겪은 두 번째 필화사건인 셈이다. 그 황당함이야 이루 다 말할 수 없다. 교직 32년 만에 처음으로 근태상황이며 시험문제 출제까지 체크를 당했으니 말이다.

　남강교육상까지 받고, 정년의 그날까지 열심히 해야겠다던 일을 자부심 넘치게 할 수 없었던 그 1년은 차라리 악몽이었다. 전자공문이나 접수하고, 마치 신규교사처럼 새로 맡은 업무를 교무실무사 등

남에게 부탁해 처리할 때 너무 오래 교사를 하나 하는 섬뜩한 생각이 들곤 했다. 그렇게 한별고에서 교단을 떠났다. 그야말로 영욕의 파노라마가 아니고 무엇이겠는가!

〈'전북수필' 제88호, 2019.6.1.〉

동인지 '전북수필' 40년

전북수필문학회(회장 윤철)가 반년간으로 펴내는 동인지 '전북수필'이 세상에 나온 지 40년이다. 1979년 9월 김학, 지금은 고인이 된 정덕룡·정주환 수필가 3인의 주도로 전북수필문학회(회장 정덕룡, 주간 정주환)가 발족했다. 같은 해 10월 25일 동인지 '전북수필' 창간호를 발행한 이래 40년이 지난 것이다.

창립 당시 20명이던 회원 수가 지금은 171명(2019년 6월 1일 발간된 '전북수필' 제88호 주소록 기준.)이다. 동인지 '전북수필'은 통권 88호까지 출간됐다. 1988년부터 해마다 2명(2017년만 3명)씩 전북수필문학상 수상자는 65명에 이른다. 40년 사이 그 이름처럼 전북을 대표하는 수필문학 단체로 우뚝 선 것이라 할 수 있다.

일개 문학동인지가 몇 년 하다 어느 날 사라지지 않고 40년 동안이나 이어지고 있는 것은 장하디 장한 일이다. 여타 동인지들과 다르게 출판비를 받는 체제라 더욱 그렇다. 동인지 '전북수필'에 수필을 게재하려면 연회비 말고 출판비 2만 원을 내야 한다. 아마 출범 당시 열악한 재정형편상 나온 고육책인 듯한데, 이제 완전 정착된 모양새다.

그런 자부심과 자신감의 소산일까. 전북수필문학회는 6월 7~8일 대둔산호텔과 삼례문화예술촌에서 제1회전북수필가대회를 열었다. 야심차게도 도내 12개 수필문학 단체를 아우르는 행사다. 보도에 따르면 150여 수필가 등 문인들이 참여하여 나름 활기를 띤 것으로 알려졌다. 무엇보다도 수필가대회 시도 그 자체가 역사의 한 획을 긋는 의미임이 분명해 보인다.

전북수필문학회는 회원 구성상 특징이 있다. 수필문학회라 해서 수필가들만 있는게 아니어서다. 시인들 모임인 시인협회, 소설가들로만 이루어진 소설문학회와 다르게 비수필가들도 수두룩하다. 시인·소설가·평론가·아동문학가 들이다. 문학 전 장르에 걸친 작가들이 전북수필문학회 회원으로 참여하고 있는 셈이다.

그러나 65명에 달하는 역대 전북수필문학상 수상자들을 살펴보면 대부분 수필가들이다. 1983년부터 평론가로서 회원이 된 내가 활동을 소홀히 한 것도 그 이유가 가장 크지 싶다. '눈썹 휘날리게 활동해봐야 전북수필문학상도 못받는데, 결과적으로 수필가들 들러리만 서는 꼴인데…' 따위 회의론이 그것이다.

또한 연회비와 별도로 작품 발표시 함께 내는 출판비 제도가 맘에 안든 이유도 있다. 등단 전 동호회원도 아니고, 영락없는 수필가 역시 아닌데, 굳이 내 돈 내가며 수필을 발표하는 일이 평론가인 나로선 마음에 들지 않는다. 회원 주소록에 있다가 어느 해부터 사라진 문인들도 혹 그런 이유로 전북수필문학회를 벗어났는지 모를 일이다.

한편 과연 상을 받을만한 수필가인지 고개를 갸웃거리게 하는 수상자들이 있어 보인다. 문학성은 그 다음이다. 우선 문장이 제대로 안 되어 읽기부터 불편한 수필을 쓴 수필가들이 어떻게 상을 받는지 의아하고 신기롭기까지 하다. 이는 경향(京鄕)을 불문한 수필잡지들의 뿌리 깊은 신인 양산 논란과 맞물린 문제이기도 하다.

연전에 어느 계간 문예지로부터 소설신인상 심사를 의뢰받았다. 등단시킬 만큼은 아니라는 소감을 보냈는데, 그 소설은 등단작으로 잡지에 실렸다. 어이가 없었지만, 수필 분야는 더 심하다. 논문 같은 긴 문단은 고사하고 무슨 말인지도 썩 이해 안 되는 문장으로 채워진 수필들도 신인상 당선작이 되곤 한다. 그 잡지로 등단했다면 한 수 깔고 보는 선입견이 생겼을 정도다.

  수상자와 관련, 또 하나 의문이 있다. 1980년대 혹은 1990년대 중반부터 수필을 써온 수필가들이 65명 수상자 명단에 없는 것은 이상한 일이다. 문학성 위주로 선정한다는데, 그들은 지금까지 그런 수필을 써내지 못한 것인가. 아님 '5년 이내 성실히 활동한 여부'의 내용인 이런저런 행사에 참여하지 않아서일까?

  수필문학상이니 오리지널 수필가가 아닌 시인·소설가·평론가는 수상 자격에서 열외되는지, 그것도 의문이다. 그들이 아예 수필집을 펴내지 않았다면 더 말할 게 없다. 그게 아니라면 수십 년 전북수필문학회 회원으로 활동한 시인·소설가·평론가들이 제법 있는데, 그들중 단 한 명의 수상자도 없는 건 또 다른 차별이다. 그런 생각이 가시지 않는다.

  동인지 '전북수필' 40년이 너무 대견스럽고 장하지만, 수필가들에게 당부한다. 정확한 문장과 정제된 문단부터 갖추라고. 그런 기본기가 되어있는 가운데 문학성 여부도 치열하게 따져볼 수 있을 것이다. 부디 본전 생각이 나면 어쩌지 하는 걱정으로 선뜻 수필집 읽기를 망설이는 것이 평론가인 나만의 선입견이 아니길 바란다.

〈전라매일, 2019.6.11.〉

실패한 인생

 교단을 떠난 지 어느새 3년이 지났다. 돌이켜보면 현직에 있을 때 못지않게 눈썹 휘날리게 산 날들이다. 교원문학회 창립과 함께 동인지 '교원문학', 기관지 '교원문학신문'을 내는 일도 그중 하나다. 남들 다하는 문학상 제정·수여말고 지자체나 도교육청의 예산 지원없이 고교생 문학작품을 현상공모, 시상하기 등 언제 퇴직 3년이 지나갔지 할 정도다.
 "우리 나이면 옛 일 생각하며 살 때 아닌가?"
 그렇게 바쁜 나날을 보내고 있던 내게 고교때부터 친구 K가 전화에서 말했다. 시골에서 고교 졸업후 줄곧 농사 짓는 친구 B를 만나러 가자며 한 말이다. 내심 지난 4월 딸아이 결혼식때 그냥 지나쳐버린 B라 썩 내키지 않는 제안이었다. 전화에서의 K 말처럼 옛 일이나 생각하며 살 만큼 한가한 몸이 아니기도 했다.
 그러나 K의 거듭되는 제안에 그만 약속을 하고 말았다. 1학년때 생애 최초의 모악산 등반 등 고교시절 추억은 그만두고, 회고해보니 나의 두 번째 출판기념회에 와준 B였다. 이후 나도 그의 모친상 조문을 했지만, 어느때부터인지 연락이 끊기다시피해 B의 딸 결혼식을 모르고 그냥 지나쳤다. 시골로 B를 찾아가 점심식사를 함께 하며 들은 이야기다.
 친구나 인간관계를 생각해보면 다소 쓸쓸하게도 실패한 65년 인생이지 싶다. 술을 끊으면서부터였는지 확실하게 기억은 안나지만 친구가 없어서다. 물론 친구가 없었던 건 아니다. 예컨대 어느 친구의 경우 사업에 실패한 후 도피성 해외 출국을 했고, 만나본 지 10년도 더 되었다. 그가 해외에서 돌아왔다며 전화를 해왔을 때 나는 야멸차게 말했다.

"친구 없이도 잘 살았는데, 이제와서 뭐하러 만나냐?"

6수 끝에 들어간 대학에서 교유한 예비역 친구는 졸업후 만나보긴 커녕 전화번호조차 알지 못한다. 대학 시절 친구같이 지낸 후배 역시 한동안 잘 만나다가 어느 날 속세를 떠나 스님이 되어버렸다. 각박한 사회에 내던져지면서 서로 먹고 살기 바빠 옛 친구들을 오랫동안 만나지 못한, 꼭 그런 것만은 아닌 이별이라 할까.

아무튼 나는 모든 걸 버리고 살기 시작했다. 그 무렵부터인지 자세한 기억은 없지만, 주당(酒黨)이라 불리던 시절이 있었나 할 정도로 술을 끊어버렸다. 술을 마시지 않으니 자연스럽게 동창회 모임이나 직원 회식을 일삼아 나가지 않게 되었다. 그야말로 소설과 수필을 읽고, 드라마와 영화를 보고 쓰기에만 올인하는 생활이 이어졌다.

거의 모든 걸 버리고 살았기에 친구가 없는 건 자업자득임이 분명하다. 그런데 교단에서 성심을 다하며 지낸 경우도 예외가 아님은 일견 의아한 일이다. 큰딸 결혼식을 치르면서 그런 생각이 은근히 생기더니 이렇듯 쉽게 떠나지 않고 있다. 특히 부모상, 자녀 결혼식 등을 빠짐없이 직접 찾아가 조문하고 축하한 지인(知人)들이 계좌이체로 축하만 해온 경우가 그렇다.

할 일이 없고 심심해서 또는 정치인이나 사업가처럼 낯내기 좋아하는 체질이라 직접 찾아가 조문하고 축하한 것이 아니다. 그들의 애경사를 열 일 제쳐두고 우선순위에 두었기 때문 참석까지 한 것이다. 뒤집어 말하면 내 딸 결혼식이 그들의 우선순위에서 밀려났기에 계좌이체로 땜방한 셈이라 할까. 그것은 나의 그들에 대한 지극정성이 깡그리 무시된 결과이기도 하다.

물론 아프다며 미리 연락해 양해를 구한 경우는 다르다. 퇴직후 토요일에도 근무하는 일을 하는 경우 역시 이해가 되지만, 그러나 대부분은 석연치 않은 이유이거나 아예 가타부타 설명조차 없다. 축의금을 보내왔으니 축하가 맞지만, 서운하달까 허전하다고 할까 뭔가 이건 아니지 싶은 생각이 생기더니 이내 가시지 않는다.

사실 나는 무엇이든 잘 먹는 체질이 못된다. 남들이 즐겨하는 집밖 식사가 일상화되지 못한 이유다. 무엇이든 잘 걱는 사람들을 보면 부러워 죽을 지경이다. 가족외식조차 큰맘 먹어야 비로소 하게되는 나로선 그들의 애경사 참석이 자연스럽게 각별한 의미일 수밖에 없는데…. 아마 그들은 그러지 않은 모양이다.

내가 이러려고 그렇듯 풀방구리에 쥐 드나들 듯 그들의 집안 일에 지극정성을 다한 것인가. 내가 이런 대접을 받으려고 그 없는 시간을 쪼개가며 그들의 애경사를 함께 한 것인지 탄식이 절로 솟구쳐 오른다. 혹 인생이, 세상이 다 그런건데 유난스럽게 호들갑을 떨어대는 것인지도 모를 일이다. 그럴망정 실패한 인생이라는 생각이 떠나질 않는다.

〈전북연합신문, 2019.7.10.〉

실패한 인생2

 지난 해 나는 '실패한 인생'(전북연합신문, 2019.7.10.)이란 글을 쓴 바 있다. 딸아이 결혼식을 치르고 축하객 명단을 작성하면서 느낀 친구와 인간관계에 대해 주로 이야기한 글이다. 그로부터 1년 3개월 만에 다시 실패한 인생 이야기를 하자니 씁쓰름하다. 이름하여 '실패한 인생2'다. 바야흐로 신춘문예나 문학상 시상식 계절을 앞두고 새록새록 생겨난 잔상(殘像)이라 할까.
 오래 전 문학도로서 나의 꿈은 '○○대교수, 문학평론가'였다. 그러나 나는 내내 '○○고교사, 문학평론가'였다. 문학석사를 따고 하필 박사과정을 밟으려는 시점에 좋지 않은 소식이 세상을 떠들썩하게 했다. 박사학위는 기본이고 1억 원 들여야 교수가 된다는 '돈 주고 교수되기' 비리가 대대적으로 언론에 보도되었다. 식겁한 나는 그만 박사학위 과정을 포기해버렸다.
 나는 1983년, 당시로선 좀 희귀한 방송평론가로 데뷔했다. 그러니까 지금 문력(文曆) 38년차인 중견평론가라 할 수 있다. 문학평론만으로 좁혀도 30년이 넘었다. 1989년 '표현'신인작품상과 1990년 무등일보 신춘문예로 등단했으니까. 나는 반짝 등단에 그치지 않았다. 멀쩡한 직업 교사를 하면서도 그야말로 눈썹 휘날리는 비평 등 작품활동을 해왔다.
 지금까지 펴낸 문학평론집·산문집 등 저서가 총 47권(편저 4권 포함)에 이를 정도다. 무엇보다도 47권의 책은 도내에서 다섯 손가락 안에 드는 저술로 알고 있다. 시집 1권만 빼고 모두 300쪽 이상 되는 책들이란 점에서 시인들이 펴낸 시집들과 견줄 바가 아니다. 그만큼 왕년엔 참 많이도 청탁해온 글들을 썼다. 등단 이래 일간신문이나 월간 잡지 등에 발표한 청탁 글들을 묶어 펴낸 책들이 부지기수이니까!

책 한두 권 펴낸 새내기 문인들이 부러워할 문력인데도 실패한 인생이라는 생각이 절로 드는 것은 그런 내게 신춘문예나 문학상 심사위원 위촉이 없어서다. 뭐, 중앙 일간지야 그렇다쳐도 지방지에서조차 신춘문예 심사위원 위촉을 받아본 적이 없다. 수상자와 함께 발표되는 심사위원 면면을 보면 깜 안 되는 문인들도 잘만 들어 있는 걸 볼 수 있는데, 참 이상한 일이다.

잡지 신인작품상 심사위원도 가뭄에 콩 나는 격으로 해보았을 뿐이다. 주로 소설 심사였던 걸로 기억하는데, 자신의 이름을 걸고 하는 심사위원이기 때문 이른바 신인을 양산해대는 잡지가 위촉해오는 걸 오히려 경계했던 마음도 있었지 싶다. 그래도 내가 해온 문학 활동에 비하면 너무 뜸한 심사위원이란 생각이 가시지 않는다.

막상 퇴직하고 4년 이상 지나다보니 그런 생각이 불쑥불쑥 더 스쳐가곤 한다. 특히 고교생백일장처럼 수십 명씩 참여하는 심사위원으로 위촉을 받지 못한 것은 실패한 문학 인생의 하이라이트라 할만하다. 아마 고교 교사로 현직에 있을 때는 학생들 인솔교사로 사제동행해야 했으므로 심사위원 위촉이 없어도 그러려니 했던 것 같다.

무릇 작가란 작품(집)으로 말하는 게 아닌가. 그것이 확실한 명제라면 저명 문인인 나는 그만큼 대접을 받지 못하고 있는 셈이다. 혹

문학박사도 아닌데다가 대학 교수가 아니어서 그런 것일까. '실패한 인생'에서 알 수 있듯 결코 친화적이지 못한 인간관계까지 설상가상으로 겹쳐 신춘문예나 문학상 심사위원 한 번 못해본 것인가?

실패한 인생이라는 생각이 절로 드는 또 다른 이유가 있다. 다른 지역보다 유난히 많은 도내 어떤 신문사로부터도 논설위원 위촉이 없는 점이다. 상근은 고사하고 하다못해 객원 논설위원을 해달라는 요청이 없는 게 나로선 이상한 일이다. 전에는 현직 교사의 신분이라 그런 생각할 짬조차 없었지만, 퇴직한 지 4년이 지난 지금은 그렇지 않다.

아는 이들은 다 아는 일이지만, 나는 1992년부터 오랜 세월 신문에 칼럼을 발표해왔다. 내가 펴낸 47권중 13권에 이르는 산문집은 대부분 신문 등에 발표한 칼럼들을 묶은 책이다. 항의 전화도 받았지만 "가려운 곳을 긁어주어 통쾌하다며 앞으로도 계속 써달라"는 격려·주문이 많았다. 평론가보다도 신문 칼럼 필자로 알아보는 사람이 오히려 더 많음을 알게됐을 정도다.

앞에서도 말했지만, 나는 등단한 지 38년째 되는 문인이다. 거기에 더해 교원문인으로서 수많은 제자들을 지도하여 상을 받게 하고, 그런 공적으로 유수의 교육상까지 받았는데도 왜 실패한 인생이란 생각이 드는지 모를 일이다. 방송과 영화평론까지 합쳐 47권의 책을 펴냈으니 나름 알찬 문학 인생을 산 셈인데도 왜 그런 생각이 자꾸 떠오르는지….

〈전북연합신문, 2020.10.27.〉

15명 신입회원을 적극 환영함

 어느새 '교원문학신문' 제7호를 발행한다. '고원문학신문'은 3개월마다 한 번씩 펴내는 교원문학회 기관지다. 4면짜리 타블로이드판일망정 아마 회원 수 30명이 채 안 되는 문학회가 계간 발행의 올컬러 신문을 내는 것은 전국 최초이자 유일무이(唯一無二)한 일이 아닐까 싶다. 마냥 흐뭇하고 뿌듯한 일이 아닐 수 없다.
 그런데 이제 앞에서 말한 '회원 수 30명이 채 안 되는 문학회가' 아니게 되었다. 지난 3월부터 9월 6일까지 전·현직 교원문인 15명이 우리 교원문학회에 새로 들어왔기 때문이다. 고원문학회는 올들어 3명이 제명(2회 연속 회비 미납)되고, 2명이 자진 탈회해 현재 총 36명 회원의 문학회로 거듭나게 되었다.
 역시 '교원문학' 제4호 발간사 내용을 꼼꼼히 떠올려보면 36명의 교원문학회가 얼마나 뿌듯하고 대견한 일인지 엿볼 수 있다. 창립 이래 3년 동안 지속된 일종의 미스터리가 있다. 정확히 말하면 부러움을 동반한 의문이다. 우선 시인들이 회원인 전북시인협회나 수필가들로 이루어진 전북수필문학회의 구성원 수를 보면 부러움이 솟구치곤 한다.
 그런 식이라면 전·현직 교원문인들은 응당 교원문학회 회원이 되어야 할 것 같은데, 전혀 그렇지 않다. 요컨대 우리 회원보다 8~10배쯤 많은 걸로 추정되는 도내의 전·현직 교원문인들이 교원문학회 비회원인 것이 미스터리다. 너무 '쎈' 회비 때문 입회를 망설이는지 또 다른 이유가 있는지 알 수 없지만, 마침 교원문학회는 6월 1일부터 2년 임기의 김계식 새 회장이 이끌게 된다. 미스터리가 해소될지 기대해본다.

몇 달 사이 15명이나 대거 교원문학회 새 식구가 된 것은, 이를테면 그런 미스터리를 일정량 해소해준 결과인 셈이다. '교원문학' 제4호 발간사에 보면 "하긴 창립 당시 회원 20명이 25명으로 늘었으니 선방한 셈이"라는 내용이 있지만, 누가 보아도 자위성(自慰性) 발언으로 볼 수밖에 없을 것이다.

말할 나위 없이 전·현직 교원문인들 대거 입회는 김계식회장의 적극 활동 덕분이다. 보다 정확히 말하면 신입회원 15명중 13명이 회장 권유로 교원문학회에 들어왔다. 신입회원들을 환영하기 위한 임시총회까지 열어 총 30명이 참석하는 성황을 이루었으니 절로 자축하지 않을 수 없다.

교원문학회는 여느 문학회와 다르다. 선생님으로서의 자부심을 뿌듯하게 지닌 채 문학활동하는 전·현직 교원들만 회원으로 참여할 수 있는 문인단체여서다. '고교생문학대전' 공모전이나 '교원문학' 제2호부터 스승의날을 발행일로 하고 있는 것도 그래서다. 전·현직 교원문인들이 꼭 참여해야 할 교원문학회인 것이다.

사실은 교원문학회에 대한 회의가 없는 건 아니다. 사람끼리의 일이고 서로 다른 인격체인지라 하나같이 좋은 관계일 수는 없을 것이란 이치나 순리를 감안하더라도 그런 생각이 해수욕장 모닥불이다. 그런 와중에 새 피 수혈이 이루어진 셈이니 어찌 전진하지 않을 수 있겠는가!

그렇더라도 교원문학회가 실시하는 또 하나 상인 고등학생 대상의 '전북고교생문학대전'에 대해선 고민이다. 현저히 줄어든 응모자도 그렇지만, 장원 학생이 시상식에 오지 않거나 아예 수상자를 못내는 그런 대회라면 굳이 시행할 필요가 있나 해서다. 전국 고교생으로 자격을 확대해보는 것도 고민중 하나다.

아무튼 많은 분들의 뜻있는 후원과 늘어난 회원들에 힘입어 교원문학회가 제몫을 다해내리라 또다시 다짐해본다. 교원문학회, 아자!

〈교원문학신문, 2019.10.2.〉

아주 흐뭇한 교육상 시상

 어느새 교단을 떠난 지 4년이 되어간다. 흔히들 시원섭섭하다는 말을 하는데, 나 역시 교단 떠나는 마음이 그랬다. 무너진 교실 현장을 벗어나는 것이 시원했다면 교직 32년간 기본적인 수업외 눈썹 휘날리게 해온 학생들 글쓰기며 학교신문 및 교지제작 지도를 계속할 수 없음이 섭섭하게 다가왔다. 지금도 그렇다.
 그런 섭섭함과 상관없이 흐뭇한 소식들이 지난 달 연달아 전해졌다. 먼저 구랍 7일 전해진, 교육부·조선일보사·방일영문화재단이 공동 제정·시상하는 '제17회 올해의 스승상' 시상식 소식이다. 7명의 교사가 각 2,000만 원의 상금과 함께 '제17회 올해의 스승상'을 수상했다. 2002년 제정돼 지금까지 221명의 교사가 상을 받았다니 아주 흐뭇한 교육상 시상이다.
 사실 나로선 아쉬움이 있는 올해의 스승상이다. 군산여자상업고등학교 근무 때 1차심사를 통과해 2차 현지실사까지 받은 적이 있지만, 어찌된 일인지 최종 수상 교사 명단엔 들지 못해서다. 이후 '남강교육상' 수상자가 되어 눈썹 휘날리게 해온 학생 지도에 대한 공적을 인정받은 셈이 되긴 했지만, 올해의 스승상 시상식 소식을 대할 때마다 그때의 아쉬움이 솟구치곤 한다.
 그런 아쉬움이 전혀 없는, 마냥 흐뭇하기만한 소식도 있다. 구랍 2일 남원교육지원청에서 열린 '2019년도 남원교육대상' 시상식이다.

남원교육대상은 남원교육지원청과 재단법인 수곡장학회가 공동 주관하는 상으로 2명의 교사가 각각 상금 200만 원과 함께 수상했다. 2007년부터 실시해왔는데, 나로선 처음 알게된 교육상이다. 그만큼 더 반갑다.

아마 수곡장학회가 상금을 후원하는 모양인데, 아주 흐뭇한 교육상 시상이다. 교육상 주관처가 대부분 신문사 등 언론사인 점을 감안하면 수곡장학회의 상금과 함께 수여하는 남원교육대상은 돋보이기까지 한다. 특히 지방의 작은 도시에서 아주 흐뭇한 교육상 시상을 하고 있어 더 값져 보인다. 남원뿐 아니라 전국의 많은 소도시에서도 그런 교육상이 확산되길 기대해본다.

구랍 13일엔 학부모를 중심으로 한 학교운영위원장협의회가 제정·수여하는 교육상 시상식 소식도 전해졌다. 전주시학교운영위원장협의회가 주최하고 아름다운교육공동체상제정위원회·전주교육지원청·전라북도학교운영위원장협의회가 공동 주관하는 '제1회아름다운교육공동체상' 시상식이 그것이다. 상금은 전북은행과 전주현대옥이 후원하는 것으로 알려졌다.

이번엔 6명의 교사가 각 100만 원의 상금과 함께 상을 받았다. 마치 내가 받은 것처럼 흐뭇한 일이지만, 좀 의아스러운 대목도 있다. "상금은 수상자 소속 학교(기관)의 발전기금으로 기부된다"(전라매일, 2019.10.29.)는 내용이 그렇다. 줬다가 빼앗거나 내놓으라는 식의 상금 수여는 교사들 사기 진작을 위한 교육상 시상이라 보기 어렵다. 잔뜩 생색만 내려는 주최·주관측이 교사들을 들러리 세우는 듯한 느낌을 떨칠 수 없다.

1인당 상금이 고작 100만 원인 것 역시 좀 아니지 싶다. 요란한 주최·주관자나 도내 대표기업이라 할 전북은행 등 후원자가 있는데도 상금이 고작 100만 원이라서다. 수상자들 공적을 보고 느낀 또 다른 아쉬운 점은 글쓰기·학교신문·교지제작 지도 등에 헌신하는 교사 수상이 없는 점이다. 앞으로 특기·적성교육 지도교사 발굴 및 시상도 이루어지길 기대해본다.

〈전북연합신문, 2020.1.17.〉

교원문학상, 그 어떤 수상보다 뿌듯

    내가 신인상말고 글쟁이가 되어 처음 받은 문학상은 데뷔 15년째인 1998년 '전북예술상'(문학부문)이었다. 책을 14권 펴냈을 때였다. 9월 시상식 직후 발간된 2권의 평론집까지 한 해에만 5권의 책을 펴내는 '괴력'을 나도 모르게 보인 셈이 되었다. 그 이후 현직교사로 계속 근무하면서도 나는 1년에 한 권 이상의 책을 펴내는 글쟁이였다.

    고교 교사로 퇴직한 지 4년이 지난 2020년 현재 나는 총 47권(편저 4권 포함)의 책을 펴낸 평론가로 활동하고 있다. 그중 산문집 등 4권은 최근 3년간 펴낸 책이다. 제4회교원문학상 수상자로 선정된 이유도 거기에 있는 것으로 알고 있다. 전임 회장이라 수상이 약간 쑥스럽기도 하지만, 자격이 충분하여 받는 교원문학상이니 그걸로 위안삼고자 한다.

    내가 퇴직 후 처음 받은 상은 2018년 연금수필문학상이다. 같은 해 충성대문학상(소설부문)도 수상했다. 그런데 이 두 개의 상은 공모전으로 진행된 것이라 온전한 문학상이라 하긴 어렵다. 상장과 상금을 받으면서도 왠지 껄적지근했던 기분이 지금까지도 남아 있다.

    그렇게 보니 온전한 문학상을 받은 건 2011년 전북문학상 수상 이후 거의 10년 만이지 싶다. 그때 '전북문학상, 그 어떤 수상보다 기뻐'라는 제목의 소감을 썼는데, 제4회교원문학상 수상은 그런 기분을 소환해낸다.

한편 나는 2015년 제25회 남강교육상을 수상했다. 수 백 명 학생들이 모인 서울 오산고등학교 남강기념관에서의 시상식은 교사로서 더없이 벅찬 감개무량과 뿌듯한 자부심을 갖게해주었다. 생애 처음인 교육상인데다가 나의 눈썹 휘날리는 학생 지도가 '일대종사'임을 인정받은 셈이어서 밀려오던 벅찬 감개무량과 뿌듯한 자부심이었으리라.

제4회교원문학상 수상은 그런 기분을 소환해내기도 한다. 남강교육상 수상에 대한 보답이라 할까, 나는 퇴직하자마자 '교원문학회' 활동에 들어갔고, 마침내 제4회교원문학상을 수상하는 오늘에 이르게 되어서다.

사실 아무리 열심히 활동을 해도 상 줄 곳에서 알아주지 않으면 그만이다. 1년에 1권 이상 책을 펴내는 등 왕성하게 활동하는 내가 10년 만에 온전한 문학상 수상자로 선정된 것만 봐도 알 수 있는 일이다. 그 점에서 김계식 교원문학회장에 대한 감사의 마음을 크게 간직하게 된다. 더불어 회원 여러 분이 뜻을 모아 주는 상으로 깊이 간직하려 한다.

〈'교원문학' 제5호, 2020.5.15.〉

시의 발견 목포대 백일장

 2016년 2월말 퇴직했으니 삼식이(집에서 하루 세 끼니 식사를 하는 사람)로 산 지도 어느새 4년이 지났다. 코로나19가 6개월 넘게 기승을 부리는 와중이라 집콕이 대세인 그런 나날이다. 덩달아 삼식이 역시 나름 존재가치가 있어 보인다. 은근 자부심이랄까, 코로나19 전 삼식이로 살 때와 뭔가 다른 뿌듯함이다. 그럴망정 추억에 빠져들기는 하나의 필수과목이 되어버린 느낌이다.
 새삼 '세월 참 빨라'하는 생각이 절로 일어난다. 32년 남짓 머물렀던 학교에서 있었던 여러 일들이 주마등처럼 스쳐가서다. 즐거웠거나 아쉬웠던 모든 일들이다. 그 동안 나는 2개의 중학교와 7개 고등학교에서 근무했다. 수업 말고 학생들 글쓰기며 학교신문이나 교지 제작 지도로 눈썹 휘날리게 바빴던 교단생활이라고 할까.
 내가 교단생활을 처음 시작한 곳은 도암중학교(전남 강진군 도암면)다. 거주지 전북에선 나 같은 사립대 국문과 학생을 대상으로 한 시험이 없었다. 같은 전라도라는 친근감 때문인지 경기도를 지망할까 하다가 이내 전남 지역 순위고사(지금의 교원임용고사)에 응시했고, 합격한 결과다. 중등교사 첫 발령을 받은 건 1984년 4월 20일 내 나이 29살 총각일 때다.
 나는 그로부터 1992년 2월말까지 8년 가까이 전라남도 강진·구례·곡성에서 교편을 잡았다. 1992년 경기도로 도간 교류했고, 이듬해 나는 고향인 전북으로 내려와 퇴직때까지 한 군데 중학교를 빼곤 전부 고교 교사로 근무했다. 그렇게 남도는 내게서 잊혀져 갔다. 잊혀져가던 남도를 소환해낸 건 뜻밖에도 목포대학교 전국고교생백일장대회 공문이다.

그렇다. 나는 고교 교사일 때 제자들을 데리고 많은 대학교 백일장 등 전국 각지를 다녔다. 서울만 빼고 대부분 내 차에 태워 가곤 했는데, 대학교 백일장은 국립 목포대학교 전국고교생백일장이 처음 참가한 대회다. 물론 첫 근무지 중학교 교사일 때도 중학생들을 대상으로 하는 백일장에 가긴 했다.

아무튼 까마득한 옛일인데 이렇듯 목포대 백일장의 추억 속으로 빠져들게 되는 건 아마 첫 대학교 백일장 참가라 그런 지도 모른다. 1980년대말 구례여자고등학교 교사 시절 그때만 해도 자가용은커녕 구례→목포간 버스가 없어 광주에서 갈아타는 등 고생스러운 학생 인솔이었다. 새내기 티는 벗었지만, 국어 교사로서 사명을 다하려는 열정만큼은 끓며 넘치던 목포대학교 전국고교생백일장대회 참가였다.

무엇보다도 뭐랄까, 지도교사를 깍듯이 모시는 대학측 태도가 맘에 들었다. 괜히 우쭐해지는 기분까지 느낄 정도였으니까. 목포대에서 처음 경험한 지도교사들에 대한 그런 환대는 다른 대학교 백일장에 참가하면서도 마찬가지였다. 학생을 인솔한 교사를 소 닭 보듯하는 지자체나 문인단체 주최의 그것과 다른 대학교 백일장이라 할 수 있다.

내가 인솔해간 구례여고 학생이 장려상보다 위 등급인 가작상을 받기도 했지만, 이후 내내 잊고 있던 목포대학교 전국고교생백일장

대회였다. 그러다가 1999년부터 4년간 근무한 삼례여자고등학교 (지금의 한별여자고등학교) 교사일 때 공문을 처음 받아보고, 이후 전주공업고등학교와 군산여자상업고등학교로 근무지가 바뀌어서도 십수 년을 다녔다.

  그러나 오후 4시경에 시상식이 열려 우리같이 타지에서 참가한 경우 그때까지 꼼짝없이 대기해야 했다. 잠깐 학교에 갔다 오거나 학생들 글쓰는 걸 보고 그냥 가버리는 목포시내나 인근 군에서 온 인솔 또는 지도교사와 달리 시상식후 백일장 참가 제자들을 다시 내 차에 태우고 돌아가야 했기 때문이다.

  다행히 오전엔 국문과 교수들과 간담회라 할까 자리를 함께 하다 점심식사로 이어져 비교적 지루할 틈 없이 지나가곤 했다. 문제는 그 이후다. 학생들이 글을 쓰고 대학측이 제공하는 점심식사를 하고 특강 등 시상식을 기다리는 사이 목포시내로 나가 목포문학관이라든가 목포자연사박물관을 둘러보는, 제법 쏠쏠한 재미로 지루함을 달래기도 했다.

  그것도 아니면 그늘에 차를 세워놓고 간이세차 등으로 시간을 떼우곤 했다. 그러던 어느 날 한 통의 낯선 전화를 받았다. 지역신문사라며 대뜸 축하한다고 했다. 믿기지 않아 재차 물으니 지용백일장 대상 수상을 축하한다며 소감을 부탁해왔다. 주최측 발표는 개별통지가 아닌 홈페이지 공지였다. 내가 목포대 백일장에 와있어 미처 홈피에 들어가보지 못했던 터라 신문사로부터 받은 수상 소식이 더 기쁘고 감격스러웠는지도 모른다. 그 감격을 떠올리며 오랜만에 대상 수상 시를 다시 읽어 본다.

아무리 인생이 별것 아니라지만
정거장에 서면
또 다른 쉼표가 떠오른다

아무리 인생이 별것 아니라지만
정거장에 서면
새로움이 끓며 넘친다

기쁨 · 슬픔, 용서 · 분노
인생
그 모든 것들이 새로운 의미로 다가오는 곳

오늘도
나는
나만의 정거장에서 진한 담배연기를 내뿜는다.

 대상 수상으로 무슨 등단이 되는 건 아니지만, 1등상은 300만 원의 상금을 거머쥐게 한 동시에 '나도 시 좀 쓰는가' 하는 자부심을 은근히 갖게 해주었다. 그리고 6년이 지나서 마침내 대상 수상작 '정거장'을 제목으로 내 생애 첫 시집을 내게 되었으니 가히 시의 발견을 이룬 목포대 백일장이라 할만하지 않은가. 목포대 전국고교생백일장대회가 어찌 그냥 스쳐 지나가버리는 추억이고 말겠는가!
 그런 기쁨이 채 가시기도 전 오후 4시에 열린 시상식에서 3학년 학생의 시가 가작상을 받기까지 했다. 2002년부터 3년 연속 수상이다. 그야말로 개근상을 받을 만큼 눈썹 휘날리게 다닌 보람이 가슴 미어질 듯 몰려왔음은 물론이다. 아마도 그것이 해마다 목포대학교 전국고교생백일장대회에 가는 원동력으로 작용했던 게 아닌가 싶다. 다음 해 수상자가 없어 코 빠뜨린 제자들을 보는 맘이 짠했지만, 이후에도 2년 연속 수상하는 기쁨이 뒤따랐다.

기억이 매만지는
지나간 시간의 미소를 찾아

회상 한 자락에 실려
닿을 수 없는 곳으로
여행을 떠난다

흘러간 세월을 두고
이미 저버린 마음 한 잎이
갈망하는 곳은
오직 찬란했던 그 품

그리운 그곳을 향해
아직 어린 마음은
여행을 떠난다

화사한 기억 속 그 품으로
사라진 나의 나무 곁으로.

2007년 가작상을 수상한 2학년 학생의 시 '여행' 전문이다. 내친 김에 하는 말이지만, 이 학생은 3학년이 되어선 더 많은 백일장과 공모전에 참여했고, 1, 2등 포함 열 번쯤 상을 받았다. 물론 다 내가 데리고 다니거나 지도하여 이룬 결과이다. 박재삼백일장을 갈 때는 버스가 없다하여 새벽 5시에 시골 집 앞으로 제자를 태우러 갔을 정도다. 1박 2일로 영랑백일장과 효석문화축제를 다녀오기까지 했다.

  그러나 나의 그런 지극정성과 달리 제자는 집안 형편 때문 졸업후 대학 진학 대신 취업을 택했다. 학교에 다니면서도 알바가 방과후 일상이던 제자였다. 빡센 삶의 무게에 짓눌려 그 재원(才媛)이 묻혀 버린 게 지금까지도 아리고 아프다. 이제 서른 살쯤 되었을 나이인데, 영영 시와 시멘트담을 쌓은 채 아주 고단하게 살고 있는 게 아닌지…

  그 다음 해인 2008년엔 좀 난감한 일이 있었다. 하필 제주도 수학여행 일정과 겹친 것이다. 다른 일반계나 특목고 학생들과 달리 특성화고 제자들은 저희들끼리 백일장에 가지 않았다. 포기할까 하다가 마침 학생 인솔을 대신 해준다는 동료교사가 있어 가까스로 빼먹지 않을 수 있었다. 그때를 빼곤 2013년까지 상을 못받아도 해마다 참가한 목포대 백일장이다.

  시를 발견했던 목포대 백일장 생각에 이렇듯 흠뻑 빠져드는 것은 일상을 바꿔놓은 코로나19 때문만은 아니다. 퇴직한 지금 다시 갈 수 없는 목포대 백일장이어서인 지도 모르겠다. 막상 삼식이가 되어 4년 넘게 살다 보니 영화 '박하사탕'에서 설경구가 외치던 말이 생각난다. '나 다시 돌아갈래!'

※아래는 본문에도 나오는 지역신문사와의 인터뷰 내용이다. 이전 어디에도 수록한 바 없는 걸 최근 알게돼 여기에 싣는다.

우연찮게 응모해 갑자기 대상이라니 행복합니다

지용백일장 대상 수상자 전주공고 장세진 교사

우연찮게도 전주는 최근 옥천과 인연이 있다. 지난해 지용신인문학상을 받은 김은정(31·전북은행 도서관 사서)씨에 이어 이번 지용백일장 대상에 장세진(50·전주공고 문학담당) 교사가 탄 것을 보면 그렇다. 둘 다 전주시 덕진구에 산다는 공통점을 가지고 있다.

그렇게 바통을 이어받은 장세진씨는 전주를 옥천 못지않은 시향이라고 했다. 부안 태생이긴 하지만 신석정 시인도 전주에서 생활을 많이 했고, 여타 유명 시인들이 전주를 거쳐 갔다면서 전주와 옥천의 인연을 이야기했다.

그의 이번 백일장 도전기는 참으로 우연이 겹쳤다. 경향신문을 보던 그는 지난해 백일장 공고를 눈여겨 보았다가 올해 학교 문예반 학생들 3명을 이끌고 참가했다. 본인은 할아버지 제사가 겹쳤고, 일요일이라 학생들이 응하지 않을 줄 알고 기대반 우려반으로 '지용백일장에 참가하자'고 꺼낸 말에 제자들이 모두 흔쾌히 응해 기쁜 마음으로 참석했다고.

당초, 본인은 참가하지 않을 예정이었으나 기다리기가 몹시 지루했고, 마침 주어진 '정거장'이라는 시제에 시상이 떠올라 백일장이 시작된 지 30분 만에 즉석에서 지원을 했던 것이다.

원광대 국문과 출신으로 오랫동안 국어와 문학을 가르치며 교편을 잡고 있지만, 전공은 소설 평론 쪽. 시는 아마추어 실력으로 대학시절 써 보고 실력이 없다고 판단 돼 20년 넘게 쓰지 않았다는 게 그의 말이다. 그런데 문득 시상이 떠올랐고 단박에 쓴 시가 당선의 영광을 안았던 것이다. 안타깝게도 그가 이끌고 갔던 문예반 제자들은 모두 낙방했다.

시에 대한 그의 말을 들어보자.

"정거장 하니까 맨 처음에 김수희 노래가 떠올랐어요. 그다음에 정거장은 '쉼표'라는 게 떠올랐고 거기에 주안점을 두었어요. 저는 인생을 장난처럼 생각하지 않고 심각하게 사는 편이거든요. 요즘은 삶을 너무 가볍게 보는 경향이 있는데, 인생이 '그런 것만은 아니다'고 얘기해주고 싶었어요.

마지막에 '진한 담배 연기를 내뿜는다'는 시어는 제가 흡연을 하는데, 그것을 통해 진지하게 고뇌하는 모습을 그렸고요."

정지용에 대해서는 이런 시인의 시를 아이들에게 가르칠 수 있다는 것만으로도 행복하다고 말했다.

"제가 국문학도 시절에는 월북작가 정지용이라고 해서 배웠거든요. 이데올로기와 전혀 상관없는 이런 서정적인 아름다운 시들을 왜 금지시켰는지 모르겠어요. 그런 시들을 아이들에게 가르칠 수 있다는 것이 행복합니다."

백일장을 끝내고 근처 손짜장 잘 하는 중국집에서 맛있게 점심을 먹고 옥천을 떠났다는 장 교사는 시상식에 즈음하여 다시 한 번 옥천을 살펴볼 것이라고 말했다.

-황민호 기자〈옥천신문, 2004.5.29.〉

〈2020. 8. 3.〉

은장도 이야기

펜팔 친구 수경이를 만나러 목포에 간 적이 있다. 엄밀히 말하면 문병차 간 것이다. 고등학교 3학년 가을에 시작된 펜팔인데, 졸업후에도 편지를 주고 받았다. 그러던 어느 날 병문안 와달라는 수경의 전보가 날아들었다. 죽을 병이라 말한 건 아니지만, 어차피 한 번 만나볼 펜팔 친구라면 문병차 내려가 보는 것도 좋을 듯했다. 정식으로 대면하지 않은 처지에 그런 전보를 보낼 수 있는 그녀의 용기가 부럽기도 해 나는 만사 제치고 목포로 향했다.

고2 수학여행에 이어 흑산도 누님네 집에 갈 때 배를 탔던 곳이라 목포가 처음은 아니지만, 길을 물어 병원을 찾아갔을 때 병실 안에서는 웃음소리가 요란했다. 잘못왔나 하는 의구심이 들 정도다. 수경은 무척 반가워했다. 수경 어머니 역시 아주 귀한 손님이 왔다며 반겨주었다. 신기했다. 둘이 이야기하라며 어머니가 밖으로 나가자 수경은 까르르 웃기부터 했다.

그 동안 편지로 사귄 정 때문인가? 직접 만난 것은 처음인데도 수경은 별로 날 어려워하는 기색이 없었다. 다리를 붕대로 싸맨 것 외엔 아픈 데도 없어 보였다. 나와 동갑인 수경은 여고 졸업후 대학이 가기 싫어 조그만 양품점 가게를 하고 있었다. 그래서인지 매우 활달했고, 직접 만나보니 빼어난 미인은 아니지만 육감적인 얼굴이다.

"도대체 어떻게 된 거야?"

내가 화난 듯 채근하니 수경은 잠시 망설이는 듯하더니만 못 참겠다는 듯 그 전말을 털어 놓았다. 수경은 바로 이웃가게의 젊은 사장이 따뜻하게 대해주고 모르는 것도 알려주는 등 여러 가지로 고맙기만 했다. 식사대접이라도 한 번 해야 되겠다고 생각하던 차 마침 그로부터 연락이 왔다. 쉬는 날 저녁식사나 하자는 것이다. 수경인 잘 됐다고 속으로 반겨하며 기꺼이 응했다. 거기까지는 좋았다.

식사만 하고 왔으면 좋았을 것을 음료수라며 권하는 맥주를 마셨고, 해변을 따라 그와 걷기도 했다. 그걸 빈틈이라고 생각했는지 남자는 서서히 본색을 드러내기 시작했다. 아마 취했던 탓인지도 모르겠지만, 반강제적으로 여관까지 끌려가고 보니 갑자기 이제 끝장이라는 위기감이 몰려들었다. 그가 노골적으로 덤벼들자 수경은 창문을 열어 젖히며 다급하게 소리쳤다.

"가, 가까이 오면 뛰, 뛰어내려요!"

그 남자가 더 가깝게 접근을 해왔다. 수경인 다른 것, 예를 들면 죽을 수도 있다는 생각 따위 없이 마치 조선시대 은장도를 품고 다니던 여인들처럼 곧장 아래로 뛰어내렸다. 순결을 지키려는 가녀린 여자를 지켜주는 신의 가호였는지 수경인 한쪽 다리만 다치는 경상이었다. 다른 데는 멀쩡했다. 그러니 입원중에도 옆구리가 터지도록 낄낄거릴 수밖에.

공연히 나는 뜨끔했다. 아무리 그녀 말처럼 친구라 할망정 남자인 내게 강간미수사건을 털어놓은 수경의 대담함에 놀라기도 했다. 그것은 강간미수범인 그 남자를 내가 직접 만나 봄으로써 소설이 아닌 사실로 확인되었다. 우린 친구라며 대뜸 반말을 하는 수경이가 자꾸 떠밀어 떨떠름함을 간직한 채 만나본 것이라 할까. 아마 수경인 나를 내세움으로써 '임자있는 몸을 왜 건드리냐'는 심리적 시위를 하고 싶었는지도 모른다.

　나로선 그런 남자와의 만남은 전혀 색다른 경험이다. 색다른 경험은 또 있다. 수경이 아버지는 고등학교 수학교사인데, 어머니처럼 나를 환대해줬다. 이미 성인이 된 딸을 찾아온 남자를 동성 친구처럼 생각해주는 순수함이 수경 부모에게는 있었다. 입원으로 비게 된 수경이 방에서 이틀 밤이나 자며 낮에는 그녀와 놀고, 3일 만에 귀향한 것은 그 때문이다.

　"친구 입원 급래 요망."

　얼마후 나는 택시와 정면충돌하는 교통사고를 당했고, 입원중에 목포의 수경에게 그런 전보를 보냈다. 전보를 친 우성이 역할은 컸지만 별 반응이 없었다. '위독'이라고 할 걸 그랬나 생각하니 괘씸하기까지 했다. 우성이를, 이를테면 특사 자격으로 목포에 급히 내려 보낸 건 그래서다. 물론 특사의 임무는 수경이 데리고 오기다.

　우성이에 대한 믿음은 적중했다. 하필 봉규, 진섭이 등과 고스톱을 치고 있을 때 우성이가 수경이와 함께 병실로 들어섰으니까. 수경이의 표정은 실망하는 빛이 역력했다. 그도 그럴 것이 병원이긴 했지만, 환자인 내가 친구들과 화투놀이를 하고 있었으니 말이다. 어쩌면 사기, 뭔가 함정이 있을 것 같은 잘 짜인 각본으로 생각할 지도 모를 일이다.

　수경의 굳은 표정이 풀려 본래의 육감적인 모습으로 돌아온 것은 저간의 교통사고 및 사정 이야기를 듣고 나서다. 그녀는 돌아갈 거라 말하면서도 서두르지 않았다. 오히려 그녀는 밤에 친구들과 같이 술 한 잔하고 재미있게 놀다 가라는 나의 권유에 눈을 살짝 흘기며 그런 법이 어딨냐고 반문했다.
"순 나이롱 환잔데, 뭐! 너가 같이 가면 나도 갈게."
금주는 아직도 나를 환자로 만드는 유일한 것이지만, 그러나 거동하는데 큰 불편은 없었다. 그리고 수경인 목포에서 내가 그런 대접을 받았듯 아주 귀한 손님이다. 바로 코앞에서 벌어지는 술판을 보고도 끼어들지 못하는 답답함이 있었지만, 오로지 나를 보러 양품점 사장인 수경이가 일부러 시간 내서 여기까지 온 걸 생각하면 그만 것쯤은 감수해야 했다.
그러나 환자는 환자였다. 어느새 허리가 아파 그만 눕고 싶어졌다. 친구들은 제법 취기가 올라오는지 2차 운운했지만, 무릇 환자란 만용과는 거리가 먼 것일까. 친구들과 더 놀다 오라는 내게 육감적인 눈을 흘기며 수경이도 따라 일어섰다. 그리고 애들이 너무 잠깐 있다 간다며 쳐다보고 있는데도 보란 듯이 나의 팔짱을 끼었다. 우성이가 V자를 지어보이며 씩 웃었다.
문제는 입원 사실을 어머니에게 알리지도 않은 터라 수경일 집에 재울 수 없단 점이다. 문병 품앗이라 할까, 그냥 얼굴이라도 한 번 보고 싶어 오라한 수경인데, 병원 옆에 있는 여관으로 그녀를 데려다주었을 땐 마음이 산란해졌다. 먼저 방으로 들어온 나는 뒤따르는 수경을 이내 끌어안았다. 그리고 키스하려 할 때도 수경인 창문쪽으로 가지는 않았다.
"자, 잠깐만!"
다만, 수경이가 가쁜 숨을 몰아쉬며 다급하게 말했다. 화장실에 다녀온다는 것이다. 수경인 방에 들여놓은 검정색 긴 부츠를 신고 나갔다. 나는 침대에 걸터 앉아 담배를 피워 물었다. 사실은 담배도 안하는 게 좋다고 의사가 말했지만, 그걸 들을 여유가 없는 밤이다. 담배를 끈 후에도 수경인 돌아오지 않았다. 한참이 지나도 마찬가지였다.

아뿔사! 그제서야 나는 그녀가 강간을 피해 겁대가리 없이 3층에서 뛰어내린 목포의 은장도였음을 반짝 깨달을 수 있었다. 펜팔 친구인 나도 3층에서 자신을 뛰어내리게 한 그 강간미수범이나 다를 게 없다고 생각한 게 틀림없다. 아, 참으로 어이 없고도 쪽팔려 온몸이 다 저려온다. 나는 곧장 침대에서 일어나 병실로 돌아와 버렸다.

"아침에 여기 들렀는데, 너 깨우지 말라면서 그냥 간다고 전해주라고 하더라."

몇 시쯤이나 되었을까. 수면제를 먹은 것도 아니건만 오랜만에 깊은 잠을 잔 듯했다. 눈을 떴을 때 언제부터 와있었는지 우성이가 말했다. 수경인 아침식사도 마다하고, 터미널까지 데려다 준다고 해도 거절하며 혼자 갔다고 했다. 목포에서 나처럼 편안한 잠을 자도록 해주긴커녕 뜬눈으로 밤을 보냈을 걸 생각하니 내 죄가 크다. 그 후 수경으로부터 소식은 끊어졌다. 나 역시 퇴원하고도 수경을 만나러 목포까지 내려간 일은 없다.

지금으로부터 46년 전 내 나이 스무 살 끝무렵에 있었던 일이다. 속죄엔 공소시효가 없어서인가. 그후 흑산도 가기나 목포대 백일장이며 목포문학관과 목포자연사박물관 등 10년 넘게 목포 땅을 밟으면서도 전혀 생각나지 않던 수경이가 이렇듯 생생하게 떠오르니 참 이상한 일이다. 이제 60대 중반인 수경이 어떻게 살고 있는지, 열대야가 기승을 부리는데도 전혀 덥지 않게 느껴지는 한여름밤이다.

〈2020. 8. 12.〉

3·1독립만세시위와 유관순 열사

　많은 사람들이 당연한 듯 '3·1운동'이라고 말한다. 흔히들 말하는 3·1운동 하면 '유관순 누나'가 가장 먼저 떠오르지만, 그 전에 생각해볼 것이 있다. 사실은 오래 전부터 목에 가시가 걸린 듯했던 3·1운동이란 용어 사용이 그것이다. 일제의 총칼에 귀한 생목숨 잃어가며 독립만세를 외쳤는데, 그것이 어떻게 운동이란 말인가?
　굳이 사전을 찾아볼 필요도 없지만, 운동은 "사람이 몸을 단련하거나 건강을 위해 몸을 움직이는 일"이다. 물론 운동은 "어떤 목적을 이루기 위해 분주히 돌아다니며 조직적으로 활동하는 일"이란 뜻도 갖고 있다. 그럴망정 아무래도 운동은 건강과 짝을 이루는 단어이다. 많은 이들에게 그렇게 각인되어 있다는 것이 나의 판단이다.
　3·1운동이란 용어에 대한 부당성 제기는 꾸준히 있어왔다. 일례로 2014년 신병국 원광학원 이사장은 '3·1운동인가 3·1혁명인가'(전북일보, 2014.3.3.)라는 칼럼을 통해 '3·1혁명'으로 부를 것을 주장했다. 2015년에도 한겨레 박창식 논설위원이 '3·1운동이 아니라 3·1혁명'이란 칼럼을 발표한 바 있다.
　그 칼럼은 김삼웅 전 독립기념관장이 여성독립운동기념사업회 특강에서의 '3·1혁명' 주장 사실도 밝혀 놓고 있다. 김삼웅 전 독립기념관장은 칼럼 '지금은 3·1혁명 정명을 찾을 때'(한겨레, 2016.3.1.)에서 대놓고 3·1운동 아닌 '3·1혁명' 용어를 사용하고 있다.

훨씬 이전에도 3·1운동이란 용어를 거부한 일이 있다. 비록 소설이기는 할망정 이문열은 그의 장편소설 '우리가 행복해지기까지'(1984년)에서 3·1운동을 '제1차 수복전쟁' 혹은 '기미평화전쟁'이라 명명한 바 있다. 김원일 소설가 역시 대하소설 '늘 푸른 소나무'(전 9권, 1993년)에서 3·1운동을 '3·1민족해방만세시위'라 표현했다.

그런 글들을 보며 알 수 있는 공통점은 3·1운동이 우리 민족 스스로 '알아서 긴' 용어란 사실이다. 일제침략기때야 어쩔 수 없었다 치더라도 1941년 임시정부의 건국강령이나 1944년 대한민국 임시헌장에서도 '3·1대혁명'이라고 기록된 것으로 알려졌다. 해방 이후인 1948년 제헌의회의 헌법초안에도 '3·1혁명'으로 되어 있었다.

그것이 3·1운동으로 격하 내지 폄하된 것은 1948년 대한민국 정부 수립 과정에서다. 유진오가 마련한 초안에 들어 있는 "3·1혁명의 위대한 독립정신을 계승하여"의 '3·1혁명'을 "이승만과 한민당 떨거지들이 '기미 3·1운동'으로 깎아내려" 오늘에 이르게 된 것이다.

'친일인명사전'조차 학교 도서관 비치를 반대하는 무리들이 득시글대는 오늘이다. 그렇듯 대한민국이 아직도 친일파 후손들이 지배세력을 형성하고 있는 나라인 것이 부끄럽고 슬프지만, 그러나 3·1운동이란 용어만큼은 바로 잡아야 한다.

김삼웅 전 독립기념관장이 주장한 자주독립·민주공화·신분해방·비폭력·국제평화 등 혁명으로서의 거창한 당위성은 다 필요 없다. 앞에서 잠깐 말했듯 무엇보다도 3·1운동이 몸을 단련하거나 건강을 위해 움직인 일은 결코 아니어서다.

배다지 민족광장 상임의장은 '삼일운동이 아니라 삼일항쟁이다'(한겨레, 2016.2.25.)라는 글에서 '삼일항쟁'을 주장하고 있다. 1919년 3월 1일 시작한 '반제항일 민족항쟁'은 4월말까지 이어졌다. "전국적으로 1,500회의 항쟁에 참가한 인원은 200만 명에 이른다. 사망자 7,509명, 부상자 1만 6,000명, 피검자는 4만 6,900명에 달하는 동학농민항쟁을 능가하는 항쟁이었다"는 것.

이제 명백해졌다. 혁명이든 항쟁이든 그것이 절대 운동일 수는 없다는 사실이 그것이다. 운동과 혁명이 지금도 친일파의 세력이 만만치 않은 이 땅의 정쟁 대상이 된다면 아무런 윤색도 없이 있었던 그대로인 '3·1독립만세시위'라 부르면 어떨까?

정부가 오리무중이라면 언론이나 시민단체 등 민간의 캠페인부터 시작하는 것도 한 방법이 될 듯하다. 어쨌든 나는 이제부터 3·1독립만세시위라 부르려 한다. 3·1독립만세시위에서 가장 먼저 떠오르는 건 앞에서 잠깐 말했듯 10대 소녀였던 유관순 열사다.

그의 처절하면서도 일제에 대해 가열찼던 모습은 영화 '항거: 유관순 이야기'(감독 조민호)를 통해 현재화되었다. '항거: 유관순 이야기'는 2019년 2월 27일 개봉한 흑백영화다. '항거: 유관순 이야기'는 같은 해 8월 15일 밤 극장 개봉 6개월도 안돼 MBC 광복절 특선영화로 방송되기도 했다.

'항거: 유관순 이야기'는 50만 명쯤인 손익분기점보다 2배 이상 많은 115만 명 넘는 관객을 동원한 흥행영화이기도 하다. 개봉일이 3·1절 어름이었다곤 하나 극장을 찾은 115만 명 넘는 관객들이 고맙고 한편으론 뿌듯하다. 아울러 재빠르면서도 시의적절하게 '항거:

유관순 이야기'를 방송한 MBC에 박수를 보낸다.

'항거: 유관순 이야기'는 충남 병천 아우내 장터 3·1독립만세시위에서 앞장서다 잡혀온 17세 유관순(고아성)의 서대문 형무소 1년여 생활을 그린 영화다. 실제 인물로 알려진 기생 김향화(김새벽), 이화학당 선배 권애라(김예은), 다방 종업원 이옥이(정하담) 등 서대문 형무소 8호실에 갇힌 25명의 여성들과 함께하는 수감 생활이 그려진다.

극장이나 집에서 편하게 보는 것조차도 죄스러울 만큼 '항거: 유관순 이야기'는 일제의 만행을 다룬 어느 영화보다도 먹먹한 아픔을 진하게 안겨준다. 동시에 유관순이 갇힌 8호실에서 1년 후 3·1독립만세시위가 재현된 사실도 알게 해준다.

유관순을 연기한 고아성의 부은 왼쪽눈을 보는 처음부터 뭔가 심상찮은 그런 느낌이 몰려온다. 유관순은 두 팔 묶이고 두 발이 바닥에서 떨어진 채이거나 발에 채운 족쇄, 그리그 손톱 밑을 송곳으로 찔러대다 결국 뽑아버리기까지 하는 일제의 잔혹한 고문을 당한다.

그런 고문을 당하면서도 "만세 1주년인데 빨래 널고 있을 순 없잖아요"라며 끝까지 항거하는 유관순이다. 그런 유관순이 10대 소녀에 불과하다는 사실이 놀랍고 슬프다. 아니다. 어린 시절부터 그저 막연하게 '유관순 누나'라 부르던 어린 순국 열사의 실제 모습을 보는 듯하여 놀랍고 슬프다.

유관순은 "정당한 일을 하니까 하느님이 도와주실 줄 알았다"며 10대 소녀적 감성을 드러내지만, "왜 그렇게까지 하는 거요?"라는 배식남에게 "그럼, 누가 합니까?"라고 반문한다. 아우내 장터에서 아버지가 일본군 총에 맞아 죽고, 그걸 보고 달려오는 어머니마저 대검에 찔려 죽는 개인적 원한이 승화되는 대목이다. 3·1독립만세시위와 광복절의 의미를 새삼 곱씹어보게 하는 '항거: 유관순 이야기'다.

그런 유관순 고문에 니시다로 변한 정춘영(류경수)이 실재(實在) 인물이라는 건 3·1독립만세시위와 대한민국 임시정부 수립 101주년이 지난 지금까지도 친일 청산을 이뤄내지 못한 점에서 또 다른 아픔의 환기이다. "나태와 분열 때문에 조선이 망했다"는 일본 관리의 논리도 되새겨볼 대목이다.

다만, 옥에 티랄까 "뭐야, 초등생도 아니고"란 대사의 '초등생'은 당시 용어가 아니라 관객을 어리둥절케 한다. 그렇다고 영화가 뿜어내는, 10대 소녀에 불과한 유관순의 일제에 대한 저항이 빛을 잃는 건 아니다. 나아가 그로 인한 고문 끝에 맞는 죽음, 열사들의 그런 순국이 오늘의 대한민국을 있게 했음을 깨닫게 한다.

〈2020. 12. 23.〉

조명 아쉬운 의병장 조헌

유구하다는 5천 년 역사의 민족이지만, 가끔은 분한 생각이 든다. 사실 나는 평화의 상징인 그 백의민족도 탐탁치 않게 생각할 때가 많은 사람이다. 이른바 지정학적 위치로 말미암아 끊임없이 이민족으로부터 침략을 당해온 역사의 민족이라서다. 그저 평화를 사랑하고, 이전투구나 일삼은 민족인데도 그 유구한 역사를 이어오고 있는 것은 일견 불가사의한 일이다.

KBS 대하드라마 '징비록'을 보며 알게된 중봉 조헌은 그 불가사의한 의구심을 풀어주는 열쇠의 인물이다. 조선시대의 대표적 이민족 침략사라면 임진왜란과 병자호란을 들 수 있다. 다 아는 역사지만, 툭하면 지진이 일어나는 섬나라 왜구가 도발한 임진왜란은 1592년에 일어났다. 조선건국후 200년이 되는 해다.

그러니까 국토수호와 민생안보를 너끈히 감당해야 할만한 국력의 나라가 되어 있어야 함에도 불구하고 조선 팔도는 단칼에 풍전등화의 운명을 맞이하게된 것이다. 그때 중봉 조헌은 분연히 떨치고 일어나 의병이 된다. 위키백과에 따르면 조헌은 흐남의 고경명·김천일, 영남의 곽재우·정인홍과 함께 호서(충청도 일대)에서 최초로 의병을 일으킨 애국자다.

충북 옥천에서 일어난 1700여 의병은 승병과 합세하여 이미 '왜놈들'에게 유린된 청주를 탈환한다. 이어 전라도로 진군하는 왜군을 막기 위해 충남 금산으로 향했으나 관군의 방해로 의병은 700여 명만 남은 채 해산되어 버린다. 결국 의병장 조헌은 700여 명의 의병과 함께 금산에서 왜군에 맞서 싸우다 전사하고 만다.

간략히 살펴본 조헌의 의병장으로서의 전투와 순국은 우리에게 많은 교훈을 안겨준다. 말할 나위 없이 누구에게나 목숨은 하나뿐이다. 그 하나뿐인 목숨을 초개처럼 생각하며 싸운 것은 조국수호 때문이다. 그 조국이란 게 제대로 된 나라가 아니었는데도 조헌은 목숨을 바쳐 아낌없이 적군과 싸웠고 장렬하게 전사했다.

제대로 된 조국이 아니지만, 온전한 의식의 조헌 같은 열사가 있었기에 수많은 외침(外侵)에도 불구하고 이 땅의 역사를 이어오고 있는 것이라는 교훈이 그것이다. 조헌은 임진왜란 발발전 이미 왜국의 침략을 예견하여 국방력 강화를 주장하지만, 조정에선 끄떡도 하지 않는다. 오히려 궁궐 주춧돌에 머리를 찧어 피가 낭자한 조헌을 보고 비웃기까지 했다니, 침략을 당하지 않을 수 없었던 조국이었던 것이다.

조헌은 그런 조국에도 아랑곳없이 멸사봉공의 자세로 일관한 '참선비'였다. 일신의 보전을 위해 좋은 일만 추구하는 소인배와 다른 모습은 백성을 지키지 못했던 나라였기에 더욱 빛을 발한다. 불리한 전세(戰勢)가 빤히 보이는데도 결연한 의기 하나로 700여 의병들을 하나로 움직이게 했으니 그 같은 나라사랑이 또 어디에 있겠나 싶다.

평화로울 때 살아온 강직한 성품 역시 되새겨볼 만하다. 원래 직언이 너무 과격하면 적들이 많은 법이다. 파당을 지어 당쟁을 일삼던 시절인데도 그런 대쪽 같은 성정으로 일관한 삶이었으니 그 대의가 얼마나 하늘을 찌르는 호쾌한 것이었을지 짐작조차 되지 않는다. 특히 탐관오리와는 상종도 하지 않았다니 그 의로움이 갖는 외로움은 또 얼마나 컸을지….

　조헌은 나라사랑의 애국심에서 뿐만 아니라 효에 있어서도 귀감이 되는 선인(先人)이다. 현대의 효를 유교윤리가 지배하던 당시와 비교하는 데는 다소 무리가 따르겠지만, 부모 공경하는 마음과 행실이 어찌 시대를 따질 수 있는 문제이겠는가! 오히려 그때에 비해 너무 약화된 현대사회라 조헌의 다음과 같은 효심은 깊은 울림을 주기에 모자람이 없어 보인다.

　기록에 따르면 조헌은 부모의 말씀을 들을 때 반드시 무릎을 꿇었다. 부모에게 편지를 쓸 때는 반드시 손을 씻고 의관을 단정히 했다. 또 부친이 병석에 누웠을 때 드시게 하지 못한 죄책감 때문 평생 쇠고기를 먹지 않았다니, 오늘날 우리가 본받기는커녕 흉내조차 내지 못할 부모 공경이 아닐 수 없다.

　그러고 보면 이율곡의 가르침도 대단했지 싶다. 이율곡 문하 중 가장 뛰어난 학자로 조헌을 꼽고 있어서다. 1754년(조선영조 30년) 늦게나마 영의정에 추증되고 문묘에 배향되어 그의 의기의 나라사랑과 선비로서의 기백이 인정받게 되어 우리 민족을 위해서 다행이라면 다행스러운 일이라 아니 할 수 없다.

　참으로 이상한 일은 그런 의병장 조헌에 더한 조명 부족이다. 그동안 소설이나 영화와 드라마로 살아난 이순신 장군은 우리 앞에 여러 번 나타난 바 있다. 임진왜란이라는 누란의 위기에서 이순신과 똑같은 구국의 일념으로 항거·순국한 의병장 조헌인데도 그를 주인공으로 한 드라마나 영화를 본 적이 없으니 이상한 것이다.

　내가 생각하기에 삼도수군통제사 직책의 이순신보다 의병장이었던 조헌에 대한 역사소설이나 드라마·영화들이 활발히 쓰여지고 제작되어야 하는 것이 아닌가 한다. 무릇 영웅은 물론 심지어 내시가 드라마의 주인공이 되는 시대임을 감안하면 더욱 그렇다.

　의병장 조헌의 장렬한 나라 구하기의 일생이 인터넷에나 단편적으로 떠돌고 있으니 참으로 안타깝고도 민망한 일이다. 마침 지금은 폐지되어 없는 KBS 대하드라마 부활 소식이 들려온다. '의병장 조헌'을 TV에서 보는 날이 오기를 바랄 뿐이다.

〈2021. 4. 28.〉

코로나19 속 첫 손녀 처음 생일

　신종 코로나바이러스 감염증(이하 코로나19) 세계 누적 확진자 수가 1억 명을 돌파한 것으로 알려진 건 지난 1월 26일이다. 코로나19 사태가 발생하고 약 열한 달 만인 지난해 11월 8일 5,000만 명을 넘어섰는데, 불과 두 달 반 만에 2배로 확진자 수가 늘어난 것이다.
　반면 이후 두 달 만인 3월 28일 세계 누적 확진자 수는 1억 2,645만 6,051명을 기록한 것으로 전해졌다. 세계 누적 확진자 수가 현저히 줄어든 것을 알 수 있지만, 같은 날 기준 277만 명 이상이 코로나19로 숨진 것으로 알려지기도 했다.
　그렇듯 코로나19는 이미 많은 사람들을 사지(死地)로 내몰았다. 코로나19가 국내뿐 아니라 세계를 황폐화시키고 있다 해도 과언이 아니다. 산 사람들에겐 그 일상을 송두리째 바꿔놓은 코로나19이기도 하다. 그렇다. 코로나19는 인류 모두의 일상을 바꿔놓았다. 가령 사상 최초의 일들을 겪게 하고 있는 것이 그것이다.
　코로나19로 인한 사상 최초의 일들은 퇴직후 이른바 삼식이로 살고 있는 내게도 예외가 아니다. 멀쩡한 이름이 있는데도 내가 삼식이로 불리는 것은 하루 세 끼니 식사를 집에서 하기 때문이다. 사실은 아무 음식이나 덥석덥석 잘 못 먹는 체질과 맞물린 집밥 먹기지만, 나는 특별한 일이나 사유가 아니고선 외식하지 않는 생활 수칙을 갖고 있다.

그러고 보면 나는 코로나19 예방에 맞춤형이거나 특화된 유형의 시민이 아닌가 싶다. 혹 그런 삼식이의 식사를 꼬박꼬박 챙겨줘야 하는 아내의 고충을 헤아릴 오지랖 넓은 사람도 있을 법하지만, 그런 걱정은 안해도 된다. 아내는 나의 식사와 상관없이 수시로 나가곤 하니까. 정확한 셈을 해본 건 아니지만, 아내와 점심식사는 1주일에 한두 번 할 정도다.

비록 조선왕조 500년 양반의 후예일망정 아내가 없을 때 혼자서 밥 챙겨 먹는 건 삼식이인 내겐 일도 아니다. 아내가 이제 막 첫 손녀 백일을 보낸 서울 딸네집에 5박 6일 동안 친정 어머니 자격으로 다녀와도 나는 끄떡없다. 단 한 끼니도 거르는 법 없이 삼식이로서의 본분을 다하고 있다. 코로나19를 나름 이겨내는 셈이라 해도 무방할 듯하다.

아무튼 나는 삼식이답게 매일 운동삼아 나가는 오송제 둘레길 걷기외 풀방구리에 쥐 드나들 듯 외출하는 일이 별로 없는 일상을 살고 있다. 코로나19 예방 수칙을 충실히 따르는 착한 시민이라 할까. 덕분에 마스크 대란 속에서도 수많은 주인공중 하나가 되는 일은 피해갔다. 말 나온김에 덧붙이면 마스크는 내가 선글라스·모자와 함께 평생을 남으로 지낸 물건이다.

내가 평생 마스크를 쓰지 않고 살아온 것은 중2때 안경잡이가 되면서부터다. 마스크를 쓰면 안경에 김이 서리는 따위 불편이 따라 쓰지 않았고, 그것이 습관으로 굳어져 평생 그렇게 된 것이라 할 수 있다. 딴은 미국에서처럼 환자나 범죄자의 것으로 인식하는 측면도 있었지 싶다. 영화나 뉴스 속 범인들을 보면 대개 마스크를 쓰고 있지 않은가?

하긴 나 역시 미국에서처럼 개인의 자유 억압으로 여겨서 마스크를 쓰지 않은 것인 지도 모른다. 단, 거창하게 무슨 인권 차원이라기보다 단순한 불편함을 사서 간직할 필요는 없지 않나 하는 어떤 실용적 생각이 더 강하게 작용했던 결과이지 싶다.

지난 해 4월초 두 달에 한 번씩 체크하고 처방전을 받는 병원 들어가기가 노 마스크로 제지되었다. 약이 다 떨어진 상태라 처방전을 받기 위해 할 수 없이 인근 약국에서 면마스크를 구입했다. 마스크를 쓰고나서야 비로소 병원에 들어갈 수 있었다. 남들 다하는 마스크 쓰기지만, 나는 아니다. 나로선 사상 처음으로 다스크를 쓰고 병원에 간 것이다.

사상 처음인 일은 또 있다. 지난 4·15총선에서 마스크를 쓰고 한 투표가 그것이다. 마스크 쓰기가 신분증 지참과 함께 필수임을 알고, 나는 투표를 포기해버릴까 고민의 늪에 빠져들었다. 어차피 지난 번 내가 찍은 한 표로 뭐가 바뀌는 것도 없던데 따위 생각들까지 뱀처럼 혓바닥을 낼름거려댔다. 당일 오전까지도 그런 생각에 시달렸지만, 그러나 나는 사상 처음으로 마스크 쓰고 투표를 했다.

5월초 재개봉한 '어벤져스: 엔드게임'을 보러 갔는데, 마스크 미착용시 상영관에 들어갈 수 없음을 매표하려 하견서 알게 되었다. 4말 5초 황금연휴를 맞아 나들이객이 부쩍 늘었다는 뉴스를 보면서 깜박했음인가. 아님 아직도 코로나19의 검은 그림자가 극장가에 드리우고 있음을 잠시 잊었는지 마스크 생각은 애시당초 하지 않았음을 깨달을 수 있었다. 고민 끝에 도보로 왕복 20여 분 걸려 마스크를 구입후 영화를 봤다.

그렇게 강제로 마스크를 쓰게한 코로나19는 이동 제한을 강요하기도 했다. 서울까지 갈 상황이 못되어 사상 처음인 손녀의 백일을 전화로만 축하하고 넘어가는 불상사란 아쉬움을 남긴 것이다. 코로나19로 말미암아 생계 위협을 받는 수많은 이들에 비하면 그깟것은 배 부르고 등 따신 소리밖에 안될지 모르지만, 첫 손녀 처음 생일까지도 그러다보니 은근 부아가 치밀었다.

나는 고교 동기 등 우리 또래치곤 늦게 결혼한 편이다. 당연히 자식도 늦어졌다. 딸 둘을 두었는데, 큰애가 33살이던 지지난해 봄 결혼했다. 그리고 지난 해 1월 6일 손녀가 태어났다. 내 나이 65살에 갖게된 사상 최초의 손녀다. 그 손녀가 처음 생일을 맞았다.

세상과 처음 만났을 때는 물론 백일에도 직접 볼 수 없던 손녀였다. 손녀가 태어난 1월 6일은 코로나19 사태가 심각한 때는 아니었다. 다만, '핏덩이때야 알 수 있나' 따위 여유를 부리며 무조건 상경하는 아내와 왜 함께 하지 않았는지, 발등을 찍을 만큼 후회막급이다.

아내에게 내색하진 않았지만, 외할아버지인 나로선 은근 죄책감마저 안고 있던 터였다. 여간해선 가지 않는 서울이지만, 친히 올라가 사돈 식구들은 물론 남양주 사는 팔순 고모 등 나의 일가친척들 다 모신 채 아주 요란벅적지근하게 돌잔치를 해주고 싶었다. 사상 최초의 손녀이므로.

그러나 코로나19는 할애비의 그런 절절한 손녀 사랑을 아랑곳하지 않았다. 하필 방역당국이 5인 이상 사적 모임 금지까지 내린 시기였다. 손녀의 서울 사는 단 하나뿐인 이모, 그러니까 막내딸마저 5인 이상 사적 모임 금지 때문 내려올 수 없었으니 그 쓸쓸함을 어떻게 다 표현할까.

처형네가 운영하는 음식점에서 차려준 돌상 앞에서 사진만 찍는 그런 첫 손녀 처음 생일, 이른바 돌잔치를 할 수밖에 없었다. 불현듯 손녀가 크면 저의 그런 돌잔치 상황을 듣고 어떤 반응일지 궁금증이 일어났을 정도다. 글쎄, 그런 외할아버지가 얼마나 있을지 잘 모르겠는데, 대신 나는 깜짝 이벤트를 준비했다.

100만 원짜리 수표 10장이 든 봉투를 손녀 손에 쥐어준 것이다. 수표가 든 봉투를 손녀가 바로 팽개쳐 제 어미가 즉시 수습했지만, 일금 천만 원을 내놓는 깜짝 이벤트를 준비한 것도 그 쓸쓸함을 덜어보려는 나의 계책이라고 해야 맞다. 깜짝 놀라며 반색하는 딸과 사위를 보며 흐뭇해하는 수밖에.

며칠 후 거주지가 달라도 직계존비속은 8인까지 모일 수 있는 것으로 방역수칙 완화 조치가 이루어졌다. 역사적인 첫 손녀 처음 생일에 하객이 아무도 못온 터라 한편으로 약오르기까지 하고, 또 많이 아쉬워했음은 물론이다. 연락 안했다고 서운해하는 형과 형수에게 괜히 미안해서 나는 그냥 웃으며 힘없이 말했다. 그놈의 코로나19!

그놈의 코로나19!가 분명하지만 생각해볼 지 있다. 보이지 않는데다가 치료약이 없어 더 무서운 코로나19는, 이를테면 만물의 영장인 인간의 모습과 동떨어진 재난·재해인 셈이다. 다행히 백신이 나와 수습의 길로 들어선 모양새지만, 영화 '컨테이젼'에서 보듯 박쥐가 감염원이라면 코로나19는 동물에 대한 무차별적 살상과 환경 파괴를 일삼아온 인류에 대한 대자연의 경고성 재앙이라 할 수 있다.

〈2021. 11. 14.〉

마음의 오아시스

나는 삼식이(하루 세 끼니 식사를 집에서 하는 사람)다. 삼식이답게 매일 운동 삼아 나가는 오송제 둘레길 걷기 말고 풀방구리에 쥐 드나들 듯 외출하는 일이 별로 없는 일상을 살고 있다. 코로나19 예방 수칙을 충실히 따르고 있는 착한 시민이라 할까. 덕분에 마스크 대란 속에서도 수많은 주인공중 하나가 되는 일은 피해갔다.

벌써 사흘째 그 오송제에 가지 못하고 있다. 미세먼지 또는 초미세먼지 농도가 나쁨 또는 매우 나쁨으로 나타나고 있어서다. 미세먼지 차단 마스크를 사다놓은 아내가 고맙긴 하지만, 그렇게 중무장까지 해가며 집을 나서는 건 나로선 선뜻 내키지 않는 일이다.

내친김에 하는 말이지만, 나는 평생을 노 마스크로 살아왔다. 내가 평생 마스크를 쓰지 않고 살아온 것은 중2부터 안경잡이가 되면서부터다. 마스크를 쓰면 안경에 김이 서리는 따위 불편이 따라 쓰는 걸 꺼려했다. 그것이 습관으로 굳어져 평생 그렇게 된 것이라 할 수 있다.

딴은 미국에서처럼 마스크를 환자나 범죄자의 것으로 인식하는 측면도 있었지 싶다. 미국에서처럼 개인의 자유 억압으로 여겨서 마스크를 쓰지 않은 것인지도 모른다. 단, 거창하게 무슨 인권 차원이라기보다 단순한 불편함을 사서 가질 필요는 없지 않나 하는 어떤 실용적 생각이 더 강하게 작용했던 결과이지 싶다.

아무튼 건강을 챙기는 것이야 인지상정(人之常情)인데, 그것이 아직 익숙지 않은 일이어서인 지도 모르겠다. 건강 챙기기가 아직 익숙지 않은 일이라고? 그렇다. 나는 고교 국어 선생을 하다 6년 전 퇴직한 은퇴자다. 32년 교직이 학생들 글쓰기나 학교신문과 교지제작 지도로 눈썹 휘날리게 살아온 세월이었다면 지금은 가끔 지난 날을 되돌아보기도 하는 연금쟁이의 느긋한 생활을 하고 있는 셈이라 할까.

이제서야 비로소 건강이 최고라는 말을 아예 무시하거나 너무 소홀히 한 채 살아왔음을 깨닫는다. 퇴직하고 꼬박 1년이 지난 3월 어느 날 머릴 감다가 왼쪽다리에 이상이 왔다. 간신히 세면장에서 나오긴 했지만, 더 이상 걷기가 버거워 거실 바닥에 그만 주저 앉는 꼴이 되고 말았다. 정확히 60대로 접어들면서부터 여기저기 아프긴 했어도 다리가 불편한 건 처음 일이다.

"신경이 한쪽으로 몰려서 그런 것 같은데, 나으려면 좀 걸리겠는데요."

사진을 보여주며 의사가 말한다. 의사가 명쾌하게 말해준 건 아니지만, 나로선 퇴직한 지난 1년의 생활이 발병(發病) 원인으로 짐작된다. 돌이켜보니 재직중에도 1주일에 3~4회 실시하던 러닝머신 말고 따로 걷기라든가 외출 등 거의 움직임 없이 살았던 1년이다. 나는 퇴직으로 활동 반경이나 생활 패턴이 바뀌었는데도 거기에 대응하지 못한 채 살아온 게 화근이란 나름의 진단을 했다. 아픈 다리는, 이를테면 그런 생활에 대한 경고인 셈이다.

주사까지 맞고 물리치료와 함께 약을 처방받아 복용했지만, 한동안 5분 이상 걷지를 못했다. 물론 서있기도 힘들었다. 마침 아버님 제사가 있는 때였다. 형의 권유도 있고 해서 작년부터 산소에 가서 지내던 제사 참석을 포기하고 말았다. 1966년 나 초등학교 5학년 봄 39살로 요절하신 이래 50년 만에 처음 빠진 아버님 제사다. 졸지에 불효자가 되고 말았다.

소식을 전해들은 남양주 사는 팔순 고모는 다른 병원에 가보거나 침을 맞아보라고 권했다. 6개월쯤 병원에 다니는 동안 완화되긴 했지만, 완치되지 않았다. 결국 한의원으로 발길을 돌렸다. 오송제 숲속을 걷기 시작한 것도 이때부터다.

오송제(오송지라고도 한다.)는 집에서 15분쯤 걸으면 되는 거리에 있는 숲속 저수지인데도 나는 까맣게 모르고 있었다. 이제 막 이사 와서 그런 게 아니다. 오송제가 위치한 동네에서 27년째 살고 있는데도 그 존재 자체를 몰랐다는 게 말이 되나 싶지만, 어디까지나 어김없는 실화다. 그만큼 내 건강 챙기기에 무심하거나 소홀했던 지난 삶이라 할 수 있다.

문득 숲이 내뿜는 각종 유익 물질의 치유기능에 대해 보도한 신문기사 스크랩을 펼쳐본다. 신문기사는 나무에서 나오는 테르펜·음이온·피톤치드 등이 면역력을 높이고 스트레스도 줄여준다는 연구결과를 소개하고 있다. 특히 도시 숲은 거대한 산소공장 역할을 한다. 나무는 자라면서 공기중의 이산화탄소를 흡수하고 산소를 방출하는 대기 정화기능을 한다는 내용도 전하고 있다.

오송제는 도시 한복판에 자리한 건지산 자락에 있는 작은 저수지다. 큰 소나무 다섯 그루가 있는 동네라 오송리라 했고, 그런 이유로 오송제라 불리운다. 주변에 아파트단지가 많이 들어서자 2012년 저수지를 메워 체련공원과 송천동을 잇는 도로를 개설하려다가 주민들 반대로 살아남았다. 그야말로 도시 속 숲과 하모니를 이룬 오아시스다.

건지산 자락에 있지만, 오송제까지 가는 데는 그리 높지 않은 목재 계단 하나만 오르면 된다. 다리가 아파 본격적인 등산은 엄두조차 못 내는 나로선 안성맞춤인 산책로다. 건물의 2층쯤 되는 목재 계단을 올라 오른쪽으로 가면 울창한 나무들이 숲에 들어섰음을 알려준다. 조금만 더 걸어 한국소리문화의 전당쪽으로 가면 편백나무 숲이 펼쳐진다.

그뿐이 아니다. 오송제 둘레길을 걷다보면 꽃무릇·상사화·전주물꼬리풀 군락지를 비롯 많은 식물의 서식지임을 알 수 있다. 꽃창포·부처꽃·부들·낙지다리·창포·꽃잔디·철쭉·이팝나무·능수버들·플라타너스·미나리·산수유·벚나무·맥문동·구절초 등이다. 특히 낙지다리는 오송제에서만 서식하는 꽃이라고 한다. 오송제엔 왜가리·쇠물닭 등 무리지어 사는 새들도 있다.

잠시 벤치에 앉아 숨을 고른 후 다시 발길을 오송제 숲길로 돌린다. 아기바람은 잠깐 마실 나온 듯 오송제 물에 입을 맞추고 있다. 산은 태곳적부터 둥지를 튼 그대로 앉아 아랫것들인 나무며 숲이며, 그리고 나에게 짐짓 헛기침을 해댄다. 숲은 눈시울을 붉히며 정겹게 내게도 아는 체한다. 숲은 진초록 알몸으로 다가와 내게 말한다.

"이제 다리 괜찮아?"

"덕분에. 침 맞으러 안간 지 2년이 넘었는 걸."

오송제 숲속을 4년 넘게 매일 다니다시피해서 그런지 확실히 알 수 없지만, 나는 속으로 그렇게 대답하고 계속 걷는다. 오송제는 저수지를 가로지르는 목책 산책로가 갈대와 연잎 무리들과 어우러져 운치를 자아내는 명소이기도 하다. 주말은 둘론 평일에도 어떤 날은 두 개 있는 오송정과 너와정자는커녕 곳곳에 여러 개 설치된 휴식용

의자에조차 앉을 수 없을 정도로 많은 사람들이 다닌다.

　오송제 숲길은 코로나19로 인해 일상생활에 많은 제약이 따르는 와중에도 중앙방역대책본부가 말했듯 마스크 쓰지 않고 다닐 수 있는 곳이어서 너무 좋다. 저수지를 끼고 도는 둘레길엔 삼을 엮어 만든 매트가 깔려 있어 웬만큼 비가 와도 땅이 질척거리지 않는다. 무엇보다도 운동화가 진흙탕에 빠져들지 않아서 좋다.

　늦게 배운 도둑질 날 새는 줄 모른다고 건강의 소중함을 퇴직한 후에서야 깨달은 내가 거의 매일 오송제 숲속으로 향하는 이유다. 나는 거의 매일 오후 4시경 오송제를 찾아간다. 나에게 오송제는 코로나19가 기승을 부려도 거의 매일 한 시간쯤 머무는 마음의 오아시스다.

〈2022. 6. 10.〉

제4부

이조년 백일장의 추억
어떤 등대
30살 먹은 우리 집
104주년 3·1절을 보내며
라대곤 10주기 추모문집을 펴내며
새마을금고만 다녔던 어머니
꿈 깨기
모범공무원 남선생
미애의 바다
역대급 후회
사라져가는 단관극장들
KBS만 안하는 드라마 자막 서비스
잇몸으로 산 1년
여름 대목 사라진 극장가
임진각 연가

이조년 백일장의 추억

　고교 국어교사였던 나는 마치 뭣에 씌이거나 홀리기라도 한 것처럼 문예반이며 학교신문과 교지편집부 학생기자들을 내 차에 태우고 1년에 몇 번씩 남도 여행을 다녔다. 지금까지도 어제 일인 듯 짧게는 6년, 길게는 20년 전 일들이 비교적 선명하게 떠오른다. 퇴직해서인가, 이렇듯 나는 가끔 남도 속으로 빠져들곤 한다. 이조년 백일장 참가도 그중 하나다.

　새 학기 시작과 함께 나는 4월 11일 열리는 '이조년백일장' 참가를 구상하고 있었다. '대가야 체험축제'의 하나로 열리는 것이니 속된 말로 도랑 치고 가재 잡는 나들이였지만, 먼 거리가 문제였다. 더구나 일요일이라 가려는 학생들이 있을지도 걱정이었다.
　그러나 그것은 말 그대로 기우에 불과했다. 3학년 4명이 흔쾌히 간다고 했던 것. 휴일이든 먼 거리든 예사로 있던 일이라 그런지 경북 고령군 고령읍까지 먼 길을 가는 백일장 참가인데도 교감·교장 선생님은 두말없이 오케이였다.
　군산에서 오는 학생들을 태우기 위해 약속장소에 도착, 잠깐 차 밖으로 나왔다. 꽃샘추위까지는 아니더라도 아직 바람이 제법 쌀쌀했다. 이윽고 톨게이트를 지나 고속도로로 접어들었다. 전북 전주에서 경북 고령군까지 2시간 남짓만에 도착할 수 있었다. 참 좋은 세상,

편리한 시대라는 생각이 절로 든다.

점심 식사후 행사 장소인 '산림녹화기념숲'에 도착하니 막 안내가 시작되고 있었다. 나는 학생들에게 주의사항 등을 다시 일러주고 곧장 '대가야 체험'에 나섰다. 대가야 역사테마관광지는 그야말로 인산인해였다. 어느 축제장에서도 별로 본 적 없는 사람들이다.

사실 가야 유적지 답사는 처음이다. 3년 전 경남 김해를 간 적이 있지만, 결승에 오른 축구부 응원차 학교(전임지)에서 단체로 간 것이었다. 단지 최인호의 소설 '제4의 제국'이나 TV 드라마 '김수로' 등을 통해 얼핏 알고 있는 정도였다. 역사는 승자의 기록이라지만, 나의 무지를 깨닫는 순간이었다.

그래도 인터넷 검색 등 나름 준비는 해둔 터였다. 가야는 고대 낙동강 하류지역인 변한에서 1세기경 12부족의 연맹체가 단합하여 6가야로 통합된 나라이다. 6가야는 금관가야(김해), 대가야(고령), 소가야(고성), 아라가야(함안), 성산가야(성주), 고령가야(상주·함창?) 등이다. 그러니까 지금 6가야중 가장 강성했다는 대가야 한복판에 와있는 것이다.

축제기간 무료라는 안내문을 보고 그냥 매표소를 통과했다. 그렇다고 팸플릿조차 그냥 지나친 것은 아니다. '대가야탐구생활'이라는 팸플릿을 펼쳐 보았다. 알고 만나는 것과 모른 채 엉겁결에 구경하는 데에는 체험의 농도가 다름을 이미 알고 있기 때문이다.

팸플릿에 의하면 대가야는 서기 42년부터 520년간 고령지방을 중심으로 찬란한 문화의 꽃을 피웠던 고대국가다. 건국신화에 따르면 대가야의 시조 이진아시왕은 정견모주라는 가야산 여신과 하늘신 이비가 사이에서 태어난 '뇌질주일'이다.

대가야는 뛰어난 제철 기술로 이루어진 '철의 왕국'이었다. 제철 기술로 만든 무기·장구·마구류외에도 장신구·토기 등을 일본과 중국에 전파했다. 바닷길을 통해서였다. 현재 중국과 일본의 곳곳에서 대가야 유물들이 출토되고 있는 것이 그 증거다.

대가야는 5세기 후반 급속히 성장하여 신라·백제·고구려 3국과 대적할 정도의 국가가 되었다. 고구려 광개토태왕에 의해 금관가야가 망한 후 철과 기름진 농토를 배경으로 가야연맹을 이끌지만, 그러나 대가야는 562년 신라 진흥왕의 공격으로 무너지고 만다.

그리고보니 금방 무심히 지나쳐 온 연못이 '우륵지'다. '악성'이라 불리는 가야금의 대가 우륵이 바로 대가야 사람이었던 것이다. 그의 명성은 '전국우륵가야금경연대회', '악성우륵추모제', '고령가얏고음악제' 같은 축제의 메인 행사만 보아도 미루어 짐작할 수 있다.

그런 가야 역사를 간직한 채 발길을 재촉했다. 4월의 분수가 이채로웠다. 가야산 여신 정견모주 분수대다. 사람들로 북적거리는 가야장터(음식점)를 지나는데 햇빛 받은 액자들이 손짓을 한다. 지난 해 '이조년 백일장' 수상 및 지역문인 시들이다. 몇 편을 읽어본다.

가만, 우리 학생들은 상받을 만큼 좋은 작품들을 쓰고 있나? 어느새 주어진 시간이 얼마 남지 않았다. 결국 고대 가옥촌, 대가야 유물 체험관, 대가야 가마터 체험관, 대가야 입체(4D)영상관을 둘러보는 것으로 만족해야 했다.

고3이라곤 하지만 아직 애들인데, 낯선 객지에서 인솔교사가 안보인다면 얼마나 놀라고 불안해할까! 생각이 그에 미치자 마음이 급했다. 아무리 빨리 걸어도 땀이 날 계절은 아닌데, 이마를 타고 내려오는 것이 있다.

군청을 지나 농협 건너편 주차한 곳까지 오니 이젠 다리가 뻐근하다. 다행히 제자들은 아직도 글을 쓰고 있는 중이다. 산기슭에 위치해서 그런지 바람이 매우 차게 느껴져 오히려 다행이다. 나만의 대가야 체험 사실이 바람에 묻힐 수 있어서다.

다음 해 3월 10일 다시 경북 고령으로 향했다. '이조년 백일장'에 참가하기 위해서다. 작년에 참가한 제자들은 모두 졸업했지만, 단 1명도 상을 받지 못했었다. 하긴 시 잘 쓰는 1학년 학생을 발굴하지 못했다면 이번 참가는 포기했을지도 모른다. 두 번째 찾아가는 길이라 그만큼 편했다
"와, 되게 사람이 많네요!"
대가야 체험축제가 열리는 대가야 역사테마관광지에 들어서니 아이들이 탄성을 질렀다. 사실 백일장 장소가 대가야 역사테마관광지로 바뀐 것도 다시 나설 수 있는 동력이 되었다. 지난 해 아쉬웠던 대가야 체험을 두 번에 걸쳐 이제 맘껏 할 수 있어서다.
"자, 우선 글부터 쓰고 시간 되는 대로 구경도 한다, 알겠지? 아자!"
나는 이조년 백일장 참가중인 제자들을 잠시 잊고 다시 대가야 체험에 빠져들었다. 지난 해 잠깐 보았던 곳들부터 다시 들렀음은 물론이다. 일명 '흙내음쇠소리터'인 토기·철기방, 바닥에서 물줄기가 솟아오르는 바닥 분수의 가야광장을 거쳐 고분 전망대까지 오를 수 있었다.
신비한 나라 대가야관 고분 전망대에선 국내 최초 순장묘인 44호 고분을 비롯하여 200여 기의 대가야 고분군을 볼 수 있었다. 지난 해 여름 가족과 함께 간 아라가야 함안의 고분들과는 또 다른 위용

이랄까, 장관이 펼쳐졌다. 대가야가 500여 년이나 계속된 고대왕국이었음을 확실히 깨달은 셈이었다.

　고분전망대를 내려오며 보니 아름다운 숲과 물이 흐르는 곳에 펜션들이 즐비하다. 바로 대가야 왕가 마을이다. 벽천폭포를 지나니 대가야 탐방 숲길이다. 왕관 모형의 탐방 숲길이 어느 자연 휴양림 못지 않다. 불현듯 세 번째 대가야 체험은 유독 산림을 좋아하는 아내, 이제 시간내기 힘들어진 딸들과 해야지 하는 생각이 스쳐간다.

〈2022. 6. 13.〉

어떤 등대

여전히 다애는 어떤 연락도 없다. 소식이 없다고 다애와 함께 했던 추억마저 잊어버리거나 잃어버린 것은 아니다. 고교에서 편집실 및 글쓰기 지도교사였던 나는 많은 학생들의 등대가 되어주기 위해 곧잘 여행을 떠나곤 했다. 나로선 눈썹이 휘날리게 올인한 일인데, 5년간 근무했던 G여상의 다애에게도 그랬다.

회고해보니 다애는 1학년때 처음 보았다. 둔인협회 주최 벚꽃백일장에서 상을 받았지만, 나의 글쓰기 지도를 떠났다가 2학년 2학기때 학교신문 기자로 돌아왔다. 글쓰기 제자로도 돌아왔다. 다애가 남다른 애제자로 거듭난 것은 3학년이 된 3월 중순이다.
"선생님 또 틀렸어요!"
낯익은 목소리 아까보다 더 침울해진 다애다. 벌써, 그것도 연달아 두 번째 답지 바꾼 애들은 아직 없다.
"정신 집중 마킹해?"
"예."
하얀 치열(齒列)이 어린 햇빛 만나 웃고 있지만 나는 까닭을 모른다. 나는 또 모르기도 했다. 지금 서있는 곳이 망치로도 깨지지 않는 빙판인 줄 알았는데, 콧바람에도 조각나는 살얼음판인 줄. TV에선 틈만 나면 아는 만큼 가까워진다던데, 그것이 그냥 광고성 카피일 뿐인 줄 진짜 몰랐다. 너나없이 버린 쓰레기 컬러로 차고 넘치는데, 내다 버리기가 이렇게 힘든 줄 나는 진짜 몰랐다.

누가 뭐래도 다애만큼은 든든한 내 빽인 줄 알았는데, 그것이 착각할아버지인 줄 진짜로 몰랐다. 나는 장차 무슨 부귀영화를 누리려고 이렇듯 썩은 동태 눈깔을 했던 것일까. 그동안 아파도, 슬퍼도 그냥 그뿐. 참 모진 극기훈련을 마쳤는데, 지금도 그 대가(代價)는 사뭇 빛나고 있는 중이다.

하긴 특성화고 여학생들은 언제든 여중학생 못지않게 미친년 빤스라도 본 양 까르르 웃는다. 떠난 마음을 붙드는 것은 그래서 어려운 일이다. 총각이 처녀와 만나고 헤어짐은 달음질치는 물인데, 정(情) 준 만큼 배신감도 크다는 걸 어느새 가출한 정신이 알 리 없다. 정신이 칠보단장 집을 나가면 메모도 당초 힘을 못쓴다. 수능모의시험 시간이 달려가면 내일은 또 그렇게 다애를 만나야 한다.

다애는 알바니 보컬활동 이유를 대며 참가신청서를 이미 냈던 백일장을 펑크내기 일쑤였다. 그러면서도 학생기자였던 다애와 내 차로 여러 곳 르포를 다니곤 했다. 물론 학교에 공결증을 내고 신문기사를 쓰기 위해 가는 취재여행이다. 그런데도 어깨까지 내려오는 긴 트레머리에 자연산 쌍꺼풀의 크지도 작지도 않은 눈, 뇌쇄적인 미소와 164cm 늘씬한 키까지 오묘하게 어우러진 다애와 함께 가는 르포는 그 자체가 환상적 바다여행이나 마찬가지다.

첫 취재여행은 다애가 2학년 학생기자일 때다. 새만금방조제를 둘러보는 르포였는데, 그때도 그랬다. 방과후에는 알바니 동아리니 하여 결국 금요일 5교시 가까스로 나서게된 것이다. 개통 때보다는 관광객이 많이 줄어들었다는, 세계에서 가장 긴 길이로 기네스북에까지 오른 새만금방조제를 내 차로 달려가니 더욱 금상첨화다.

 나는 양쪽 바다를 볼 수 있는 전망대 앞에서 차를 세웠다. 다애의 꼼꼼하고 리얼한 취재를 돕기 위해서다. 전망대에 오르니 다행히 날씨가 무척 좋아 바다 건너 섬까지 보일 정도다. 푸른 하늘과 가슴까지 시원하게 해주는 넓은 바다이다. 말로 표현할 수 없을 정도로 멋있다.

 이제까지 바다와 그 주변 풍경을 보고 탄성이 절로 나온 것은 처음인 듯싶다. 새만금방조제에서 둘러 보는 바다·산·하늘의 풍경은 빼어난 한 폭의 그림이다. 나를 따라 다애도 숨을 깊게 들이마신다. 깊은 바다 내음이 콧속을 파고 든다. 나는 바다 내음에 취한 다애를 여기저기 서보라고 하여 여러 장 사진을 찍는다.

 "어때 와보길 잘했지?"

 "너무너무 좋아요."

 나는 다애가 3학년이 되자 기다렸다는 듯 학교신문 편집장으로 임명했다. 2학기부터 현장실습 나갈 가능성이 매우 높지만, 어차피 대학보다 취업을 하려는 다애였으므로 문제될 건 없었다. 원활한 소통을 위해서 나는 다애네 반인 3학년 1반 수업드 자청했다.

 그런데 다애의 수업태도는 좀 아니었다. 나와 거의 눈을 마주치지 않는, 그러니까 열심히 선생님 설명을 듣는 학생의 자세는 아니었던 것이다. 그때마다 뭐 그럴 수 있지 하면서도 뭔가 서운함이랄까 콕 집어 말하기 힘든 감정이 일렁이곤 했다.

 마침내 5월 4일. 다애와 함께 인천대교 르포에 나섰다. 이런저런 일로 인해 미뤄지다가 드디어 가게된 꿈만 같은 르포다. 전임지에서 남학생 기자들을 데리고 국립생물자원관 르포를 위해 연전에 방문하기도 했던 인천은 높고 큰 건물들이 가장 먼저 우리를 반겨준다.
 다애의 두 번째 르포를 쓰게 하기 위해 간 인천대교! 아쉬운 점은 망원경을 통해 바다와 인천대교, 그리고 인천시내를 못 본 것이다. 다애는 돌아오는 차안에서 비로소 전망대가 있음을 알았는지 나보다 더 아쉬워한다. 고속도로에 접어들자 무슨 음악 좋아하냐며 딸애가 녹음해준 댄스음악 CD를 집어 넣었다. 티아라의 '롤리 폴리'와 '크라이 크라이', 시크릿의 '사랑은 Move' 등이 이어졌다.
 "어머, 선생님 신세대시네요. 와 짝짝짝-."
 박수까지 쳐대며 신기해하는 다애를 보고 나는 씩 웃으며 우쭐해진다. 그런 다애가 며칠 후 느닷없이 더 이상 글을 쓰지 않겠다는 폭탄선언을 해왔다. 그렇지 않아도 현장실습을 떠나면 그것이 곧 이별이나 다름없는데 더 이상 글 안쓴다며 나를 버린 것이다. 그나마 다행은 기자까지 그만두겠다고 하지 않은 점이라 할까.
 그러나 나는 안도의 한숨을 내쉬면서도 다애를 매몰차게 대하고 말았다. 그렇듯 다애를 매몰차게 대하기는 1학년때 방과후수업에서 처음 본 이후 처음이다. 알바 사장에게도 치이고, 담임에게도 밀리고, 되게 휘둘리는 기분에 집 앞까지 데려다 주는데도 다애는 글쓰기 그만두고 기자만 하겠단다. 글을 버린다는데 무슨 말인들 못할까!
 "이제 절반만 이뻐할 거야!"
 어느새 여름방학이 다가오고 있었다. 여름호 신문제작을 서두르는데 인천대교 르포에서 다애와 한 약속이 불쑥 고갤 디밀었다. 그렇지, 방학하면 어디 좋은데 데려다 달라고 했었지. 사실 나는 여름에 맞게 해수욕을 계획하고 있었다. 그런 생각에 용기를 낸 나는 사이가 다소 데면데면해진 다애에게 물었다. 솔직히 말하면 다애의 눈치를 살핀 것이라 해도 하등 이상할 게 없는 그런 타진이다.

　여름방학이 시작된 그 다음 날 다애와 함께 간 곳은, 그러나 바다 낙조가 일품인 것으로 알려진 전남 영광에 있는 노을전시관이다. 나로선 감지덕지다. 사실상 공적(公的)이 아닌 처음 여행인데다가 알바 등으로 바쁜 다애가 시간을 낸 것이라서다.

　헐렁한 흰색 반팔 티셔츠에 청색 반바지 차림인 다애는 제법 익숙해진 동작으로 내 차에 올라탔다. 그러고보니 사복 차림인 다애와 나들이에 나선 건 처음이다. 사실은 나도 처음 가보는 노을전시관이다. 노을전시관은 그야말로 환상적 바다 풍광을 선물해주었다. 가만 이렇듯 노을에 취해본 적이 언제였던가.

　"와, 너무 근사해요."

　다애는 이제 익숙한 솜씨로 내 팔짱을 끼곤 했다. 요즘 애들에 비하면 큰 키는 아닐지 몰라도 173cm인 나와의 팔짱은 그 자체로 멋진 그림이 되었다. 다애는 남에게 부탁해 나와 함께 사진을 찍을 때도 곧잘 그런 포즈를 취했다. "이런 데 오면 다 그렇게 하는 거야"라고 웃으며 말해도 끝내 팔짱을 끼지 못했던 새만금방조제 르포때와 비교하면 그야말로 장족의 발전인 셈이다.

　"곧 현장실습 나가겠네, 보고 싶어 어쩌지!"

　"제가 자주 연락드릴게요."

　"정말?"

　"진짜로요."

　"그래도 못믿겠는 걸."

　"이래도요?"

　다애는 오른손으로는 엄지척을 해보였다. 그리곤 거의 동시에 팔짱을 하고 있던 왼손으로 내 팔을 힘주어 잡았다. 다애는 노을전시관 여행을 끝으로 2학기 시작과 함께 현장실습을 나갔다. 새만금방조제와 인천대교, 노을전시관의 바다를 떠올리는 쓸쓸한 시간이 계속 흘러갔다.

"선생님!"

다애가 학교에 온 것은 12월 기말시험때다. 첫날 시험을 마친 다애가 홍삼드링크 한 박스를 손에 든 채 배시시 웃으며 편집실 문을 열었다. 순간 나는 의자에서 벌떡 일어나 다애를 서양식 포옹으로 가볍게 안은 후 자리에 앉게 했다. 마침 시험기간이라 학생 기자들은 아무도 편집실에 없었다. 하긴 누가 있었다 해도 그리 했을 것이다. 마치 로봇 선물을 받은 아이처럼 다애의 방문이 마냥 좋아 어쩔 줄 몰라했으니까!

어느새 교단을 떠난 지 6년이 넘었다. 다애를 못본 건 그보다 훨씬 오래 되었다. 다애뿐 아니라 많은 학생들의 등대가 되어준 교사라 생각했는데, 지금 보니 그게 아니다. 졸업하고 딱 한 번 날 찾아와 돈을 빌려간 후로 아무 소식도 없는 다애에게 해주던 많은 일들을 못하게 된 지금 노상 명멸하는 등대의 불빛이 꺼져버린 듯하다. 오히려 다애가 나의 등대였던 것인가?

〈2022. 9. 12.〉

30살 먹은 우리 집

"또 물이 샌데요."

며칠 전 잠자리에서 일어나자마자 아내가 한 소리다. 정신을 차려 마저 들어보니 아래층 천정에서 물이 떨어진다며 관리실 직원이 다녀갔다는 것이다. 기술자를 불러 탐지하고 공사에 들어가보니 화장실쪽 배관의 온수 파이프가 금이 간 걸 확인할 수 있었다. 벌써 두 번째 발생한 누수다.

3년 전 추석을 쇠고나서의 일이다. 물탱크 청소하는 날도 아닌데 물이 나오지 않았다. 알고 보니 아래층 천정에서 물이 떨어진다며 관리실에서 수도 계량기를 잠궈 그리 된 것이다. 기술자를 불러 탐지해보니 누수가 확인되었다. 곧바로 들어간 공사, 거실 바닥 뜯어내는 걸 보며 '오래 살다보니 별일을 다 겪는구나' 하는 생각이 절로 일어난다.

지금 살고 있는 우리 집은 1994년 1월 입주한 아파트다. 생애 처음으로 이른바 '내 집'을 마련했다. 직접 경험해보지 않은 사람은 내 집 장만의 대견함이나 뿌듯함을 모르리라! 서민이라면 누구나 그러겠지만 먹을 것 덜 먹고 입을 것 아끼고, 또 남의 집살이 전전 끝에 마련한 내 집이라 더욱 그렇다.

돌이켜 보면 그 동안 서러움도 많았다. 남원에서 전세로 살 때 언젠가는 연탄보일러가 터져 집이 한강이 되었는데도 집주인은 들은 척도 하지 않았다. 12월, 추위가 맹위를 떨칠 때였는데 고치든 말든 상관할 바 아니라는 태도였다. 그럴 경우 법이 어떻게 되는지 모르기도 했지만 당장 추웠다.

이사할 때 뜯어 갈 거라며 벼룩이 간 같은 쌩돈을 들여 고치긴 했으나 그렇게 하지는 못했다. 기름 보일러 집으로 이사를 해서다. 또 다른 집에서는 아들이 결혼한다며 비워달라고 했다. 계약기간이 만료되지도 않았는데, 한 달 이내에 비우라며 막무가내였다. 그 때가 또 12월이었다. 나중에 주위에서 들은 얘기지만 못나간다고 버텼으면 되었던 것을….

그러나 넘어진김에 쉬어 간다고 나는 전주에다 집을 마련하기로 작정해버렸다. 하필 경기도에서 근무하고 있을 때였다. 시간도 많이 없고 해서 쫓기듯 계약서를 쓴 집은 5층 아파트 중 1층이었다. 1층이라 좀 저어했지만 한편으론 어머니도 계시고 해서 이내 내린 결정이었다.

엄동설한, 눈이 내려도 괘념하지 않았다. 드디어 내 집 마련을 한다는 사실만이 감동으로 다가올 뿐이었다. 도배를 하고 장판도 새로 깔고 그야말로 칠보단장을 했음은 물론이다. 이사한 첫날부터 내 집 마련의 기쁨은, 그러나 그 지긋지긋했던 전세살이에 대한 강한 유혹으로 바뀌고 있었다. 또 그 보일러가 문제였다. 이번엔 가스보일러였는데 제 기능을 다하지 못하는 것이었다.

아내는 작은 애를 데리고 친정으로, 어머니는 큰아이와 함께 큰 집으로 가고 나만이 두터운 솜이불과 전기스토브에 기대 첫날 밤을 보냈다. 고장난 사실을 전해주지 않은 집주인도 문제지만 사전 점검해

보지 못한 내 잘못이 컸다. 그것은 빌미가 되기도 했다. 중도금까지 치른 상태였지만 어머니는 한사코 그런 집에서는 살지 못한다는 의견을 내셨다.

다행히 집주인은 전세로 기꺼이 전환해 주었고, 다시 내 집 마련은 요원해지고 말았다. 이제 내 집으로 생각하고 도배며 장판비용 등 백만 원 돈을 써버린 터수지만 계약서를 쓰고 중도금까지 치른 상태여서 집주인이 법적으로 따지지 않는 것만을 오히려 고마워해야 했다.

아직도 내게는 집 마련의 결정적인 때가 오지 않은 것일까! 그로부터 4개월 후 또 이사를 했다. 경기도에서 도간교류하여 발령받은 곳이 남원 어느 중학교였는데, 전주에서 통근하기가 벅차서였다. 그런데 9월 1일, 초등학교 교사인 아내가 전주쪽으로 발령나 다시 이사를 했다. 7개월 만이고, 1월의 일이었다.

이른바 내 집을 마련해 이사를 한 것이다. 기분양된 46평 아파트였다. 약간 크다는 생각이 들었지만, 이전 살던 전셋집에서 어머니 쓰시는 방이 좁아보여 선뜻 결정할 수 있었다. 무엇보다도 강한 매력이 있었다. 옵션가격이 없는데다가 약간 변두리라 그런지 분양가가 무척 싸다는 점이 그것이다.

현장에 열 번도 넘게 왔다갔다하며 정남향, 애들 학교가 가깝다는 것 등 장점을 확인한 끝에 나는 마침내 일을 저질러버렸다. 모자라는 30%의 돈을 융자받기로 하고, 분양계약서를 쓴 것이다. 금융기관의 담당자에게 대출 여부를 먼저 상담했음은 물론이다.

남에게 빚지고 사는 성격이 아닌 나로서는 그야말로 파격적인 결정이라 할 수 있지만, 이미 오래 전부터 생각을 바꾸기로 마음 먹고 있던 터였다. 그렇게 하지 않으면 내 집 마련은 백년하청(百年河

淸)이라는 선배들의 충고와 세간의 현실에 그만 타협하고만 것이라 할까.

생각해보면 내 또래 동료들이 이미 몇 년 전부터 아파트 청약 등 집장만에 온통 부심(腐心)할 때도 나는 강건너 불구경이었다. 객지에서만 근무한 이유도 있겠지만 아무리 내 집이기로 빚을 얻어 장만한다는 것은 생각조차 해볼 수 없던 일이기 때문이다.

그러나 그런 나의 생각이 현실적으로 대단히 어리석었음을 차츰 깨닫게 되었다. 나는 늦게나마 주택은행에 민영아파트 청약예금도 가입하고, 만기해지된 재형저축(주택자금 대출조건)도 넣어두는 등 만반의 준비를 갖추고 있었다.

하지만 말짱 헛일이었다. 6공화국의 2백만호 주택건설 덕분이었는지 청약 1순위도 미달되는 사태가 속속 벌어지는 등 돈과 마음만 있으면 당첨은 '따놓은 당상'의 시대가 열려서다. 결국 2년 이상이나 공 들인 보람도 없이 그런 조건들을 스스로 포기해버리고, 이렇듯 미분양 아파트를 골라 잡기에 이르게 되었다.

비록 누수가 발생했지만, 나는 이 집에서 오래오래 살 참이었다. 막내딸까지 결혼시키고 우리 내외만 살아도 재건축할 때까지 그리 하기로 작정했다. 그렇게 3년이 흘렀다. 그런데, 아뿔사! 또 누수가 발생했다. 3년 전처럼 아내의 새 아파트 이사 타령이 빗발치고 있다. 이 집에서 너무 오래 살았나, 그런 생각이 살짝 들긴 한다.

〈2022. 10. 19.〉

104주년 3·1절을 보내며

2023년 3월 1일은 104주년 3·1절이다. 전국 각지에서 기념식과 함께 여러 행사가 열렸다. 가령 정의기억연대가 주한 일본대사관 앞 평화로에서 제1585차 정기수요시위를 열었다. 민주노총과 한국노총은 서울 용산역 강제징용 노동자상 앞에서 기자회견을 열고 정부의 강제징용 배상 해법을 비판했다. 일본의 사죄와 한국 정부의 적절한 대응도 촉구했다.

서울광장에서는 한일역사정의평화행동과 6·15남측위원회 주최로 '104주년 3·1절 범국민대회'가 열리기도 했다. 이날 행사에는 일제 강제동원 피해자 양금덕(94) 할머니와 일본군 위안부 피해자 이용수(95) 할머니가 고령의 나이에도 불구하고 직접 참석해 눈길을 끌었다. 눈길을 더 끈 건 범국민 대회에 앞서 열린 양금덕 할머니에 대한 평화인권훈장 수여식이다.

지난해 12월 외교부는 국가인권위원회가 최종 후보로 추천한 양금덕 할머니의 대한민국 인권상과 국민훈장 서훈 수상을 돌연 취소했다. 이와 관련해 시민단체들은 '일본 정부 눈치보기'라며 규탄했다. 결국 정부 대신 서울겨레하나를 비롯한 대학생·청년·시민단체들, 부산겨레하나와 부산지역대학민주동문회가 양금덕 할머니에게 평화훈장을 수여했다.

그런 가운데 KBS 2TV가 지상파 방송사중 유일하게 특선영화 '항

거: 유관순 이야기'(2019년 2월 27일 개봉)를 3·1절 당일 방송했다. 개봉 6개월도 안 된 '항거: 유관순 이야기'를 2019년 광복절 특선영화로 방송한 바 있는 MBC는 3·1절 다음날 '밀정'을 내보냈다. 방송사 나름 3·1절의 숭고한 의미를 기린 셈이다.

'항거: 유관순 이야기'는 흑백영화다. 집에서 편하게 보는 것조차도 죄스러울 만큼 '항거: 유관순 이야기'는 일제(日帝)의 만행을 다룬 어느 영화보다도 먹먹한 아픔을 진하게 안겨준다. 유관순은 두 팔 묶이고 두 발이 바닥에서 떨어진 채이거나 발에 채운 족쇄, 그리고 손톱 밑을 송곳으로 찔러대다 결국 뽑아버리기까지 하는 일제의 잔혹한 고문을 당한다.

그런 고문을 당하면서도 "만세 1주년인데 빨래 널고 있을 순 없잖아요"라며 끝까지 항거하는 유관순이다. 그런 유관순이 10대 소녀에 불과하다는 사실이 놀랍고 슬프다. 놀랍고 슬픈 건 104주년을 맞은 지금도 매한가지다. 가령 일본에 '환장'한 한국인 관광객들이 그렇다.

일본정부관광국 발표에 따르면 올해 1월 일본을 찾은 외국인은 149만 7,300명이다. 그 중 56만 5,200명이 한국인이다. 전체 1위로 38%에 달하는 수치다. 이는 2위 대만(25만 9,300명), 3위 홍콩(15만 9,000명)에 비해 2~3배 이상 많은 것이다. 일본내 우익 진영에서 "그토록 대단했던 반일의 열기는 대체 어디로 간 것이냐"는 빈정거림이 나올 정도다.

그뿐이 아니다. 일본 애니메이션 영화 '더 퍼스트 슬램덩크'에 행여 뒤질세라 몰려든 관객들은 또 어떤가. '더 퍼스트 슬램덩크'의 3월 12일 현재 관객 수는 400만 6846명이다. 3·1절에 '더 퍼스트 슬램덩크'를 본 관객만 70,403명이다. 휴일이라곤 하나 평일보다 2배쯤 늘어난 수치다.

할리우드 블록버스터 '어벤져스'나 '아바타' 시리즈가 천만영화가 된 걸 생각하면 400만 정도는 아무것도 아닌, 그야말로 새 발의 피라 할 수 있지만, 그렇지 않다. 서울 여의도 더현대서울에서 진행된 '더 퍼스트 슬램덩크' 팝업스토어는 원작과 영화의 인기에 힘입어 연일 문전성시를 이루기도 했다는 소식이 전해져서다.

또한 공식 MD 상품은 연일 품절을 기록했다는 소식이 전해지기도 했다. 원작과 더불어 '더 퍼스트 슬램덩크'의 인기를 가늠케 하는 관련상품 판매 소식인데, "원작 팬들에게는 추억을 자극하고, MZ 세대들에게는 새로운 문화로 자리잡으며 흥행 돌풍을 일으킨 '더 퍼스트 슬램덩크'의 흥행세가 언제까지 지속될지 귀추가 주목된다"는 전망까지 있을 정도다.

아무리 국적을 가리지 않는 영화보기라지만, 연전에 일본의 경제보복으로 독도라든가 위안부 문제 등 그동안 있어왔던 반일과는 차원이 전혀 다른 'NO재팬'이 벌어졌던 걸 떠올려보면 나로선 도저히 이해 안 되는 일들이 벌어지고 있는 104주년 3·1절이다.

〈한국불교, 2023.3.22.〉

라대곤 10주기 추모문집을 펴내며

 2023년 4월 24일은 라대곤 작가가 우리 곁을 떠난 지 10년 된 날이다. 나는 10주기 기일에 맞춰 추모문집 '라대곤문학 다시 보기'를 펴냈다. 진갑기념문집 '신곡 라대곤문학연구'(2001), 1주기추모문집 '라대곤문학론'(2014)을 엮어 펴낸 데 이은 세 번째 '라대곤문학'이 제목에 들어간 장세진 지음의 책이다. 나의 오롯한 저서로 세상에 나온 게 '라대곤문학 다시 보기'의 남다른 의미다.
 '조정래 톺아보기'(가제) 발간을 준비하고 있지만, 한 작가에 대해 1권도 아니고 3권이나 되는 책을 편·저자가 되어 펴내는 게 흔한 일은 아니다. 살아생전 나를 겁나게 이뻐해주던 라대곤 소설가 겸 수필가가 우리 곁을 떠난 지 벌써 10년이라니, 그 세월을 잘도 살아왔다니 하는 생각들이 뇌리를 쉬 떠나지 않아 해낸 일이라 할까!
 돌이켜보면 라대곤 작가를 처음 만난 것은 남원중학교 교사이던 1995년 가을 내장사 어느 음식점에서다. 고교 선배이자 나를 전북문단의 일원이 되게 이끌어준 고 김학(1943~2021) 수필가가 라대곤 소설가를 소개해줬다. 김학 수필가가 그 모임에 날 초대했는데, 내가 어렵사리 응해 만나게된 것이다. '어렵사리'라고 말한 건 교통사고로 어려움을 겪고 있던 상태여서다.
 내가 이동에 따른 불편으로 모임 장소에 다소 늦게 도착해서인지 마침 저녁식사가 끝나가는 중이었다. 술이 몇 순배나 돌았는지 취기

또한 도도해진 분위기였다. 미처 자리에 앉기 전 여러 명의 낯선 이들과 인사를 나눈 것은 물론이다. 수필가·시인들만 모이는 자리인 줄 알았는데, 인사를 나누고 보니 소설가도 있었다. 소설가 라대곤이 그였다.

　직접 만나기는 처음이었지만 그가 이미 수필집을 펴냈던 건 알고 있던 터였다. 또 수필을 쓰면서 소설도 동시에 쓰는 수필가 겸 소설가들이 도내에만도 제법 있어 특기할 사실도 아니었다. 여러 사람이 만나는 자리가 노상 그렇듯 통성명 정도 하고 긴한 이야길 나누지 못했을 뿐 아니라 식사가 끝나자 제2부 순서라나 2차라나 하여 시끄러운 음악이 있는 곳으로 서둘러 장소를 옮겼기 때문, 나는 얼마쯤 있다 집으로 돌아와 그날 만남은 이미 들은 이름에다 실제 얼굴을 익히는 정도였을 뿐이었다.

　그가 다른 이들과 나누는 이야기를 옆에서 지켜보면서도 별다른 '동기유발'은 일어나지 않았다. 한 가지 색다른 호기심이 있었다면 그가 사업가라는 사실이었다. 천차만별의 직업 중에서도 소설을 쓰는 사람들은, 아니 장르를 막론하고 문인들은 교수나 교사가 태반이고 그렇지 않음 전업작가이지 도대체 문인=사업가라는 등식이 나로선 낯설기만 했던 것이다. 오해가 없으리라 믿지만 심지어 나는 사업가와 소설가는 얼음과 숯의 관계가 아닐까 하는 막연한 생각마저 하고 있던 터였다.

　김학 선배가 전활 해와 거절할 수 없어 내장사에 간 것인데, 그게 라대곤 소설가와의 남다른 인연의 시초가 될 줄 그때는 몰랐었다. 라대곤 소설가는 사업가이기도 했다. 나는 사업가의 소설 쓰기에 흥미를 느꼈다. 글쓰기보다 사업상 명함 하나를 더 가지려는, 뭐 그딴 걸 생각하며 작품을 읽어보니 그게 아니었다. 우선 재미가 있었고, 뭔가 진한 여운을 남기는 소설들이었다.

나는 그의 소설과 수필에 대한 비평을 써서 잡지 등에 발표했다. 라대곤 작가를 이런저런 자리에서 한두 번 만나는 기회가 오기도 했다. 그러니까 별로 교분이 없는 사이인데도 그는 교통사고 합의금 마련으로 어려움을 겪고 있던 내게 흔쾌히 3천만 원을 보내주었다. 다른 어떤 조건도 없었다. 세상에 이런 일도 있는가 싶었지만 어김없는 현실이었다. 라대곤 회장은 명쾌했다.

"돈 때문 신경 쓰이면 좋은 글 쓸 수가 없어!"

나중에 안 일이지만 라대곤 회장은 사업해서 번 돈을 신곡문학상 제정, 문학잡지('수필과비평') 발행, 지역문인들 사무실 임대 등 기업 이윤의 사회 환원을 몸소 실천하는, 이 각박한 세태에 흔치않은 사업가였다. 이후 나는 라대곤 작가가 발표한 소설(소설집 5권, 장편소설 3권)과 수필(수필집 5권, 수필선집 2권), 말년에 펴낸 동화집(전3권)에 이르기까지 그의 작품 모두를 비평한 평론가가 되었다.

내가 1996년부터 2014년까지 무려 18년에 걸쳐 라대곤 작가의 소설과 수필들을 비평한 건, 그러나 그 때문만은 아니다. 내가 처음 쓴 라대곤론은 그의 첫 소설집 '악연의 세월'론(수필과비평22호, 1996.3.1.)이다. 비교적 잘 정제된 형식미에도 불구하고 라대곤 소설이 드러내는 치명적 약점은 너무 짧은 문단이란 지적을 한 바 있다. 라대곤 소설이 안고 있는 한계, 달리 표현하면 그의 작품을 읽으면서 느낀 불만에 대해 이야기하기도 했다. 따로 옮겨 살펴본다.

가령 십이분 이해하여 작가가 수필도 쓰고 있어, 그 '후유증'이 아닐까 하는데, 문장과 문장의 내용상 관계가 한 문단으로 묶여야 '소설적 호흡'이 끊기지 않을 것이다. 물론 의도적인 문단 배치일 수도 있겠지만, 그러나 분명한 것은 앞의 내용과 긴밀하게 이어져야 할 뒷부분이 형식문단이 되면 띄어쓰기에서 어간이나 체언 등에 반드시 붙여야 하는 어미·조사가 띄어진 어색함으로부터 자유로울 수 없다는 사실이다.

이른바 잘 나가거나 평단의 주목을 받고 있는 문제작가들의 소설집을 어디든 한 군데만 펼쳐보아도 확인해볼 수 있겠는데, 대화체를 뺀 지문의 문장은 소정의 호흡 길이에 맞는 문단이 요구되는 것이다. 문제의 심각성은 라대곤 소설의 대부분이 그런 문단 배치에 익숙해진 데 있다. 나의 생각으로는 단편소설의 경우 어디든 한 페이지를 열었을 때 대화 부분을 뺀 내용문단은 2~3개로 나뉘져 있는 것이 '이상적'이다. 그런 점에서 '도둑맞은 배꼽'은 비교적 안정된 문단으로 하나의 전범(典範)이 될만하다. 이를테면 앞으로 라대곤 소설의 과제인 셈인데, 특히 장편소설이나 대하소설 등에서의 그 필요성은 말할 필요조차 없다.

그랬다. 라대곤 작가는 15살이나 아래인 젊은 평론가인 나의 어떤 쓴소리 지적에도 귀를 기울이는 소설가·수필가였다. "발전을 위해서 그런 비평이 필요하다"는 게 그의 작가적 소신이었다. 만약 일부 수필가들처럼 비판적 평가에 낯을 붉히거나 언짢은 기색을 보였더라면 나의 그에 대한 작품비평은 당장 중단되었을 것이다.

아무튼 그뿐이 아니다. 나는 라대곤 작가 사후에도 동화평을 비롯 그를 그리워하는 칼럼 등 글을 여러 편 쓰기도 했다. 그리고 이제 그 글들을 한 권의 책으로 묶어 10주기 추모문집 '라대곤문학 다시 보기'를 펴내기에 이르렀다. 이런다고 라대곤 작가가 살아 돌아올 리 없지만, 나는 꼭 그렇게 하고 싶었다.

다만, 1995년 라대곤 작가가 사재를 쾌척해 제정된 신곡문학상이 기금 고갈로 어려움을 겪고 있다니 라대곤문학 책을 3권씩이나 펴낸 나로선 편치 않은 마음이다. 지난 2월 거행된 제28회 신곡문학상 수상자가 단 1명에 그친 것도 그 때문이 아닐까 짐작해보는데, 오죽 하면 3천만 원을 갚지 않았으면 좋았을 걸 하는 생각까지 든다. 빌린 돈 갚는다는 명분으로 상금을 쾌척할 수 있을테니까.

그렇다. 나라도 일정 기금을 희사해 신곡문학상 명맥이 끊어지지 않게 하고 싶은 심정이다. 하지만 유가족이 엄연히 있는데, 일개 문인에 불과한 내가 그렇게 하는 게 정도(正道)는 아닐 것 같아 안타까움만 더해갈 뿐이다. 예컨대 나의 기금 쾌척으로 중지될 뻔한 신곡문학상을 이어가게 됐다는 내용의 신문기사라도 나면 아들 등 유가족 입장은 어떻게 되겠는가?

그런 걸 고민하지 않을 수 없어 일개 문인에 불과한 나의 신곡문학상 상금 쾌척이 마음이나 말처럼 쉬운 일이 아님을 깨닫는다. 아울러 내게 "갚지 않아도 된다"며 3천만 원을 선뜻 건네준 라회장이 우리 곁을 떠난 지 10주기 즈음에 이런 이야길 하게돼 너무 슬프기도 하다.

한편 10주기 추모문집은 라대곤 작가와 맺었던 여러 추억들을 떠올리며 편집에 심혈을 기울였다. 이제 나의 소임은 뿔뿔이 흩어져 있는 그의 작품들을 '라대곤문학전집'으로 묶어 펴내는 것이 아닐까 생각해본다. 그럴 날을 고대(苦待)하며 이 10주기 추모문집을 라대곤 작가 영전에 바친다.

〈2023. 4. 24.〉

새마을금고만 다녔던 어머니

서울 사는 딸들로부터 전화받은 어버이날을 보내서인가. 21년 전 돌아가신 어머니 생각이 여름날 분수처럼 솟구친다. 그럴 때면 나는 '어머니'란 시를 읽곤 한다.

"오살 놈아, 밥이 보약이여!"
그 밥은 잘 먹어
깜냥에 효도한 셈이었는가
기어이 눈동자 풀어져
깜짝 숨을 놓으실 때도
웬일인지 왈칵
눈물이 나지 않았는데
"바람이라도 흔들릴라치면 그리운 어머니"
어느 중견시인의 시를 읽다가
불현듯
어머니 생각이 간절해진다
고래희(古來稀)를 3년이나 넘겼다지만
인생은 60부터라는 지금
어머니의
외할머니보다 앞서간 아버님 곁은

아무래도 뜬금없기만 하다
서른 일곱에 혼자 되시고
성난 바람 앞 촛불 같은 내 새끼들 때문
자그마치 36년을 미루었던 만남이니
그래, 아버님 곁에서는 편안하신가
어머니, 우리 어머니.

위의 시는 고교 문예지도 교사로 근무하던 2008년 봄에 내가 쓴 것이다. 전남 강진에서 열린 전국영랑백일장에 학생들을 인솔해 갔다. 기다리기 지루하고 심심해 '어머니'를 써서 일반부에 응모했는데, 학생들은 다 미끄러지고 엉뚱하게도 나만 우수상을 수상한 바로 그 시다.

서른 일곱에 청상과부가 되신 어머니는 한일월드컵이 열린 2002년 6월 30일 내 곁을 떠나셨다. 향년 73세, 100세 시대 어쩌고 하는 요즘 기준으로 보면 너무 젊은 나이였다. 무슨 지병이 있는 것도 아니었다. 내내 건강하시다가 딱 한 번 병원에 입원하게 됐는데, 6개월도 안돼 숨을 놓으셨다. 그야말로 마른 하늘에 날벼락 같은 임종이었다.

"더도 말고 5년만 더 살았으면 좋겠다"는 소박한 소원을 말씀하시던 생전 모습이 곧잘 간절한 그리움으로 밀물져오곤 했다. 어머니가 생전에 새마을금고만 다니셨던 걸 안 건 유품을 정리하면서였다. 어머닌 우리 집에서 손녀들을 돌봐주시다가 애들이 유치원 다닐 때쯤 혼자 독립해 나가 따로 사셨다. 하루가 멀다하고 찾아가 뵙는 건 물론 다달이 용돈도 드렸는데, 그걸 그때그때 다 쓰시지 않고 새마을금고 통장에 넣어두신 것이다.

　내가 새마을금고에 관심을 갖기 시작한 것도 그때부터다. 교사로 처음 발령받은 곳은 면 소재지 중학교였다. 동전까지 들어간 현금의 월급봉투를 한동안 받다가 통장 지급으로 바뀐 걸로 기억하는데, 그때는 선택의 여지 없이 농협 계좌였다. 엉겁결에 개설한 셈이지만, 그후 퇴직할 때까지 월급 통장은 줄곧 농협이었다.

　그런데 알고보니 농협 포함 시중은행은 물론 신협 같은 제2금융권 중 이율이 가장 높은 곳이 새마을금고였다. 월급통장은 그대로 두되 나는 그 외의 돈, 그러니까 아내가 모르는 비자금을 모으는데 새마을금고를 이용하곤 했다. 20년 넘게 새마을금고를 이용하는 단골 고객인 셈이다.

　그뿐이 아니다. 내 집 장만을 하면서 의도치 않게 돈 관리를 해야 했던 나는 아내와 딸들 이름으로도 곧잘 새마을금고 통장을 만들곤 했다. 2019년 4월 결혼을 앞둔 큰딸 이름의 2년짜리 3천 5백만 원 예탁금과 출자금 1천만 원을 중도해지해야 하는 안타까운 일도 있었다. 가장 짭짤한 예금이자는 새마을금고란 인식이 어느새 몸에 배어있어서 그런 생각이 들었는지도 모를 일이다.

　그렇다. 나는 새마을금고에 출자금 1천만 원도 넣어두고 있다. 예금자보호가 안 되는 한계가 있긴 하지만, 말할 나위 없이 배당금이 예탁금 이자보다 훨씬 많은 매력이 있어서다. 가령 2018년 12월 4일 3.1% 이율로 1년짜리 예탁금을 넣었는데, 출자금의 경우 2019년 2월 4.0%의 배당금을 받는 식이다. 그 짜릿한 쏠쏠함은 출자금을 넣어둔 조합원이 아니면 아마도 전혀 모를 것이다.

　그 짜릿한 쏠쏠함을 만끽하며 산 지 벌써 9년째다. 고교 교사로 퇴직한 지 7년이 지난 지금도 나는 출자금 포함 1억 원쯤 되는 돈을 두 군데 새마을금고 예탁금으로 넣어두고 있다. 생전 어머니가 이런 강점을 인지하시고 새마을금고 통장만을 사용하셨는지 알 길이 없지만, 내가 그 혜택을 고스란히 물려받았지 않나 싶기도 하다. 돌아가시면서까지 아들에게 이재(理財)의 길을 열어주신 어머니란 생각이 떠나지 않는다.

〈2023. 5. 14.〉

꿈 깨기

얼마 전 '교원문학신문' 제8호 발송을 마쳤다. '교원문학신문'은 2018년 4월 2일 교원문학회가 창간한 올컬러 타블로이드판 계간신문이다. 당시 내가 회장을 맡고 있었는데, 회원 수 30명이 채 안 되는(지금은 42명) 문학회가 계간의 올컬러 신문을 내는 것은 전국 최초가 아닐까 싶은 '교원문학신문'이지만, 이제 발행을 잠정 중단하려 한다.

나는 창간호에서 "오랜 고민 끝에 계간 '교원문학신문'을 창간하게 되었다. 나로선 벌써 네 번째 신문 창간이다. '오랜 고민 끝에'라고 말한 것은 지난 세 번과 달리 내가 지도교사나 편집인이 아닌 발행인으로 나서게 되어서다. 모든 책임과 함께 재정적 부담까지 짊어져야 하는 발행인이기에 오래 고민하는 등 산통(産痛)을 겪게 된 것이다"라고 밝힌 바 있다.

그 '교원문학신문' 발행을 그만 접기로 한 것이다. "재정적 부담까지 짊어져야 하는 발행인"으로서의 짐보다는 창간호에서 밝힌 바 있는 "과거 학교신문처럼 학생기자들이 없어 아무래도 무기명 기사가 대부분인 신문이 될 수밖에 없을 듯하다. 아쉽고 안타까운 일"을 극복하지 못해서다. 특히 학생기자들이 열심히 하던 신문 발송 작업이 상당히 큰 부담으로 다가왔다.

물론 다른 이유도 있다. 먼저 엄연한 신문인데, 언론 및 언론인으로 인정해주지 않아서다. 가령 한국언론진흥재단의 '언론인저술지원'이나 방일영문화재단의 언론인을 대상으로 한 '저술·출판지원사업'에 응모하거나 하려 했지만, 자격이 안된다고 했다. 과거 학교신문까지 포함, 그런 자격미달 통보는 큰 충격이었다. '지금까지 무슨 뻘짓을 해온거지' 따위 자괴감이 뒤따랐다.

무릇 교사들이 교육상을 받기 위해 학생지도를 눈썹 휘날리게 하는 것이 아니듯 문학신문 발행도 그렇다. 무슨 언론인 지원사업을 노리고 한 것은 아니지만, 막상 신문도 아니란 연락을 받고 보니 기분이 묘했다. 학교신문 발행은 과거의 일이니 그렇다쳐도 언론이 아니라는 '교원문학신문'을 내 돈 들여가며 발행할 필요가 있느냐 회의의 늪에 빠져들고 말았다.

회원을 비롯한 독자들의 뜨듯미지근한 반응도 사기를 꺾곤 했다. 신문제작에 어떤 간섭도 받지 않는 건 바라던 바이지만, 북 치고 장구 치고 혼자 다하는 신문 발행에 대한 회원들의 무관심 또는 비협조에 그만 의욕을 잃어버린 것이라 할까. 일부 독자들이 문자 등을 보내 축하와 격려해준 걸 잊지 않으려 하지만, 이쯤해서 접는 게 낫겠다는 생각이 떠나지 않는다.

그러나 가장 큰 이유는 따로 있다. 고교 교사이던 내가 한별고등학교의 '한별고신문' 올컬러 타블로이드판 창간호를 낸 것은 2001년 4월 2일이다. 이후 발령 임지에 따라 '전주공고신문'과 '녹원신문'(군산여자상업고등학교)을 창간하여 무려 13년 동안 계간으로 펴냈다. 다른 이유도 있었지만, 근무지가 학교신문을 발행할 수 없는 학교여서 명예퇴직해버렸을 정도다.

'교원문학신문' 발행은, 이를테면 교사로서 가열차게 하던 학교신문이란 과거에 발목 잡힌 일이었던 셈이다. 뭐랄까 과거의 미망(迷妄)에 빠져 일종의 꿈을 쫓고 있는 함몰임을 비로소 깨닫게 된 것이다. 따라서 '교원문학신문' 중단은 눈썹 휘날리게 학생들 지도에 나섰던 현직 교사가 아닌 지금의 현실에 대한 직시라 할 수 있다. 쉽게 말해 꿈 깨기다.

이번 신문 1면 하단에 '제4회전북고교생문학대전공모요강'이 없는 것도 그 연장선이라 할 수 있다. 교원문학회 창립 이후 3년간 계속해 온 전북고교생문학대전공모를 접을 생각으로 예년처럼 미리 공지(公知)하지 않아서다. 지난 해 1, 2등 수상 학생의 시상식 불참이 그런 생각을 갖게 했다. 무엇보다도 학생들에게 시상하면서 지도교사일 때의 보람과 기쁨이 따르지 않았다.

그러고보면 교원문학회장을 내세워 전북고교생문학대전공모를 시행한 것도 꿈에 취해서였지 않나 싶다. 이를테면 고교 교사로서 가열차게 하던 글쓰기 지도란 과거를 붙들고 있었거나 그것에 발목 잡힌 일이었던 셈이다. 그렇다면 꿈에서 깨어나는게 백 번 맞고 천 번 옳다. 그렇게 정리하고 보니 막상 뭔가 개운하면서 서운하기도 하다.

"나 다시 돌아갈래!"

문득 영화 '박하사탕'에서 설경구가 기차 달려오는 철길로 내달리며 급하게 외쳐댄 말이 떠오른다. 사실은 나도 돌아가고 싶다. 이제 더 이상 고교의 학생들 글쓰기와 학교신문 지도교사가 아닌데도, 그 시절로!

〈'전북수필' 제96호, 2023.6.30.〉

모범공무원 남선생

 낮엔 햇볕이 쨍쨍하다가도 더위가 언제 기승을 부렸냐 할 정도로 열대야가 사라진 요즘이다. 아파트 단지내 나무들에서도 아직 매미가 울어대지만, 한여름만큼 그리 신나보이진 않는다. 새삼 '세월 참 빨라'하는 생각이 절로 일어난다. 그러고 보니 32년 남짓 머물렀던 교단을 떠난 지도 어느덧 6년이 넘었다.
 그래서일까. 교단에서 있었던 여러 일들이 주마등처럼 스쳐간다. 즐거웠거나 아쉬웠던 모든 일들이다. 그 동안 나는 2개의 중학교와 7개 고등학교에서 국어교사로 근무했다. 학생들을 내 차에 태우고 전국 각지를 누비고 다니는 등 글쓰기며 학교신문이나 교지제작 지도로 눈썹 휘날리게 바빴던 나날들이었다.
 학생들만큼은 아니지만, 교사들도 많이 만났다. 그중엔 이미 세상을 달리한 선배들도 있다. 소식 끊겨 생사를 모르는 교사들이 많지만, 퇴직후 가끔 연락하거나 만나는 동료들도 있다. 군산여상(군산여자상업고등학교)에서 5년을 같이 근무했던 남선생도 가끔 연락하거나 만나는 그런 동료중 한 명이다.
 정년보다 2년쯤 앞서 명예퇴직하고 두어 달쯤 지난 5월 어느 날 나는 군산고등학교 근무중인 남선생을 만나러 갔다. 무슨 특별한 용무가 있어서 간 건 아니다. 서로 바빠 뜸했던 지인(知人)들을 이제 한가해진 내가 만나러 다니는 일종의 만남 프로젝트라고나 할까. 오랜

만에 지인들을 만나 얼굴 보고, 이런저런 정담(情談)도 나누는 그런 여유로움은, 이를테면 은퇴가 내게 준 뜻밖의 선물인 셈이다.

"남선생은 내가 32년 남짓한 교단에서 만난 거의 유일한 참교사야."

수필가이기도 한 송교장을 그 이름 정도는 알고 있어 인사나 나누자며 들어간 교장실 소파에 앉자마자 내가 말했다. 만난 적이 없는데도, 송교장은 여기저기 신문에 발표된 내 글을 잘 읽고 있다며 반가워했다. 그리곤 내가 한 말에 화답이라도 하듯 송교장은 흐뭇한 미소를 가득 담아 말했다.

"그럼요. 그래서 이번에 남선생님을 모범공무원으로 추천했어요."

모범공무원은 정부(국무총리)가 투철한 국가관·사명감·공직관으로 맡은 직무를 충실히 수행하여 귀감이 되는 공무원을 뽑아 표창하는 제도다. 딱 맞는 추천이란 생각이 절로 들었다. 참사람이 무엇일지 귀결되는 답은 하나다. 바로 인간의 도리(道理)를 다하는 사람이다.

그렇다면 도리란 무엇인가? 국어사전에 따르면 도리는 '사람이 지켜야 할 바른 길'이다. 신의를 지키고 염치를 아는 것, 그리고 그에 맞게 행동하는 게 사람의 바른 길이다. 말로야 쉽지만, 인간의 도리를 다하기가 그렇게 만만하거나 호락호락한 일은 아니다. 우리가 그들에게 감동을 받는 건 그래서인 지도 모른다.

내가 군산 사람 남선생을 처음 만난 것은 2009년 2월 하순이다. 나는 3월 1일자 교원정기인사에 의해 군산여상 교사로 부임했다. 2월 중순쯤 발표된 인사발령을 보고 부임 전, 눈은 오지 않았지만 코가 새빨갛게 될 정도로 추운 날 학교에 인사차 들렀다. 교무실 화분에 물을 주고 있던 교감 안내로 처음 만난 군산여상 구성원이 남선생이다. 그의 안내로 4층 어문학부실을 둘러보고 내 자리도 확인할 수 있었다.

영어교사인 그는 어문학부장이다. 나는 어문학부 문예계 담당교사로 그 옆자리, 그러니까 짝꿍이 되었다. 근데 나는 겨우 한글작업만 띄엄띄엄 할 정도의 컴맹이었다. 그때 나타난 구세주가 바로 남선생이다. 남선생은 컴퓨터로 하는 모든 걸 친절하고 자세하게 일러주거나 직접 해주었다.

지금도 컴퓨터는 내게 무궁무진한 세계의 기스터리한 기기(器機)이지만, 남선생은 내 컴맹 탈출의 은사다. 영어선생인데도 언제 그렇게 컴퓨터를 공부하여 박사급이 되었는지 신기할 정도다. 이렇게 이 글을 컴퓨터로 쓰고 있는 것도 남선생 덕분이라 할 수 있다.

단순히 컴퓨터에 대한 배움만 그냥 받았으면 같이 근무한 지 10년도 더 된 그가 이렇듯 떠오르진 않을 것이다. 무엇보다도 남선생은 가르치고 배움에서 거부감이 전혀 느껴지지 않게 했다. 상대방이 수치심을 느낄 수 없게 하는, 남을 배려하는 착한 인성이 몸에 배인, 그야말로 참사람이어서다.

남선생은 맡은 바 책임을 다하는 사람을 넘어 그가 없으면 아예 학교가 안돌아 갈 만큼 존재감이 큰 교사이기도 했다. 전주에서 출퇴근하는 교장들도 학교 일이라면 크고 작든 그를 의지할 정도였으니까. 남을 배려하는 착한 인성과 함께 군산 사람이라는 지역 유지로서의 입지가 그를 참교사가 되게 한 듯하다.

그는 동료뿐 아니라 당연히 학생들에게도 참교사였다. 남선생은 나보다 한 살 아래다. 다른 학교이긴 하지만 고교 졸업으로도 1년 후배다. 고교 선후배도 아닌데다가 객지 벗 10년이란 말도 있으니 친구 하자는 내 제안에 남선생은 손사래를 쳤다. 겨우 한 살이라며 은근히 맘먹으려 하는 부류와 결이 다른 남선생이다.

"오뉴월 하루 햇볕이 어딘데요, 1년이라도 선배죠."

그러면서 내가 말을 놓아도 꼬박꼬박 존대말로 대했다. 그만큼 남선생은 예절 바르고 인품이 고매한 사람이다. 다른 직장과 달리 위아래 개념이 가출한 중등 교단이라 그렇게 보이는 지도 모를 일이다. 군인이나 경찰 등 제복(制服) 조직에서 철저히 지켜야 하는 무슨 상명하복을 말하는 게 아니다. 찬물도 위 아래가 있는 법이라는데, 중등 교단은 그게 거의 안되고 있다.

남선생은 해마다 담임을 자청하기도 했다. 원로교사로 담임 배정에서 자유롭게 됐을 때도 요지부동이었다. 무릇 교사들이 담임을 서로 안하려고 해 골칫거리로 등장한지 오래인 학교 현장에서 그야말로 단비 같은 존재라 할까!

교과서에 있는 지식을 학생들에게 잘 가르친다고 다 '선생님'은 아니다. 사표(師表)까지는 아니더라도 학생들에게 뭔가 깨닫게 하고, 그것이 그들로 하여금 인간다운 인간이 되게 교육해야 비로소 선생님이라 할 수 있다. 남선생은 바로 그런 진짜 선생님이다.

담임인 남선생은 늘 학생의 입장에서 반 아이들을 친구처럼 대했다. 나와 같이 쉰세대인데도 남선생을 만나러온 그 반 여학생들은 늘 활기가 넘쳐났다. 내가 거의 3년을 옆 짝꿍으로 지켜본 모습이 그랬다. 학생들 전언(傳言)도 마찬가지였다. 그는 항상 학생들이 엄지 척 하는 교사였다.

사실 교권이 무너진 요즘 학생들이나 학부모에게 씹히지 않는 교사 되기가 그리 쉬운 일은 아니다. 사필귀정이라 할까, 결국 남선생은 2016상반기 모범공무원에 선정되었다. 군산여상 근무 3년차 11월 내가 편집실을 따로 얻어 나가는 바람에 남선생 짝꿍은 졸업하게 되었지만, 그는 변함이 없었다. 군산고등학교에서도 참사람 그대로의 남선생이기에 모범공무원 추천을 받고, 선정되었을 것이다.

  그런데 아뿔사, 모범공무원 남선생도 연전에 정년퇴직으로 학교를 떠났다. 명백히 교육계로선 큰 손실이라 아니할 수 없다. 학부모 갑질을 견디다 못해 스스로 목숨을 끊은 서울 서이초등학교 교사 사건으로 나라가 시끄럽다. 교사들이 거리로 나서 집회를 하는 시국이라 그런가, 요즘 부쩍 모범공무원이었던 군산 사람 남선생 생각이 스쳐 가곤 한다.

〈2023. 8. 31.〉

미애의 바다

 바다 하면 가장 먼저 미애가 떠오른다. 그때 16살 소녀였던 미애는 중학교 교사가 된 후 처음으로 바다여행을 함께 갔던 제자다. 지금 50대 중반쯤 되었을 나이로 어디서 어떻게 사는지 전혀 모르는 제자다. 이 이야기는 새내기 교사시절 그 제자와 함께 갔던 바다여행기다.

 햇살은 이미 따가움이 아니었다. 들녘 곳곳에선 타작이 한창이었지만 장날엔 오고가는 사람들로 정류장이 붐볐다. 더구나 일요일이다. 어디를 가는지 대합실에 있던 권선생이 목례를 보냈다. 그리곤 힐끗 미애를 보았다. 미애가 권선생에게 인사를 한 것도 거의 동시였다. 안타까움이 교차되었지만, 나는 '가요'하며 팔을 잡아끄는 미애에게 떠밀려 대기하고 있던 버스에 오르고 말았다.
 매표 아줌마가 아는 체했지만 받을 경황이 아니었다. 미애는 바다를 만나러 가는 길이지만 나로선 가보고 싶었던 미지의 곳이다. 엉덩이가 제법 펑퍼짐한 여중생과 단둘만의 여행이라는 게 조금 걸렸지만, 바다라는 말에 미애가 떨구고 있던 고갤 들며 눈을 떴다. 6개월 넘도록 미애에게서 보지 못했던 밝고 맑은 눈이다. 권선생의 말없는 시선이 스쳐갔지만, 바다여행에 나 혼자가 아님은 얼마나 근사한 일인가!

"선생님. 안심하세요. 비밀은 지켜드릴 테니까. 그 대신 제 이야길 들어 주셔야 해요. 알았죠?"

미애의 빨간색 줄무늬 T셔츠가 유달리 화사해 보인다. 문득 비행청소년의 심리를 주제로 발표하던 금테 안경 낀 사회학과 교수의 모습이 차창에 엉켜 붙었다. 교수는 "사춘기때의 감정이란 시시각각으로 변하는 법이지요. 문제는 그들의 감정을 다치지 않게 처리해주는 데 있어요"라고 말했다. 바로 얼마 전까지도 죽고 싶다던 미애가 오히려 나를 위로하고 있는 것이었다.

총각 처녀의 선남선녀가 서로 좋아해 사귀는 게 무슨 죄가 될까마는 이 시골에서 역시 학생이 안다는 건 교사로서의 위신이나 체면에 누가 되었으면 되었지 이로울 건 없었다. 권선생과의, 이른바 사내연애를 들켜버린 난 이미 미애에게 어떤 포로가 되어 있는 셈이었다. 달리던 차가 갑자기 멈췄다. 검문이다. 전투경찰 하나가 날카로운 눈초리로 거수경례를 하곤 차내를 돌았다. 경찰이 내게 신분증을 요구했다.

"누구요?"

경찰이 미애를 가리켰다. 누구요? 그렇지. 미애는 누구일까. 제자? 그래, 제자다. 1학년 국어 담당인 내가 3학년 보강수업에 들어갔고, 이후 미애는 팬이라며 수시로 날 찾아오곤 했다. 미애는 직접 가르치는 건 아닐지라도 교사로서 건전한 정신과 올바른 가치관을 심어줘 밝고 맑게 어른이 될 수 있도록 보살펴야 할 제자다.

제자라는 내 말에 경찰이 미애를 다시 쳐다보더니 이내 신분증을 돌려주고 지나쳐갔다. 다시 차가 달리기 시작한다. 창문으로 바다가 보인다. 과연 바다는 어떤 모습일까. 지금 가고 있는 바다는 어떤 모습이 되어 이 객적은 방문객들을 대할 것인가. 바다는 검푸른 침묵 속에서 쉼없이 육지를 향해 혀를 내밀고 있었다.

"바다는 포근해요. 허물도 과거도 그 무엇이든 다 삼켜버리거든요. 그래서 전 바다에게 뭐든지 줘버려요."

갑자기 미애는 차라리 수도승이었다. 조금 전 검문을 받을 때 옹송그리던 미애는 싸늘하기까지 했다. 방파제 쪽으로 끈적끈적한 서민의 애환이 길게 늘어진 햇살을 받고 있었다. 톳 말리는 갯펄 위 시멘트 말림대를 지나 가공공장 뒤편으로도 바다는 잘 뻗은 고속도로처럼 펼쳐져 있었다. 바람이 파도를 몰고 방파제로 몰려들었다. 미애의 머리칼에 가려졌던 이마가 드러났다. 그것이 미애의 표정을 밝게 해주었다.

"빠지고 싶다!"

"큰일 날 소리, 빠지더라도 선생님 없을 때 해라. 응?"

"알았어요. 선생님께서 왜 그러시는지. 이게 두려운 거죠?"

미애가 생글거리며 왼손을 목 앞에 대고 긋는 시늉을 하며 까불거렸다. 농담이었겠지만 사실은 그럴지도 모른다.

"야, 아!"

방파제 저쪽 끝에서 큰 고기라도 낚았는지 탄성이 요란하다. 불과 방파제 하나 사이로 잡는 자와 잡히는 자의 긴장과 초조, 기다림과 원망이 수를 놓고 있었다. 놀라운 일이다. 음양의 조화로 이루어진 세상 속에 반드시 원인과 결과에 의해서 우리의 인생살이가 짜여지고, 또 이루어짐이.

사실은 누구를 구원한다는 것도 허무맹랑한 소리다. 도대체 인간은 누군가로부터 위로받고 또 누군가에게 위로를 줄 수도 없는 미미

한 존재다. 마치 군대의 5분 대기조처럼 항상 준비되어 있는 이기주의라는 독침이 첨단화되어가는 기계문명의 한 부산물임은 이미 널리 알려진 사실이다.

하지만 교사는 다르다. 가령 경영주가 비리와 술수로 많은 돈을 착복하는 등 범죄자라 하더라도 아이들을 가르치지 말라고 하지는 않는다. 교사라면 사회 부조리와 가치관의 혼란이 독향 피어오르듯 한다 해도 일단 가르치는 일에 충실해야 한다. 산꼭대기를 가리키면 거기만 보면 되었지 가리키는 손가락을 볼 필요는 없는 것이다.

"선생님, 싫어요! 지금 권선생님 생각하시죠?"

"응? 그래. 미애 이야기 듣자꾸나."

7년 전. 그때 바다는 눈이 부실 정도로 검푸르렀다. 아침이 되면 해면을 핥는 부드러운 햇살에 잠깐 색깔이 녹는 듯했지만, 밤이 되면 바다는 짙다못해 잿색이 되곤 했다. 사람들은 바다에 혼이 씌워서 그런다고 수군거렸다. 애통하게 죽은 처녀의 원귀(寃鬼)가 바다 속에서 하루종일 울고 있기 때문이라고 했다. 우기(雨期)가 아닌데도 검푸른 바다는 곧잘 비와 바람을 만나기 일쑤였다. 죾은 아우성을 치며 비바람에 신음하던 바다가 온통 마을을 귀기(鬼氣)에 빠져들게 했다. 사람들은 마실을 삼갔다. 초저녁에 불들을 끄고 아예 문을 걸어잠궜다.

"치옷~ 치치옷~."

번개가 하늘을 가르더니만 이내 천둥이 하늘을 멍들게 했다.

"이, 이-."

번개가 내뿜는 빛이 창호지 바른 문을 환하게 비추었고, 그림자가 어른거렸다. 아주 잠깐이었지만 우람한 체격의 짧은 머리 그림자가 가냘픈 그림자를 덮치고 있었다.

"아, 안--."

다시 번개가 하늘을 갈랐다. 대문도 없는 담벼락 앞에 서있는 나무가 맥없이 쓰러졌다.

"우르릉~ 쾅-."

천둥이 다시 하늘을 찢었다. 누구네 집인지 개들이 요란하게 짖어댔다. 동네는 온통 난리였다. 어른들은 부러진 나무들을 치우며 복구작업에 여념이 없었다. 아이들은 불어난 냇물 때문에 학교에 갈 수 없었다. 언니가 바다에 나가기 시작한 건 오랜만에 부드러운 햇살이 거친 바다를 핥아주던 때부터였다. 거짓말처럼, 정말 거짓말처럼 맑게 갠 하늘이 잠시 졸 때면 언니는 바다에 나가곤 했다.

산 아래 새마을운동의 혜택을 받지 못한 듯 초가지붕 한 귀퉁이에 달려있는 굴뚝에서 연기가 솟아 올랐다. 연기가 하늘을 향해 가파른 등정(登頂)을 시작하면 필연 안개와 만나곤 했다. 안개는 연기를 반려로 맞이하고 랑데부를 즐기는 것이었다. 언니가 바다에 몸을 던졌을 때도 안개가 해면 위를 덮고 있었다. 물안개였다. 안개 속에서 언니는 건져졌다. 멸치잡이 배들이 동원되고 인양 현장의 총지휘자인 이장 영감이 연신 끌끌 혀를 찼다.

"죽일 놈이여, 죽일 놈이라니께!"

동네 청년들도 가만 있지 않았다.

"아, 글씨 쫓아내야 헌다니께요. 아, 그게 말이나 된다요!"

언니를 아끼고 사랑하던 인수 오빠였다. 막 제대를 한, 고향에 뿌리 내리겠다던 청년이었다. 그의 분노는 제3자로서 상상불허일 정도였다. 하지만 바닷가 마을에서 돈많은 곽부자를 내몰 사람은 아무도 없었다. 아버진 무엇 때문인지 오히려 쉬쉬했다. 분노가 하늘에 닿았던 인수 오빠가 세상을 끝장볼 것처럼 곽부자네 집에 간 이후 감쪽같이 행방을 감춰버린 것도 우연한 일은 아닌 것 같았다.

여전히 바다는 검은 얼굴로 하얀 혀를 내밀고 있었다. 떼로 몰려와 바위에 부딪치는 게 당연하지만, 파도는 미애의 해조음(海潮音)이었다.

"무서웠단 말예요. 오줌 누러 간 사이에…. 근데 오빠가 생각나는 거예요. 오빤 병원에 있거든요. 여자 때문에 실성을 해서요. 저도 죽어야 해요, 죽어야 한다구요!"

파도의 신음소리가 들려왔다. 문둥이 눈썹 같은 달이 한결 바다를 음산하게 하고 있었다. 바다는 닦지 않은 이빨의 찌꺼기 사이로 숙취를 풍겨내는 사내같았다.

"그뿐이 아니예요. 난 언니가 바다에 몸을 던질 때도 봤단 말예요. 바다에 나갈 때 언니는 정갈한 눈으로 나를 쳐다보았어요. 난 언니의 시선을 슬그머니 피해 자릴 뜨곤 했지만, 먼 발치로 꼭 뒤를 따라가곤 했거든요. 언니를 죽인 건 저예요. 저란 말예요. 흐흐흑-!"

가을이 저무는 바닷가라 추워서였을까. 일종 현기를 느끼게 하던 미애의 싸늘한 얼굴이 경련을 일으켰다. 미애는 떨고 있었다. 눈보라 휘날리는 황량한 들판에 친구없이 서있는 나목(裸木)이 추워하듯 미애는 그렇게 떨고 있었다. 그랬었구나, 나는 무슨 말인가를 해야 된다고 생각하면서도 도대체 그 뭔가가 떠오르지 않았다. 다만 어린 미애에겐 너무도 벅찬 상처요 짐이란 생각이 다가올 뿐이었다.

"괜찮아, 괜찮아! 미애 곁엔 이렇게 선생님이 있잖아."

미애가 내 어깨에 머리를 묻었다. 겨우 나는 그렇게 미애를 위로하고 있었다. 이제 늘어질 대로 늘어진 가느다란 햇살이 부드럽게 바다를 애무하고 있었다. 노을이 산 그림자를 길지 드리우면 바다는 어느 사이 밤 화장을 마친 채 또다시 해조음을 들려줄 것이다.

"저 오늘 선생님과 함께 있어도 돼죠?"

갑자기 창자 끝에서부터 허기가 새어 나왔다. 시장기. 어쩜 시장기일지도 모르는 견딜 수 없는 허기가 분수처럼 흩어지고 있었다. 쏟아지는 졸음 속에서 다가오던 음경이 가위눌리듯 서서히 꿈의 날개를 펴기 시작했다. 바람이 가쁜 숨을 토해냈다. 바다가 헐떡거리며 허벅지 밑 깊숙한 곳을 빨아들였다. 밀물이 빠지고 텅 빈 허벅지 살에 산낙지가 쩍 달라 붙었다. 몸부림을 치면 칠수록 산낙지는 더욱 강렬하게 허벅지에 들러붙었다.

"우리 다음 주 또 바다에 오자."

총각 교사인 내가 당혹스러워할 말을 거리낌없이 내뱉는 미애였지만, 나는 그렇게 말했다. 내 눈엔 오늘 함께온 바다의 해조음 덕분인지 미애가 많이 안정된 것으로 보였다. 권선생에게 우리 연애를 학생에게 들켜버렸단 자초지종과 함께 당분간 미애와의 바다여행이 불가피함을 설명해야지 생각하는 사이 마지막 군내 버스가 시동을 걸었다.

환한 백색형광 불빛이 방안에 샅샅이 퍼졌다. 깔아놓은 이불로부터 온기가 확하니 풍겨왔다. 책장 속 주인들이 여느날 같지않게 수군거렸다. 안채의 영감님은 벌써 곯아 떨어진 듯 조용했다. 아마 할머닌 또 밤마실을 나갔으리라. 바람이 토방을 급하게 핥고 지나갔다. 달빛이 깊어가는 늦가을의 정취 속에 찬연(燦然)히 부서지고 있었다.

"선생님! 키스해 보셨어요?"

"어린 학생이 그런 소리하면 못써!"

"선생니임…."

"어허, 못쓴대두!"

바다에서부터 자하리(疵瑕里) 해안을 거침없이 통과한 바람이 창문을 두드렸다. 얼마 전 교실 창문을 노크하던 바로 그 소리였다. 그러나 바람 속엔 사람 소리도 실려 있었다. 장선생님? 아, 권선생이었다. 놀란 듯 화난 듯 서있는 권선생이었다. 다시 개짖는 소리가 밤하늘을 찢었다.

"저, 가겠어요!"

미애가 방안에 있는 걸 본 권선생은 내 대답은 들을 필요도 없다는 듯 이내 돌아서 쏜살같이 대문을 나가버렸다.

"선생님, 그게 아니란 말예요!"

밑도 끝도 없이 미애가 말했다. 흐느끼며 미애가 밖으로 나가자 방안이 갑자기 숨을 죽였다. 이후 미애를 더 볼 수 없었다.

〈2023. 9. 6.〉

역대급 후회

교단을 떠난 지도 어느새 7년이 넘었다. 재직중 동료들 말처럼 퇴직했어도 할 일이 수북한 글쟁이로서 오히려 더 바쁜 나날을 보내고 있다 해도 과언이 아닐 정도다. 한편으론 이른바 삼식이가 되어 밤 늦게 자고, 아침 9시 넘어 일어나는 한가롭고 느긋한 일상을 살고 있기도 하다.

뱃속이 편해서일까, 최근 여러 번 후회가 쓰나미처럼 밀려왔다. 예컨대 60살 될 때까지 내시경 검사 한 번 받지 않는 등 건강 챙기기에 소홀했던 걸 후회하는 식이다. 현직에 있을 때와 퇴직후 활동 반경이나 생활의 패러다임이 달라졌는데도 거기에 맞춰 걷기 운동 등 움직이지 않은 것도 후회가 된다.

애초에 불완전한 존재인지라 100% 후회없는 삶을 사는 사람은 아마도 없을 것이다. 우리 모두는 반성하면서도 금세 또다시 후회하는 삶을 살아가고 있을지도 모른다. 나 역시 예외가 아니다. 돌이켜 생각에 잠겨보니 69년 인생에서 가장 큰 후회는 2013년 습관적으로 제출한 전출 신청이다.

그때 나는 군산여자상업고등학교에서 5년째 근무중이었다. 전주-군산간 21번 국도(산업화도로)가 무정차 고속화도로인데도 자가용 통근은 적지 않게 스트레스를 안겨주었다. 예년처럼 습관적으로 일반 전보내신을 한 것도 그래서다. 서류를 내봤자 어차피 전주로 옮겨가지 못하니까 그냥 안심하고 위안이라도 삼고자 낸 셈이라 할까.

 독자들의 이해를 돕기 위해 부언하자면 전북지역 공립 중등학교 교사는 6년 근무하면 순환전보 대상이 된다. 무조건 학교를 옮겨가야 한다는 뜻이다. 그 외 일반전보가 있다. 희망 지역에 자리가 비면 가고, 없으면 재직 학교에서 그대로 근무하게 되는 제도다. 그러니까 '이번에도 안될 거야'라 체념했던 그 일반전보에서 덜컥 발령 대상자가 되어버린 것이다.

 전보 서류에는 희망지를 1번에서 3번까지 쓰게 되어 있다. 희망 지역을 ① ② ③ 모두 전주로 썼으면 발령날 일이 없었을텐데, 뭣에 홀렸는지 ①전주, ②완주로 쓴 것이 화근이었다. 2번 희망 지역인 완주로 발령이 나서다. 여하튼 이듬해 3월 부임해간 S공고는 교직사상 처음으로 두 번째 근무하게된 역사적인 학교지만, 그러나 지금껏 내가 해온 일은 주어지지 않았다.

 무슨 말이냐고? 나는 군산여자상업고등학교, 그 이전 전주공업고등학교, 또 전임지 삼례여자고등학교(지금의 한별고등학교)에서 학생들 글쓰기며 학교신문과 교지제작 지도를 눈썹 휘날리게 해온 국어교사다. 일례로 군산여자상업고등학교에서 대통령상까지 받는 제자를 지도해왔을 정도로 눈썹 휘날리게 매진해온 일이다.

 "추경 예산은 힘들 것 같습니다. 그냥 편히 근무하십시오."

 예산(타블로이드판 컬러 8면, 연 4회 발행으로 약 800만 원)만 확보해주면 학교신문을 내겠다는 내 말에 교장은 속 편한 소릴 했다. ②희망 지역을 완주로 쓴 걸 백 번 천 번 후회했음은 물론이다. 1년 있다가 H고등학교로 옮겨간 것도 내 할 일을 갖기 위해서라고 해야 맞다.

 그런데 막상 H고에 부임하니 생뚱맞게도 전혀 다른 일이 맡겨졌다. 어찌어찌 학교신문은 내기로 하고 편집실까지 따로 확보하는 등 부산을 떨었지만, 그러나 그것마저 허사가 되고 말았다. 여기서 시시콜콜 밝히진 않겠지만, 교장과의 마찰이 가장 큰 이유다. 2학기가 시작되자 교감이 교장 설득에 나섰지만, 그마저 헛수고로 끝나고 말았다.

 졸지에 첫 발령 이래 30년 넘게 해온 문예지도 등 내 일을 할 수 없게된 뒷방 늙은이 신세가 된 것이라 할까. 사실은 부임초인 3월 25일 아주 크게 기쁜 일도 있었다. 제25회남강교육상 수상이 그것이다. 이전 학교들에서 해온 열정적 학생지도의 공적을 인정받은 남강교육상 수상이라 정년의 그날까지 더 열심히 하리라 다짐했음은 말할 나위 없다.

 하지만 나는 결국 그 다음해 명예퇴직하고 만다. 정년을 2년쯤 남겨둔 시점에서다. 만약 ① ② ③ 희망지를 모두 전주로 썼으면 군산여상 6년 만기로 순환전보 대상이 되었을 것이다. 순환전보였다면 전주로 갈 수 있었다. 전주공고로 다시 부임하여 학생들 글쓰기며 학교신문과 교지제작 지도를 정년의 그날까지 눈썹 휘날리게 했을 것이다.

 명예퇴직하고 그 해 6월 교원문학회를 창립, 전북고교생문예대전을 개최·시상했지만, 학교에서 학생들을 지도하여 상받게 할 때의 뿌듯함이나 보람이 느껴지진 않는다. 그러고보면 나는 퇴직 8년차인 지금까지도 현직일 때 느꼈던 학생지도의 기쁨과 즐거움이란 미망(迷妄)으로부터 벗어나지 못하고 있는 모양이다. 오죽했으면 10년 전 전출 신청이 역대급 후회로 기억되고 있을까!

〈'전북수필' 제97호, 2023.11.10.〉

사라져가는 단관극장들

옛것들이 자꾸만 없어지고 있는 가운데 또 사라질 위기의 극장 소식을 신문에서 봤다. '한국 최초 영화관 애관극장…130년 유산과 추억 이대로 사라지나'(한겨레, 2024.4.23.)란 제목의 기사다. 앞에서 '또 사라질 위기의 극장 소식'이라 말한 것은 작년 7월 '아카데미극장, 허무는 게 능사 아냐'(장세진평론집 '흥행영화 톺아보기' 수록)란 나의 글에도 아랑곳없이 강원도 원주의 아카데미극장이 그예 헐리고 말아서다.

원주 아카데미극장은 1963년 문을 연 단관극장이다. '옛 극장의 원형을 그대로 보존하고 있는 국내에서 가장 오래된 단관극장'이라는데, 철거되고 말았다. "시민들이 아카데미극장 보존을 원하는 것은 단지 추억 때문만은 아니다. 이들은 아카데미극장이 '옛 극장의 원형을 그대로 보존하고 있는 국내에서 가장 오래된 단관극장'이라는 사실에 주목"했음에도 그리 되었다.

신문 기사를 토대로 정리해보면 애관극장은 1895년 조선인이 세운 최초의 극장이다. '협률사'라는 이름으로 세워져 1925년 지금의 '애관'으로 이름을 바꿨다. 일제 강점기부터 1970년대까지 영화뿐 아니라 창극·연주회·격투기 시합과 정치집회까지 열리며 늘 인산인해였다. 한때 영화관 가운데 유일하게 실업야구단을 보유할 정도로 성공한 극장이었다.

1895년 조선인이 세운 최초의 극장이 지금까지 같은 자리에서 같은 일을 하고 있다는 건 신기를 넘어 "신비롭기까지 하다"는 게 130년 애관극장의 역사를 담은 다큐멘터리 '보는 것을 사랑한다'(2021)를 만들었던 윤기형 감독의 말이다. 윤기형 감독은 '영화 도시 인천과 극장의 역사'란 책을 묶어 펴내기도 했다.

아무튼 1999년 멀티플렉스 CGV가 2호점을 인천 남동구에 14관 규모로 내자 20개에 달하던 인천의 단관 극장들은 지우개로 지우듯이 순식간에 사라졌다. 애관극장만이 당시 극장을 팔라던 CGV의 요구를 거절했다. 되레 옆 건물을 사 5개 관으로 확장했다. 1972년 애관극장을 인수한 탁상덕 사장에 이어 아이엠에프(IMF) 구제금융 시절 문 닫기 직전의 극장을 인수한 2세 탁경란 대표의 뚝심이 밀어붙인 '애관극장 사수하기'였다고 할까.

1999년 매물로 나왔을 때 '애관극장을 사랑하는 시민모임'(애사모)이 결성돼 매각을 막아냈다. 하지만 코로나 여파로 적자가 눈덩이처럼 불어나며 2021년 극장은 다시 매물로 나왔다. 이때 인천 도시학 연구자인 이희환 박사(인천대 교수)를 중심으로 애사모는 인천시의 공공매입 촉구에 나섰지만, 성과를 내지 못했다. 애관극장 공공매입은 답보상태다.

지금의 애관극장은 1980년대 리모델링했지만 그 형태는 한국전쟁 때 포격으로 반파된 뒤 전쟁이 끝나고 다시 지어졌을 당시의 모습을 유지하고 있다. 둥근 원형 가장자리에 2층부터 유리 벽면을 채우고 1층은 계단을 올린 형태다. 자료가 충분히 남아있지 않아도 현재의 타일과 장식 등을 없애면 1960년대 초의 모습은 그대로 남는다.

이것만으로도 원주시에서 공공 매입을 결정하고 진행됐다 지난해 허망하게 무너뜨린 원주 아카데미극장보다 오랜 역사다. 공교롭게도 오래된 극장을 허물거나 허물려고 하는 두 지역 단체장이 국민의힘 소속이란 게 우연인지 의문스럽다. 아무튼 원주 아카데미극장이 사라지면서 문화유산으로 역사적 가치가 있는 극장은 애관극장과 1935년 지어진 광주극장 두 곳만 남게 됐다고 한다.

그로부터 1주일 뒤 서울 충무로 대한극장이 없어진다는 소식이 전해졌다. 한겨레(2024.4.30.)에 따르면 단관극장 시절 대한민국 최대 스크린을 보유한 극장으로 멀티플렉스가 생기기 전까지 해마다 관객동원 1위를 차지하던 서울 충무로 대한극장이 오는 9월 30일 영업을 종료한다. 66년 만에 극장 문을 닫는 것이다.

1958년 서울 충무로에 문을 연 대한극장은 국내에서 처음으로 70㎜ 영화를 볼 수 있는 스크린과 영사 시스템을 도입했다. '벤허'(1959)·'사운드 오브 뮤직'(1969)·'킬링필드'(1985) 등 대작영화들을 중심으로 흥행에 성공하며 종로 3가 서울극장·단성사 등과 서울의 대표극장으로 자리매김했다. 이미 없어진 "인근 명보극장·스카라 극장과 더불어 충무로를 대표하는 3대 영화관으로 자리매김"(스포츠서울, 2024.5.2.)하기도 했다.

앞의 스포츠서울에 따르면 대한극장은 2002년 말 11개 상영관을 갖춘 멀티플렉스로 재개관했다. '올드보이'·'주먹이 운다' 등의 영화가 대한극장에서 상영하며 한동안 '시사회의 메카'로도 불렸지만, 2008년을 끝으로 10여년 적자를 이어갔다. 끝내 대기업이 운영하는 프랜차이즈 멀티플렉스의 기세에 밀리며 만회에 실패한 채 문을 닫게 됐다.

대한극장이 문을 닫으며 서울의 단관 극장 시대는 완전히 막을 내리게 됐다. 이에 영화계는 "한국영화계 추락이자 K컬처의 위기"라고 입을 모았다. 변영주 감독은 5월 1일 '스포츠서울'과 전화통화에서 "영화는 이제 핫미디어를 지나 쿨미디어로 가고 있다. 적어도 쿨미디어가 되지 않기 위해 정책을 만드는 사람들, 자본 권력을 가진 대기업이 이제라도 한국영화 발전을 위해 뭐라도 해야하지 않을까 생각한다"라고 말했다.

전찬일 영화평론가는 "한국영화의 전통, 문화의 전통이 종말을 고한다는 뜻"이라며 "역사와 전통을 지키는 데 국가 예산 투입은 물론 다양한 노력이 필요한데, 그저 자본의 논리로만 굴러가고 있다. 해외에서는 한국문화를 찬양하지만, 정작 우리 내부에서는 문화적 가치를 속수무책으로 방치하고 있다. 그 대표적인 예가 대한극장 폐관"이라고 씁쓸한 마음을 드러냈다.

'아카데미극장, 허무는 게 능사 아냐'에서 말했듯 분명한 사실은 애관극장을 허무는 게 단순한 낡은 건물 철거가 아니란 점이다. 소중한 가치의 옛것을 지우고 차곡차곡 간직해온 130년 역사를 허무는 것이다. 없어지거나 사라진 것도 복원해내 관광자원화하는 지자체들이 많다. 인천시는 그걸 모르는 걸까.

왜 '인천 고유의 근대문화유산'을 허물려고만 하는지 안타깝고 답답하다. 글쎄, 살 날이 산 날보다 많지 않아서 그런지 익숙했던 것들이 자꾸 사라져버려 마음 한쪽이 뻥 뚫린 기분이다. 뭐가 소중한지 '조또' 모르는 것들이 판치는 세상이라 떠나도 아무 미련 없을 듯하지만, 그동안은 계속 이런 사라짐을 목격해야 하나 싶으니 절로 밥맛마저 떨어진다.

〈2024. 5. 16.〉

KBS만 안하는 드라마 자막 서비스

　최근 인기리에 방송된 '수사반장 1958'을 다룬 글에서 "또 하나 특기할 건 본방송의 자막 서비스지만, 이에 대해선 따로 이야기"한다고 한 바 있다. 이제 본격적으로 그 얘길 해보자. 이보다 앞선 지난해 2월 4일 SBS가 '법쩐' 9회 재방송 드라마에 한글자막을 달아 내보내기 시작했지만, 본방송은 '수사반장 1958'이 사상 처음이다.

　SBS가 재방송 드라마에 한글자막을 서비스하는 걸 보고 신기하면서도 반가워했다. 한국어로 말을 주고 받는 드라마에 한글자막이 외국영화 볼 때처럼 나오는 게 신기했다. 자막을 읽으므로해서 그만큼 배우들 대사를 100% 알아들을 수 있어서 반가워했다. 일부러 본방 사수를 뒤로하고 SBS 재방송을 더러 보기도 했다.

　SBS 관계자는 "OTT 중심으로 이미 한국어 자막 서비스가 일상화되고 있는 상황에서, 드라마의 재미 및 몰입도 증가를 위해 재방송에 자막을 도입했다"(스포츠경향, 2023.11.8.)고 밝힌 바 있다. 이어서 SBS는 "특히 최근 대사가 많거나 전문적인 내용을 다루는 장르물 편성 비중이 높아져, 정확한 정보의 전달이 필요했다"고 덧붙였다.

　최고 시청률 12.9%를 찍는 등 인기리에 방송됐던 금토드라마 '연인'(2023.8.4.~9.2)을 시작으로 '연인 파트 2'(2023.10.12.~11.18)에서도 재방송 때 자막을 내보내기 시작했던 MBC 역시 정보전달에 방점을 뒀다. '연인' 측 관계자는 "고어나 방언이 많아 자막과 함께 즐기기에 적합한 작품"이라고 밝혔다.

아무튼 40년 넘게 방송평론을 해온, 그러니까 드라마를 끊임없이 봐온 내 기억으로도 본방송 드라마 자막은 처음이지 싶다. 아니나다를까 한국일보(2024.4.22.)에 따르면 "국내 최초의 드라마 '천국의 문'이 1956년 전파를 탄 뒤 지상파 방송사가 한글 자막이 나오는 드라마를 제작해 본방송에 내보내기는 68년 만에 처음"이다.

이런 변화는 "①TV를 보는 시청층이 고령화되고 ②코로나19 팬데믹 이후 OTT 대중화로 드라마를 자막과 같이 보거나 줄거리 위주로 빠르게 돌려 보는 시청 습관이 새로운 문화 표준으로 떠오르면서 생겼다. 반세기 넘게 자막 없이 송출됐던 TV 드라마 시청 문화가 급변한 미디어 환경으로 전환기를 맞은 것"(앞의 한국일보)이다.

그간 KBS · MBC · SBS 등 지상파 방송 3사는 청각장애인에게만 제한적으로 드라마 본방송 자막 서비스를 제공해왔는데, 바야흐로 새 시대가 열린 것이라 할 수 있다. 이를테면 재방송에서 SBS보다 한 발 늦은 행보를 보였던 MBC가 본방송은 먼저 치고 나간 자막서비스인 셈이다.

MBC 관계자는 5월 20일 한국일보와의 전화통화에서 "원조 '수사반장'을 기억하는 시청자분들이 보다 편하게 드라마를 시청하실 수 있도록 자막을 도입했다"며 "앞으로 방송될 다른 드라마로의 본방송 자막 도입도 긍정적으로 검토 중"이라고 밝혔다.

"1971년 첫 방송 후 50여 년이 훌쩍 지났지만 '수사반장'을 추억하는 노년 시청자를 TV 앞에 붙잡아 두려는 전략"이 먹힌 셈인 '수사반장 1958'의 인기라 할까! 이런저런 이유나 배경이 무엇이든간에 드라마 본방송 자막서비스는 매우 잘한 일로 보인다.

사회관계망서비스(SNS)와 온라인커뮤니티에 올라온 시청자들의 반응도 전해졌다. "(드라마를 보기) 편하다", "OTT로 자막에 익숙해져 친숙하다" 등의 의견이 주를 이뤘다. 하긴 나부터도 청력에 문제가 있는 건지 우리 집 TV에 하자가 있는지 드라마를 비롯 영화 속 대사가 잘 안들려 불만스러웠는데, 그걸 단숨에 해결해준 자막 서비스라 할 수 있다.

드라마 시청자 게시판엔 "집중이 안 된다"는 글도 올라왔다지만, MBC는 '수사반장 1958' 시청자 반응을 좀 더 지켜본 뒤 앞으로 방송될 드라마로의 본방송 자막 서비스 확대 여부를 결정할 계획이라고 밝혔다. 아니나다를까 밝힌 그대로 '수사반장 1958' 후속으로 5월 24일 시작한 금토드라마 '우리, 집'도 자막으로 대사를 내보내고 있다.

'수사반장 1958'의 본방송 자막 서비스에 뒤통수라도 맞은 듯 SBS도 발빠르게 대응한 모양새다. '수사반장 1958'과 동시간대 방송된 금토드라마 '7인의 부활' 9회(4월 26일)부터 본방송 자막을 제공하기 시작한 것이다. '우리, 집'과 같은 날 시작한 후속 금토드라마 '커넥션' 본방송도 자막을 달아 방송하고 있다.

이런 흐름에도 불구하고 어찌된 일인지 '한국인의 중심채널' KBS는 요지부동, 독야청청이다. 좀 다른 얘기지만, 명절 특선영화 편성에서 도무지 모든 방송사의 맏형이라 할 그런 모습을 볼 수 없던 KBS였는데, 그게 떠오른다. 드라마 자막서비스에서도 선도적이긴커녕 흐름조차 따라잡지 않거나 못하고 있어 속내가 무엇인지 궁금해진다.

이는 상대적 박탈감을 안기기도 한다. 가령 SBS '커넥션'은 자막서비스로 드라마 내용이 쏙쏙 들어와 박혀 편하게 보고 있는데, KBS 드라마는 그렇지 않다. 얼마 전 끝난 월화드라마 '멱살 한번 잡힙시다'를 볼 때 그랬다. 지금 본방사수하고 있는 주말드라마 '미녀와 순정남'도 마찬가지다. 이런 불편함을 감내하며 KBS 드라마를 계속 보게될 시청자가 얼마나 있을지 의문이다.

〈전북연합신문, 2024.6.12.〉

잇몸으로 산 1년

 이가 없으면 잇몸으로 산다더니 실제 그랬다. 2019년 4월 큰딸 결혼식을 치른 직후 임플란트를 하기 위해 발치(拔齒)하고 생긴 일이다. 치과에서 임시 틀니를 해주었지만, 사용은 처남 장모상 장례식장과 내가 수여자인 제3회교원문학상·전북고교생문학대전 시상식 딱 두 번에 그쳤다. 이후 1년을 앞이빨 없이 살았다.
 앞이빨이 없어 사람들과의 만남에서 크게 웃지도 못했지만, 틀니를 끼지 않는 게 오히려 더 편했다. 마침내 본을 뜨고 그 다음 주 완성을 앞두게 되니 절로 '신체발부 수지부모 불감훼상 효지시야'라는 말이 떠오른다. 중국의 고전 '효경' 첫 장 '개종명의'에 실려있는 이 말은 "우리의 신체는 부모에게 물려받은 것이라 이것을 다치지 않게 하는 게 효도의 시작"이라는 의미다.
 나이와 함께 자연 발생하는 마모 개념의 임플란트라면 그런 말이 떠오르지 않았을지도 모른다. 그런 임플란트는 고교 교사일 때 이미 어금니를 대상으로 이루어진 바 있다. 1,000만 원쯤 들어간 대형 공사였다. 의사 권유도 있고, 연말정산 혜택 역시 무시못할 것이라 떠밀리듯 단행해버린 임플란트라 할 수 있다.
 그러나 이번 앞이빨 임플란트는 다르다. 마모의 요인이 분명 있지만, 이빨 자체가 부모로부터 물려받은 자연산이 아니라서다. 돌이켜 보면 나의 이빨 수난시대는 이미 고딩이때 시작되었다. 산행에서 사이다를 따던 오프너와 충돌한 이빨에 금이 가더니 그 반조각이 떨어져나가버린 것이다. 아리고 쓰리고 상당히 고통스러웠지만, 바로 어쩌질 못했다.

하긴 고딩이부터 20대 중반까지 나는 애저녁에 효도와 거리가 먼 아들이었다. 1973년 고3 '통씨빵꾸사건'때 머리가 깨졌다. 이듬해 달리는 택시에 온몸을 들이 받혔다. 그것도 모자랐는지 4년쯤 지나서는 앞 이빨 두 개를 부러뜨리고 말았으니까! 술집에서 잠깐 이성이 마비되어 벌어진 일이지만, 덕분에 싸움은 일찍 끝났다.

때에 따라선 사나이로 비겁한 짓일 수도 있지만, 당시 생각으론 한 대 맞고 '개값'을 받아내는 것이 편했다. 시시콜콜 다 밝힐 수야 없지만, 경찰서나 파출소에 끌려가 나의 주민등록번호를 대면 전과 사실이 금방 드러난다. 그렇게 되면 피해자이면서도 단지 전과자라는 이유만으로 불이익을 당할 수도 있다는 잠재의식이 쩔어 있던 시절이었다.

결국 일금 십만 원에 합의서를 써주고 사건은 일단락되었다. 그 돈을 쉽게 받아내려면 형사입건부터 시켜야 하는데, 순전 인간적으로 대하다 보니 꽤 터덕거렸다. 가해자는 대학교 졸업반 학생이었다. 그래서 그 큰 돈을 한번에 마련하기 힘들었겠지간, 조금씩 찔끔찔끔 받다보니 나는 '철사이빨'의 흉물스런 치아를 드러내며 살아야 했다.

철사이빨이 뭐냐고? 우선 먹기는 곶감이 달더라고 의치(義齒) 해넣어야 할 합의금을 갖고 있다가 시나브로 써버려 철사로 걸어놓은 임시 이빨을 하고 잘도 살았던 것이다. 1979년 6수 만에 대학교 신입생이 되면서 비로소 철사이빨 시대를 청산할 수 있었다. 이른바 야메는 아니었는지 의치는 20년 넘게 나의 앞이빨을 천연덕스럽게 대신

해주었다.

　의치에 사달이 난 것은 2002년 2월경이다. 2001년 제6회전국학교신문·교지콘테스트에서 금상을 받은 덕분인지 그 무렵 나는 여기저기 '학교신문제작 실제지도' 강사로 불려다녔다. 마침 봄방학때 한국언론재단 광주사무소에서 나를 강사로 초빙했다. 전직 기자들을 대상으로 점심식사후 하면 되는 강의였다. 그런데 식사하던 중 단무지를 깨문 앞이빨이 나가버렸다.

　수강생들에게 전말과 함께 양해를 구하고 어찌어찌 강의는 마쳤지만, 얼마나 당혹스러웠는지 지금까지도 그 기억이 생생할 정도다. 그러니까 18년 전 해넣은 의치에 문제가 생겨 두 번째 임플란트 시술을 받았고, 잇몸으로 1년을 살게된 것이다. 그 대학생은 이런 나의 고충을 헤아리며 한순간이라도 미안해 했을까?

　70년 인생을 돌이켜 생각해보니 부모가 물려준 나의 신체중 가장 많이 손본 곳은 이빨이지 싶다. 그만큼 건사를 가장 못한 곳이라는 얘기다. 어느 조폭 똘마니의 짱돌에 찍히고 택시에 부딛혀 한동안 병원 신세를 졌을망정 병으로 아파 입원생활을 한 번도 해보지 않은 인생과 대조적인 이빨 수난사라 할까.

〈'전북수필' 제98호, 2024.7.10.〉

여름 대목 사라진 극장가

늦더위가 기승을 부리고 있지만, 여름 극장가는 사실상 끝났다. 지난 해에 이어 또다시 맥을 못춘 2024 여름 극장가라 해도 과언이 아니게 됐다. 2023년 7말 8초에 개봉한 '밀수'·'더 문'·'비공식작전'·'콘크리트 유토피아' 4편중 '밀수'만 514만 명으로 흥행성공한 걸 떠올려보면 올여름 대목 성적이 더 안 좋지 싶다.

물론 위의 4편중 384만 명을 동원한 '콘크리트 유토피아'도 손익분기점을 넘긴 영화로 전해졌다. '콘크리트 유토피아'의 총제작비는 185억 원에서 200억 원대지만, 전 세계 152개국에 선판매돼 손익분기점을 380만 명대로 대폭 낮출 수 있었던 것으로 알려지기도 했다.

하긴 지난 해 상황이 작용했는지 올해 7말 8초엔 개봉 판도가 좀 달랐다. 7월 31일 '파일럿'이 등판했을 뿐 7월 24일과 8월 7일 대작 개봉은 아예 없었다. 단, 8월 7일 80억쯤 들여 손익분기점이 140만 명 정도로 알려진 '리볼버'가 개봉했지만, 관객 수는 24만 명에 그쳤다. 그나마 172개국에 선판매돼 낮춰진 손익분기점인데도 그렇게 됐다.

아무튼 거의 여름 끝물이라 할 8월 14일 외화 포함 4편이 동시에 출격하는 일이 벌어졌다. 그중 '파일럿'만 손익분기점 220만의 두 배 이상인 462만 명(9월 8일 기준. 이하 같음.)을 동원해 흥행성공작이 됐다. 8월 14일 개봉한 영화는 '행복의 나라'·'빅토리'·'에이리언:

로물루스'·'트위스터스' 4편이다.

이중 '에이리언: 로물루스'만 빼고 3편은 적기조차 민망한 관객 수를 기록했다. '행복의 나라' 70만, '빅토리' 43만, '트위스터스' 60만 명에 불과해서다. 그중 나은 '에이리언: 로물루스'조차 183만 명을 약간 넘긴 관객에 그쳤다. 여름의 시작인 6월 개봉작들- '하이재킹'·'핸섬가이즈'·'탈주'·'탈출: 프로젝트 사일런스'까지 살펴보면 흥행작이 더 있긴 하다.

먼저 순제작비 49억 원의 '핸섬가이즈'는 개봉 11일 만에 손익분기점 110만 명을 넘겼다. 현재 관객 수는 177만 명이다. 순제작비 80억 원의 '탈주'도 손익분기점 200만 명을 넘겼다. 현재 관객 수는 256만 명이다. '하이재킹'도 177만 명대로 '핸섬가이즈'와 비슷한 관객이지만, 손익분기점이 230만 명으로 알려진 만큼 흥행실패작이다.

거기서 100억 미만 중급 규모의 영화들은 흥행성공한 반면 140억 원과 185억 원(마케팅비 제외)이 각각 투입된 대작 '하이재킹'과 '탈출: 프로젝트 사일런스'는 실패한 게 눈에 띈다. '탈출: 프로젝트 사일런스' 관객 수는 맙소사! 68만 명 남짓이다. 올 여름 선보인 영화중 가장 많은 제작비가 투입된 '탈출: 프로젝트 사일런스'의 손익분기점은 400만 명이다.

투자배급사 NEW의 류상헌 유통전략팀장은 "올해는 '여름 성수기=블록버스터 개봉'이라는 불문율이 깨지기 시작하는 해라 볼 수 있다"며 "중급 영화 개봉이 강세인 건 각 배급사들이 (지난해) 경험을 바탕으로 시장 변화에 능동적으로 대처한 결과"라고 분석했다. "덩치를 내세우며 흥행몰이를 하던 시절은 이제 지났다"는 주장도 있다.

"스타 배우들이 대거 출연한 데다 스타 감독이 연출했고 많은 제작비가 들어간 영화'라는 식의 홍보 문구가 더 이상 관객 마음을 움직이지 못한다"는 것이다. 황재현 CGV 전략지원 담당은 "관객들이 더 이상 제작비 규모를 신경 쓰지 않는 듯하다"며 "입소문을 바탕으로 좋은 콘텐츠를 즐기는 쪽으로 관람 형태가 바뀌고 있다"고 진단했다.

이런 현상은 실제 데이터로도 나타났다. 9월 2일 영화진흥위원회 집계에 따르면 8월 전체 영화 관객은 1,178만 명이다. 지난해 8월의 1,456만 명보다 278만 명이 줄었다. 올해 7월(1,203만 명)에 비해서도 25만 명이 줄어든 수치다. 보통 8월에 극장을 찾는 관객이 7월보다 많은 걸 감안하면 예사로운 일이 아님을 알 수 있다.

한국일보(2024.9.3.)에 따르면 8월 흥행 부진이 더해지면서 올해 7, 8월 관객은 2,381만 명에 그쳤다. 지난해 같은 기간 관객(2,884만 명)에 비해 503만 명이 적은 수치다. 2023·2024 2년 연속 7, 8월 관객 수가 줄어들었다. 2022년 7, 8월 관객 수는 3,124만 명이었다. 7, 8월은 무더위에 휴가철까지 겹쳐 1년 중 관객이 가장 몰리는 시기로 꼽혀왔는데, 달라졌다.

특히 올해는 여름 대목이라는 말이 무색할 정도로 관객이 적었다. 여름 성수기라는 말이 무의미해졌다는 주장이 나오기도 하는 이유다. "코로나19 대유행 이후 관객들의 관람 행태가 바뀌면서 성수기와 비성수기 구분이 모호해졌고, 여름도 다른 시기와 큰 차이가 없게 됐다"(한국일보, 2024.9.3.)는 것이다.

지난 해 11월 개봉한 '서울의 봄'부터 올해 2월 '파묘'와 4월 '범죄도시4'까지 6개월 새 3편이나 천만영화가 탄생했지만, 아직도 2020년 2월 발생한 코로나19 직전에 누린 '영화의 봄'이 온 건 아닌 듯하다. 2006년 7월 27일 개봉한 '괴물'이 1,302만 명을 동원한 이후 극장가 최대 성수기라는 7말 8초 2024 여름 대목을 살펴보면 그런 생각이 절로 든다.

한국일보(2024.6.22.)에 따르면 2007년 '화려한 휴가'와 '디 워'가 개봉해 쌍끌이로 여름 시장을 이끌며 '흥행은 여름'이라는 인식이 굳어졌다. 여름은 '해운대'(2009)·'도둑들'(2012)·'명량'(2014)·'암살'(2015)·'베테랑'(2015)·'부산행'(2016)·'택시운전사'(2017)·'신과함께: 인과 연'(2018) 등 많은 천만영화를 양산했다. 정녕 이게 옛일이란 말인가?

〈2024. 9. 9.〉

콩트

임진각 연가

경기도 하면 가장 먼저 임진각이 떠오른다. 북쪽을 향해 절하던 실향민이라 그런 것이 아니다. 경기도에서 산 1년 동안 내게 특별한 체험을 안긴 임진각이라서다. 뭐, 특별한 체험이라고? 그렇다. 28년 전 나는 경기도 평택의 P공업고등학교 교사였다. 전남에서 경기도로 전출해간, 이른바 도간 교류의 발령지가 그랬다.

하지만 그것은 주말부부를 감당해야 하는 고통이기도 했다. 신혼 시절 이미 1년 가까이 한 주말부부로는 모자랐던 것일까. 그 동안 큰애를 갖게 되었지만, 4년 만에 아내와 다시 떨어져 사는 경기도에서의 생활이 시작된 것이다. 14평짜리 주공아파트를 얻었지만, 취사는 하지 않았다. 인근 식당에서 하루 세 끼니(그때는 학교 급식이 없었다.) 밥을 사먹는, 나로선 다소 체질에 맞지 않는 생활이 이어졌다.

교직 9년차에 처음으로 근무하게 된 실업계고등학교였지만, 학생들은 대체로 A급이었다. 그도 그럴 것이 신입생을 전국 단위로 모집했다. 경쟁률이 3대 1쯤 되는 특화된 고등학교였다. 학생들 수준으로 봐선 더 있어도 좋겠다는 생각이 들기까지 했을 정도다. 1학년 담임을 맡으면서 그야말로 눈코 뜰 새 없는 시간이 흘러갔다.

하지만 나는 어느 순간 제법 거세게 비집고 들어오는, 벌써 3년이 넘게 흐른 세월 저편의 일로 어쩔 줄 몰라했다. 처녀였던 그녀가 결혼하여 경기도 파주에서 살고 있다는 소식을 들었던 것이다. 어쩌면 주말부부를 하고 있는 해방감 아니면 외로움 때문인 지도 모른다.

"사실은 지난 번 선생님 전화받고 굉장히 당황했었어요. 하지만 지금은 남편이 출장중이라 전화드린 거예요."

뜻밖이다. 지난 번 통화에서 학교와 집 전화번호를 일러주긴 했지만, 그녀가 자청하여 전화하리라곤 상상조차 할 수 없었다. 그것도 밤 9시가 넘은 시각이다. 그녀는 하지 않아도 될 이야기까지 망설임 없이 하고 있었다. 그녀는 평택 사는 내가 빠르게 파주에 올 수 있는 방법을 가르쳐주기도 하였다. 유혹이 분명하다. 설사 유혹이 아니라 해도 나는 그녀를 간절히 만나고 싶었다.

그 날 밤 나는, 그러나 파주로 갈 수 없었다. 내일 출근도 걱정이지만, 모 지방지에 주간 연재중인 원고를 써서 팩스로 보내야 하는 마감날이었던 것이다. 무엇보다도 이제 나는 한 여자와의 사적인 감정보다 현재의 위치를 중시해야 하는 공인(公人)의 한 사람이다. 아니 정작 두려운 건 '밤의 만남'이었는지도 모른다. 결국 1시간 넘게 무슨 쌓인 말이 그리 많다고 통활했고, 다음을 기약하는 수밖에 없었다.

마침내 여름 방학이 시작된 다음 날 나는 그녀가 사는 파주로 향했다. 무려 4년 만이었고, 헤어진 여자와의 재회였다. 퍼머기가 있긴 했지만 그녀는 긴 트레머리의 모습까지 처녀때 그대로였다. 달라진 점이 있다면 너무 눈 부신 미인인 제 엄마를 별로 닮지 않은 4살짜리 딸 은정이가 그녀 곁에 있다는 사실이다. 역시 이제 와 만나면 뭐 할거냐는 원망 섞인 핀잔이 있었지만 그녀의 얼굴은 밝았다. 유부남인 나와 사귈 때처럼 스스럼없이 나를 대했다.

내가 그녀를 처음 만난 것은 지리산 서쪽 자락에 위치한 전남의 G여자고등학교로 부임한지 8개월째 되던 11월이다. 지난 해 4월 결혼했으니 신혼이나 다름없었고, 아내는 첫 딸을 낳고 친정에서 산후조리중이었다. 그녀는 출산휴가를 낸 내 옆자리 여선생 대신 온 분만대체강사다. 긴 트레머리에 눈이 적당히 크고 훤칠한 그녀가 교무실 문을 열고 조심스럽게 들어설 때부터 나는 예사로운 기분이 아니었다. 그것은, 이를테면 들판의 흰 눈이 반사하는 눈부심이었다. 비 갠 뒤 잎새를 구르는 물방울이 뿜어내는 싱그러움이었다.
"황정경입니다. 잘 부탁드려요."
직원조회가 끝나고 김 교감의 안내로 내 옆자리에 온 정경이 환한 미소를 띈 채 말했다. 웃는 그녀의 화장기 없는 눈이 포근해 보였고, 또한 아름다웠다. 하얗고 가지런한 잇속은 얇지도 두텁지도 않은 입술에 잘 어우러져 있었다. 분명 처음 듣는데, 놀랍게도 그녀의 목소리는 정답기만 했다.
"아, 예!"
나는 옛날 시골학교에서 처녀 선생님이 오줌 누던 것을 훔쳐보다가 들킨 아이처럼 잔뜩 주눅이 들어버렸다. 더 멋지고 근사한 대답이 분명 있을텐데도 고작 그렇게 대답해버리고 말았으니까! 하지만 서른 네 살인 나는 여자를 보면 오금이 저리는 따위 순진한 남자가 아니었다.
또한 누군가를 사랑할 특권이 주어지는 청춘의 시대도 이미 지나가버린 터였다. 오히려 나에게는 이제 막 산고(産苦)를 치른 아내가 있었다. 이를테면 그대 이름은 유부남이었던 것이다. 더구나 나는 무릇 학생들에게 사표(師表)이고자 하는 교사이기도 했다.

그러나 그 따위는 문제될 게 없었다. 오히려 문제는 그녀의 마음이다. 경험상 들어갔다 나와도 모르는 것이 여자의 속이다. 나에게로 향한 그녀의 속마음이 무엇인지 알 수 없는 답답함이 괴로움으로 이어졌다. 출퇴근때 주고받는 인사와 커피 타임, 국어과 회식 등이 있었지만 그것은 공적(公的)이고 형식적인 만남일 뿐이다. 분명한 것은 선남선녀 대부분이 그렇듯 그녀 역시 매우 윤리적이고, 따라서 올바른 가치관을 지니고 있다는 점이다.

"어머, 어떻게 처녀가 유부남과 사랑할 수 있죠? 말도 안돼요!"

그녀가 무슨 말끝에 맞은 편 장선생에게 쏘아 부치는 걸 보면서 나는 그 점을 확실히 깨달았고, 다시 절망했다. 흘깃 들여다 본 그녀는 미소를 머금고 있었지만, 말인즉 당연했다. 동서양을 막론하고 여자와의 관계는 무조건 부딪쳐 보는 것이 상책인데, 이제 나는 그럴 수 없었다. 다름아니라 나는 유부남인데다가 어엿한 교사여서다. 무엇보다도 자연스러운 만남과 이야기가 선행되어야 속마음이고 무엇이고 알 수 있을텐데…. 벙어리 냉가슴 앓는 시간이 자꾸만 흘러갔다.

그녀의 근무 기간이 6개월 연장되었음을 안 것은 졸업식 날이다. 출산휴가를 낸 최선생의 산후 조리가 순조롭지 않아서라지만 이유야 어쨌건 나는 오랜만에 뭍에 오른 수부(水夫)처럼 흥분하고 있었다. 지난 겨울방학 내내 그녀에 대한 생각을 쉽게 떨쳐내지 못했던 나는 정경의 근무연장 그 자체만으로도 쾌재를 불렀다. 아! 뜻이 있는 곳에 길이 있을까.

마침내 그녀와의 사적(私的)이고 자연스러운 만남이 이루어졌다.

궁하면 통한다고 했던가. 어떻게 그런 아이디어가 떠올랐는지, 내 대학 후배와 그녀의 친구 숙자를 소개해주는, 이를테면 맞선으로 4명이 광주에서 만난 것이다. 그것이 나의 모종의 작전이었음은 두말할 나위 없다. 나는 정경이에 취해 막차를 놓쳤고, 이후 우리는 거칠 것 하나도 없는 남부럽지 않은 연인이었다.

토요일마다 출판기념회가 있었고, 시도 때도 없이 초상집이 생겼다. 학교에서의 만남은 밀회를 위한 예고편일 뿐이었다. 우리는 광주·전주·순천 등지 도시의 요식업소 번창을 위하여 눈썹이 휘날리게 바빴다. 한국민속촌이며 독립기념관 같은 관광 유적지도 밀월여행의 훌륭한 무대가 되어 주었다. 독립기념관을 가기 위해 천안의 어느 여관에서 잤던 날 나는 옛 애인에게 맞아서 생긴 그녀 등판의 시퍼런 멍울을 마사지해주며 사랑을 다짐하기도 했다. 그녀는 새벽 2시에 전화 걸어 나에게 사랑을 속삭여왔다.

"선생님, 이제는 이선생님뿐이에요. 정식으로 그 사람과 헤어졌고, 빨리 알려드리려고 지금 전화하는 거예요. 저, 잘한 거죠?"

나는 정경과 함께 하는 새로운 삶을 일상 속에서 만나고 있었다. 교실이나 출퇴근 버스 안, 심지어는 화장실에서까지 그녀와 만나고 있었다. 나의 잠꼬대까지 사랑하는 그녀에 대해 자연스럽고 당연한 감정일지도 몰랐다. 이제 나에게 남겨진 일은 이혼, 끓며 넘치는 애정없이 사는 아내와 이혼을 하는 것이다. 그녀는 이미 내 딸아이도 잘 키울 수 있다고 고백해오지 않았던가! 이혼이야말로 행복의 확실한 연결고리였다. 나는 다짐하듯 그녀에게 말했다.

"잠시만 기다려! 오래 걸리진 않을 거야."

그러나 오래 걸리지 않은 건 이혼이 아니다 나의 이혼을 재촉하지도 않던 정경이가 그야말로 홀연히 나를 떠나가버린 것이다. 그렇게 정경인 떠나갔지만, 그러나 나는 그녀를 잊지 못하고 있었다. 결정적으로 이곳 평택으로 근무지를 옮겨와 주말부부를 하고 있기 때문인지도 몰랐다.

급기야 나는 제자를 시켜 정경의 시골집으로 전화를 하게 했다. 나름 수확이 알찼다. 그녀는 나와 헤어진지 얼마 지나지 않아 결혼을 했고, 경기도 파주에서 살고 있었다. 벌써 3년이 넘게 흐른 세월 저편의 일이다. 그녀의 남편은 정식으로 헤어졌다던 바로 그 애인이었다. 역시 그랬구나, 비로소 나는 그녀가 선택한 것이 사랑이 아니라 현실이었음을 깨달을 수 있었다.

"오랜만이군. 나 이일아야!"

"네? 어머……."

"어때 행복한가? 한 번 만났으면 하는데……."

"이제 와 만나면 뭐하겠어요. 다 부질없는 일인 걸."

그렇게 통화는 끝나버렸다. 3년 넘게 못잊어하다가 급기야 전화번호를 알아내 시도한 대화치곤 아무래도 너무 싱거운 것이었지만, 나는 그녀의 그런 답변을 듣자 그만 맥이 풀어져버렸다. 그런데, 그런데 그녀가 자청하여 전화를 해온 것이었다. 그것도 밤 9시가 넘은 시간에 남편이 출장가고 없다며.

파주 시내 어느 레스토랑에서 점심과 함께 맥주를 몇 잔 마신 나는 그녀와 함께 임진각으로 향했다. 나는 잿빛하늘 아래 한들거리는 함초롬한 잎새들을 보며 비극적 역사의 현장인 임진각에 와 있다는 숙연함보다도 4년 만에 그녀를 만난 감회에 들떠 있었다. 어디까지나

은정이가 있었으므로 사람들에게 부부로 보일 것이 나의 마음을 편하게 하기도 했다.

"아찌, 아찌!"

제법 굵어진 빗줄기를 피하기 위해 앉은 파란 지붕의 벤치에서 은정이가 나를 부르며 캔 음료수를 내밀었다. 엄마의 심부름을 하는 것이었는데 은정이가 들고 온 것은 놀랍게도 환타였다. 나를 쳐다보는 그녀가 눈으로 말하고 있었다.

"드세요. 환타 좋아하시잖아요!"

"왜 날 떠난 거야?"

그러나 나는 입으로 물었다. 4년이나 잘도 묻혀 있었던 비밀이었는데 갑자기 궁금하여 견딜 수가 없었다. 사실 그녀가 떠나가고 몇 달 후 나는 아내와 깊은 불화를 겪었다. 그만큼 나는 그녀를 사무치게 그리워했다. 그녀가 떠나가지 않았다면 아내와의 이혼이 이루어졌을 것이라 확신하고 있었다.

"피! 못가게 잡지도 않았으면서……."

어느새 웃음기가 사라진 표정이 된 그녀가 말했다. 그랬다. 그때 나는 그녀를 때리지도 않았지만 굳이 잡지도 않았다. 그러고 보면 나는 그녀가 떠나가주길 은근히 바라고 있었는지도 몰랐다.

"그러면 천은장으로는 왜 왔지?"

무슨 청문회를 하자는 것은 아니었다. 다만 이제 각각 남의 남편과 아내가 되어 이렇게 만나는 것이 안타깝고 아쉬울 뿐이었다.

"안 나오면 죽인다고 했잖아요!"

역시 그녀의 얼굴엔 웃음기가 없었다. 아! 그랬던가. 대학 4학년때 사귀던 후배가 나를 떠났던 것이 바로 그 때문이었다. 그녀 또한 그

애인으로부터 집요한 추궁을 당한 것이 틀림없었다. 어쩌면 그가 교사인 나를 매장시키겠다며 그녀를 협박했을 지도 모를 일이다. 유부남인데다가 교사인 나의 여자 스캔들은 적발되는 순간 파면감이었다.

무엇보다도 8년이나 사귀어온 정경이 애인으로선 고무신을 거꾸로 신었던 그녀의 마음을 돌려놓기 위해 동원 가능한 수단일 수도 있었다. 이제 비는 제법 강해진 바람과 만나고 있었다. 버스 속에서 곯아떨어진 은정일 안은 나는 영락없이 그녀의 남편이었다. 그래서였을까, 나는 그녀가 이끄는 대로 버스에서 내려 곧장 택시를 탔다.

"저녁식사 하고 가세요. 찬은 없지만."

그녀는 자기 집으로 가자며 그렇게 말했다. 비록 아내가 친정에 갔을 때 내가 집으로 그녀를 불러 손수 밥을 지어 대접했던(설거지는 그녀가 했다.) 오래 전 일을 기억의 주머니에서 끄집어내긴 했지만, 그것은 명백히 유혹이었다. 그때 내 집에서 그녀와 함께 보낸 일은 여관 등지에서 만날 때와는 전혀 다른 안정감이랄까 평화 같은 기분을 안겨주었다.

나는 난생 처음 그녀가 손수 해준 밥을 먹었지만, 애인으로 착각하지는 않았다. 어차피 그녀 남편은 출장중이었다. 예전처럼 "정경이는 일아씨 것" 소리는 못 들을지 몰라도 그녀와의 이층집은 정해진 순서일 터였다. 그녀 역시 그럴 생각임이 분명했다.

하지만 제 엄마가 옛 남자를 만나는데도 평온하게 잠자는 은정이가 있었다. 오히려 나는 그녀의 집에 들른 웬 낯선 사내를 혹시 동네에서 보는 사람이라도 있을까봐 두려웠다. 나는 전화하자마자 총알같이 도착한 택시를 타고 그녀 집에서 서둘러 빠져나왔다. 이제껏 별로 없었던 이성의 힘으로 애써 내딛은 발걸음이었다.

다음 날 아침 나는 눈을 뜨자마자 마치 무엇에 쫓기는 사람처럼 아내와 배냇짓이 한참인 딸에게로 가기 위해 서둘러 가방을 챙기기 시작했다.

다시 3년의 세월이 흘렀다. 나는 정경이가 남원에 살고 있는 것을 알아내곤 환호했다. 나의 집은 전주에 있었지간, 근무지는 1시간 거리의 남원이었다. 언제든 만날 수 있는, 그야말로 코닿을 거리에 그녀가 살고 있는 것이었다. 기어코 나는 전활했고, 그녀의 목소리를 들을 수 있었다. 그러나 만나진 않았다. 전화드 딱 한 번으로 끝내버렸다. 얼마쯤 지나 다시 전활했지만, 웬 음식점이 나왔다. 그 후로 지금까지 나는 그녀의 전화번호를 알아내지 않고 있다.

〈2020. 10. 9.〉

'미친 건가, 계엄령 선포라니!'
**평론가 장세진의
까거나 씹는 사이다 에세이!**

장세진 지음/324쪽/18,000원